乒坛传奇波尔：我的中国缘

TIMO BOLL: MEIN CHINA

［德］弗里德哈德·托伊菲尔　著
王迎宪　译

世界图书出版公司
北京·广州·上海·西安

蒂姆·波尔给中国球迷朋友的信

亲爱的中国球迷朋友：

你们好！

这本书的中文版终于面世了。

这本书描述了我多年乒乓球职业生涯中在中国的一些经历，尤其告诉了大家，中国对于我意味着什么：中国已成为我的第二故乡。

在许多令人难忘的时刻里，中国不仅给我带来了挑战，也塑造了我、推动了我、给予了我，这一切都归功于我遇到的很多了不起的中国球迷朋友。每次访问中国我都收获满满，得到了十分友好的款待和尊重。每次中国之行，我都感到轻松愉快，正因为有你们，在中国我就像在家里一样亲切。

结束乒乓球职业生涯后，我还会经常访问中国。我希望结识更多的中国朋友，亲身经历并见证这片土地和这项体育运动的继续发展。我也非常乐意为中德企业和机构间的相互理解与合作做出一份贡献。没准儿还能将其与我驾驶房车的新爱好结合起来，开着房车周游中国。

我真正迷上了中国——我眷念的第二故乡。

让我们在中国见！

你们的蒂姆·波尔

蒂姆·波尔与本书译者王迎宪

目 录

他表现得如此知足，像在讲述他在德国家乡霍赫斯特的生活，讲述看过的一场电影或者是一次惬意的散步。中国如此强烈地唤起了他的雄心和志气，拓宽了他的视野：品尝未曾吃过的佳肴、与陌生人交谈、学习陌生的语言和书写那晦涩难认的象形文字。

德国体育援助基金会的宣传画上是这样广而告之的——为自己、为体育事业，也为它的价值："成就、公平、友谊。"宣传画的意义从两个方面体现出来，一个方面是蒂姆紧攥拳头的大照片，旁边是大标题，一个反问句："国家的对手？"另一方面是一行行小字说明："2005 年，上海世乒赛，中国人崇敬蒂姆·波尔。两千五百万电视观众屏住了呼吸。一个德国人纠正了裁判的误判，将已经判给他的一个赛点球还给了对方。波尔虽然输给了刘国正，但他却赢得了中国人民的心。"

乒乓球往往会使人露出马脚，能撕下人伪装的面具，但反过来也能展示和凸显一个人具有的令他人愉悦的性格特点。

这就是乒乓球：你告诉我，你怎样打球；我告诉你，你是谁。

中国的第一个世界冠军容国团就认为："打乒乓球更多的是用脑，而不是用手。"

世乒赛结束后的第二天，报纸上连篇累牍的有关报道也同样使蒂姆深感满意。《南德意志报》写道："蒂姆没有放弃，他是乒坛的西西弗斯（Sisyphus）。"

《法兰克福汇报》报道称：波尔已经"将他乒乓球生涯中最后一个缺憾去掉了"。

前　言

你　好

“是波尔吗？”

不知从什么地方，从左边拥挤的人群中传过来这样一句问话，不一会儿，右边也有人在窃窃私语：“是波尔吗？”

在北京一个小商品市场狭窄的过道上，不时能听到这种议论的声音，恰似乒乓球在“乒乒乓乓”欢快地蹦跳。

“波尔？”一位身穿灰色西服的男人不敢相信地高高蹙起了眉头，而站在他旁边的一位大嫂则频频点头证实着这一传言：“是波尔！是波尔！”

是的，是波尔。刚才，蒂姆·波尔还惬意地在市场上溜达，几个商贩还冲着他大声用英语叫唤：“CD？DVD？Watch？”像面对一位路过货摊来自国外的普通旅游者。

这里是一个“名牌世界”，出售各种各样冒牌劳力士和精工手表、范思哲和阿玛尼西服……价格极其便宜，仿制得足可以假乱真。

不过，逛市场的那份轻松休闲现在已经过去了，蒂姆·波尔已经被市场上的群众认出，置身于众目睽睽之下了。

在中国，蒂姆·波尔临出门时得刻意打扮，伪装一下自己，这样才不至于太引人注目。在一个卖手表的摊位上，他的照片就直接挂在美国篮球大明星查尔斯·巴克利（Charles Barkley）的照片旁边。

逛市场的人流现在已经不再是在人行道上直来直去地移动了，而是像漩涡一样地涌动着，围绕在波尔的身边。波尔看了一眼这庞大的、环绕在自己身边的人群，随即放下了自己的双肩背包，好像已经知道，这种局面又得持续一阵子了。

商贩们走出商铺来到了摊前，一个喊道："Pengyou（朋友）！"

接下来，另一个商贩又叫道："Pengyou！ Pengyou！"中国人就是这样称呼朋友的。

不少商贩将蒂姆·波尔围在中间，举起手机频频拍照。一位老人笑着对波尔说了些什么，然后停顿下来，似乎在期待波尔的回答。两位女孩子，微笑的眼光盯着波尔，波尔回报以微笑并点头致意，并在其中一个女孩递给他的布包上签上了自己的名字。当波尔将签好字的布包递回时，女孩马上紧紧地抱在胸前，像抱着一个意外获得的宝贝。

蒂姆·波尔是中国人民最喜爱的外国乒乓球选手之一。"Boll"这个外国人名，中国人似乎还不能正确地发音。人们不是一直这样认为，中国人会将"R"发成"L"音吗？但不管怎样发音，中国人一叫"波尔"，音调中就充满着敬意。

"Bor"几乎就读成了"Boah"，至尾音时，嘴总是会惊讶地、赞叹地张开。这是一种钦佩的表示，是对一名多年来能够不断战胜他们的乒乓球明星、他们的国球选手，使他们难以忘怀的、有着公平体育姿态和正派形象的外国运动员尊敬的表示。

中国乒乓球，在欧洲仿佛就是一个神话。一位德国国家队队员曾经这样说过，“在中国，即便是一位球馆的管理人员都能与我较量一番”。中国乒乓球有那么多秘密武器，以至于一场比赛到了决定胜负的最后阶段，部分欧洲选手就不再对胜利抱有信心了，因为一到关键时刻，中国对手肯定又要运用什么技术魔法了。

自 1988 年乒乓球被正式列为奥运会比赛项目后，直至 2008 年达到高潮的北京奥运会，中国已经赢得了乒乓球项目中三十二块奥运金牌中的二十八块。如果没有蒂姆 · 波尔一次又一次地战胜他们的顶尖选手，比赛一定会更加乏味。蒂姆 · 波尔是中国乒乓球运动的最大挑战者，在过去的二十多年里，还没有哪一位欧洲选手能够如此频繁地战胜他们。波尔从他们手中夺过了世界排名第一的位置，2003 年雄踞榜首达七个月之久，在接下来的 2011 年，接着是 2018 年，他一次又一次地攀上了世界排名榜的顶峰。在欧洲，波尔根本就不需要再证明什么，迄今为止，还没有一个球员赢得的欧洲冠军头衔有他那么多。

尽管蒂姆·波尔只是频繁地来往于中国，但中国俨然已经成为他在世界另一端的第二故乡。二十多年前，他就开始了中国之行，他亲身体验到了，中国是怎样成为一个乒乓球的神奇王国的，又是怎样成为一个世界经济的神奇王国的。

在此期间，德国的一些企业也签下合同聘用波尔，相信他能帮助德国企业打开中国市场的大门。

这一切都使我有足够的理由，即为了报道蒂姆 · 波尔，亲自随同他去一次中国。

在中国，我曾坐在记者席上看过他的一些比赛，如 2005 年的上海世界乒乓球锦标赛以及 2008 年的北京奥林匹克运动会。我开始为报刊撰写乒乓球方面的文章时——首先是为美因茨（Mainz）的一家《汇报》，然后是为《法兰克福汇报》以及柏林的一家《每日镜报》——正是蒂姆·波尔在乒坛风头正盛的时候，也正是从那个时候开始，他的成功引起了世人的广泛关注。

这些年来，我的目光一直追随着他的比赛，我的笔触也伴随着他蒸蒸日上的乒乓球事业。比赛中的蒂姆是专注的，也是活跃的。但他到底是怎样做到的呢？他的事业又是如何运转的呢？对于这些，我还只是雾里看花似的部分明白，即便是我这样一位对乒乓球也算略知一二的德国乒乓球乙级队队员。

我们俩都来自德国的西南部，蒂姆·波尔来自奥登瓦尔德（Odenwald），我来自美因茨，两地相距仅七十公里。在乒乓球界，我们两人有一些共同熟悉的人。如令人惋惜已经去世了的我多年的乒乓球俱乐部教练阿图尔·鲍姆（Arthur Baum）先生就是他国家队队友帕特里克·鲍姆（Patrick Baum）的父亲。如果我俩在某一个比赛活动中碰面，也经常会在一起闲聊几句，他会给我介绍一些在中国的经历和经验。例如，在中国比赛结束离开球馆时，有时候还需要警方提供保护之类的奇闻逸事。他的介绍越是简单，就越能勾起我的新奇感。

一个生活中喜欢安静的波尔，在中国被球迷们团团围住的时候，会是一种怎样的表现？中国改变了蒂姆·波尔吗？在这样一个巨大的、谜一般的国度里，他到底“陷”得有多深呢？

在旁人眼里，蒂姆·波尔是一个友好的、讨人喜欢的人。在我看来，蒂姆还是一个观察认真、看人直接，同时又喜欢将自己的经历、想法以及方方面面留在内心的人。如果他笑，给人的感觉有时候就是：这个笑是可分的，一部分给他的对话伙伴，另一部分则回归自己的内心。在一群记者中间，他经常会晃动着自己的脚尖，双手交叉着放在脑后，十分吝啬自己的语言和姿势。关于他的哪怕是一件很小的事情，他都只会惊讶地高高挑起眉毛，或者撇撇嘴角随意地送上一个微笑。看起来，似乎没有什么问题能使他放弃安静而变得过分激动。但是，同样就是这个沉静、内向的蒂姆·波尔，几分钟前都还在用他那富有爆发性激情的比赛情节吸引住了球馆里观战的数千名观众，有时候甚至能将来自世界乒乓球大国——中国——最优秀的选手掀翻在马下。

这两张不同的脸又是怎样融合在一起的呢？

为了记下蒂姆·波尔的故事，描述他热爱的中国和他从事的体育运动项目，我与他同行前往北京，参加了为时两天、两大洲运动员在一起较量的北京欧亚全明星对抗赛。欧亚全明星对抗赛在乒乓球赛事中是一个比较温良亲善的友谊赛事：中国对抗其余世界。比赛关系到欧亚双方乒坛的声望，还关系到双方由五名优秀选手组成的团队能否赢得六万欧元奖金的利益。由于比赛只在晚间进行，故我有足够的时间与蒂姆·波尔一道去共同体验，即体验中国对蒂姆·波尔的反应以及蒂姆·波尔对中国的反应。

我们在一起有将近一个星期的时间。在北京一家著名的乒乓球学校，我们要观看中国国家队的第三代球员练球。我们想近距离地看一看，年轻的球员在中国是怎样成长起来的。在大街上、在餐馆里，我想去切身感受，蒂姆·波尔是如何熟悉中国的，这个国家是怎样深深地铭刻在他的心上的，他在中国人的身上到底又学到了什么。我们还想与其他乒乓球运动员以及球迷们见见面，以期得到更多更全面的答案，比如，为什么乒乓球能在中国人的心中找到位置。

我希望与蒂姆有更多的交谈机会，因为我想更好地认识他、发现他。

蒂姆·波尔是谁？他是怎样成功的？一个从奥登瓦尔德小镇走出来的、胆怯腼腆的小青年，是怎样成长为世界乒坛“一哥”的？

比赛，一局接着一局，这才应该是对一位乒乓球运动员性格和激情的最好诠释。

第一章

与未来的奥运之星在一起

在中国、在德国奥登瓦尔德长大

蒂姆·波尔两手满满地拿着饼干袋和巧克力条，从大型喷气式客机的上层公务舱走了下来，来到了我所在的经济舱，说道：“我给你拿来了一些早餐食品。”他笑着站在了我的面前，并将从公务舱里得到的食品递给了我。

对蒂姆这样一位经常乘坐飞机，同时又要长期与背疼作斗争的专业竞技体育运动员来说，坐得舒适一些是绝对必要的。况且，他累积了大量的飞行里程数，升舱也不会有什么问题。在距北京还有三个小时的一段航程里，蒂姆一直坐在我身边。

乘务员已经将舱窗的遮光板提了上去，云层上面的黑夜已经过去，机舱外，展现在我们面前的已经是中国的白天了。

“来中国多少次了，你真正计算过吗？”我问蒂姆。

“我相信，会有八九十次吧，一定的！”蒂姆回答。

“最短的行程是多少天？最长的行程又是多少天呢？”

“最短的就两天：星期一晚上起飞，星期二早晨到达中国，接着参加新闻发布会、与官员们的见面会，还有晚上的宴会。星期三早上去机场，下午我就又回到德国了。最长的中国之行历时十个星期，那是在参加中国乒乓球超级联赛期间。在这段较长的时间里，我就能比较好地、更多地感受和体验中国了。”

“像现在这样坐飞机去中国，你是不是会有这种感觉，即中国之行对你来说已经成了一项惯常的例行公事。”我又问。

“从一个方面来讲，是这样的。因为每次的行程大都一样：机场、酒店、球馆。”蒂姆回答，神情活跃起来，接着又说道，“中国的变化总是那么快，让人目不暇接，有时候一两个星期不来，就好像‘改朝换代’了一样。”

中国在变，蒂姆·波尔也在变。

在这次飞行中，他第一次用汉语向机上的乘务员打听时间：“请问，现在几点？”

现在，蒂姆·波尔每个星期都在杜塞尔多夫[1]孔子学院学习汉语。

“我学习汉语，是为了更好地了解中国。”他说得很认真。

我们第一次同行前往中国，但与中国的相遇在感觉上却是清冷的。

经过十个小时的长途飞行，飞机降落在了北京首都国际机场。北京机场，除了由英国设计大师诺曼·福斯特（Norman Forster）设计的机场外观有些别具一格外，与其他国际大都市的现代化机场并没有什么两样，也是一座大同小异的、用玻璃与钢制构件搭建而成的建筑物。

我们穿行在洁净发亮的甬道上，甬道两边是大幅的广告宣传画。来自世界各地刚下飞机的旅行者们拖着随身携带的小行李箱，箱轮与地面摩擦发出的“隆隆”滚动声不绝于耳。

“以前机场很小，现在，机场的规模至少与北京的身份相适应了。”蒂姆的话显然有那么点儿维护北京声誉的意思。

抵达北京机场，蒂姆·波尔看上去更像一位普通的外国旅游者，穿着一条洗得发白的黑色牛仔裤和一件蓝色的高领毛衣，只有红色运动服上的标识——赞助商的“蝴蝶”（Butterfly）品牌标志，表明他是一名乒乓球运动员。

1 德国北莱茵－威斯特法伦州的首府，蒂姆·波尔是该市波鲁西亚乒乓球俱乐部的队员。

边检窗口站着一溜长长的等待检查的队伍，我们还没有站进去，蒂姆就已经在快速地翻看手中的旅行护照了。适用的签证到底在哪一页呢？已经有十余张中国的签证纸贴在他的这本旅行护照上，他必须辨认清楚。

“我一般一次申请两次入境签证。”他解释说，因为有的时候一个月里就要飞两次中国。

在边检窗口，严谨的、身穿蓝色制服、留着侧分头的边检人员机械地拿着蒂姆的护照，他的眼睛也同样机械地从上到下打量着蒂姆，看看护照照片，又看看蒂姆本人。突然间，边检人员的微笑代替了严肃，用英语问蒂姆：

“Are you table tennis player?（您是乒乓球运动员吗？）”边问眼睛还边继续打量。

“Yes（是的）！”蒂姆也用英语回答，接下来歪着头回问了一句，“Do you like table tennis?（您也喜欢乒乓球吗？）”

“Yeah！ Yeah！（是的！是的！）”充满年轻人热情和朝气的回答迎合着蒂姆的问话，热情地欢迎蒂姆·波尔来到乒乓球的国度。

出发前，在德国杜塞尔多夫机场候机的时候，蒂姆·波尔只是人群中的千分之一。在机场时装店和免税店后面的候机区，我们的座位前直接就挂着一个大的电视屏幕，屏幕上新闻主播正在报道德国多特蒙德国际乒乓球公开赛上蒂姆进决赛的新闻，屏幕上还展示出了蒂姆的一张照片。但候机区里其他乘客的眼光都只是寻常地在蒂姆的脸上匆匆掠过。

中国人则完全相反，往往在第一时刻就表现出了乒乓球对于他们的特别意义。以前，有一次通过中国边检时，一位边检官员甚至觉得有必要特别为抵达中国的国外乒乓球队开通外交边检通道。

看来，这一次蒂姆来北京的消息也已经传开了，在有不少生意人或汽车司机手举着印刷或手写标语牌的接机口，我们不仅看见了一位年轻人举着“蒂姆·波尔”的牌子，还看到有四位老先生疾步迎着蒂姆走来。他们手上拿着乒乓球拍和杂志，其中一位腋下还夹着一个绿色可折叠的小乒乓球台。

到达北京：欧亚对抗赛即将举行，第一批球迷在飞机场堵住了蒂姆，请蒂姆在球板、球和小球台模型上签名

“这是我的退休老人球迷队！”蒂姆笑着对我说。

“你好！”四位老人向蒂姆问好，一支黑色的签字笔随即递到了蒂姆的手上。蒂姆带着极大的热情在所有递给他的纪念物品上龙飞凤舞地签上了自己的名字——照片上、球拍上，包括在一个可折叠的小球台上。其中一位老人还在自己包里翻找出一张纸片，纸片上可以看到两个汉字，接着老人用手指了一下球拍。蒂姆知道，老人家一定有一个特别的愿望。

“老人希望我将名字用中国汉字写出来。”蒂姆告诉我。

蒂姆慢慢地在球拍上书写着这两个汉字。一个汉字看起来像是“T”和“J”两个字母的组合体，另一个汉字则像是矿山里一座尚未建成的提升井架。其实，在蒂姆紧闭双唇、专心描画这两个汉字的时候，眼睛根本就没有去瞟老人手中纸片上作为“摹本”的那两个汉字。

“很有意思，我现在可能只需用汉字签名就够了，德语签名在这里反正也没有人能读。”蒂姆笑着说道。

“谢谢！谢谢！”老球迷们用中文频频表示感谢，然后告别离开。

中国人一般都是直呼蒂姆·波尔的姓，即“波尔”，其中一位也叫了蒂姆·波尔的名，即“蒂姆”（Timo），但发音听起来却像英语中的“Team”。

“这里的人不会叫我 Timo，因为没有相应的汉字可以表达，也不喜欢叫我

Team Bor，他们只叫其中的一个，要么 Team，要么 Bor。像一个笔名、艺名，如 Ronaldo（罗纳尔多）。”蒂姆对我解释，愉快地作着比较。

与一个小型球迷团队的机场邂逅使蒂姆轻松了不少，蒂姆还告诉我：“有时候在北京机场就会碰到很多索要签名的球迷，如果太多了，就有可能发生一些令人不愉快的事件，有些性急的球迷会表现得比较粗鲁。其实，每一个人都想得到签名，是他们无端给自己带来了压力。”

在北京首都国际机场迎接我们的是北京欧亚全明星乒乓球对抗赛组委会的一位年轻工作人员，他将我们带到了接我们进城的小巴士车上，年轻人自报姓名：Carl（卡尔）。现在，不少中国人都乐意取一个西方名字。在北京的这两天里，我们还遇到了名叫阿碧盖尔（Abigail）和克里斯蒂安（Christian）的中国人。

“You are very popular in China，you are a superstar！”（您在中国非常受大众欢迎，您是超级明星！）卡尔兴奋地用英语夸奖着蒂姆。

他在昨天的电视转播中看到了德国多特蒙德乒乓球公开赛决赛场上的蒂姆。卡尔自己打网球，业余时间喜爱体育运动。

挂在巴士司机座位前反光镜上的毛泽东画像摇晃着。巴士车颇具象征意义地猛一下启动，迅速朝着城区方向疾驰而去。那速度，就好像中国已经没有了耐心，在迫不及待地期待着蒂姆，要再次目睹他在他们最喜爱的体育项目——被称为“国球”的乒乓球比赛中挑战他们最优秀的明星球员了。

大约要行驶四十五分钟才能抵达我们下榻的酒店，北京灿烂的阳光从车窗外投射了进来。

在以前的旅行中，蒂姆在北京见到的大多是灰色的雾霭。2008 年北京奥运会之前，政府通过限制部分小汽车行驶以及停止污染空气的工厂生产等有效措施，实现了天空由灰变蓝的转变。那段时间的很多日子里，在北京还真能清楚地见到蓝天。

酒店前台，一位鼻梁上架着造型颇为讲究的眼镜、二十五岁左右的年轻工作人员向我毕恭毕敬地鞠了一躬后用英语说道：

“Welcome，Mister Bor，I saw you on TV against Ma Lin yesterday。（欢迎您，波尔先生，我昨天在电视上已经看到您与马琳的比赛了。）”

他还不知道，此时站在他面前的其实并不是波尔先生，而是我这位弗里德哈德·托伊菲尔（Friedhard Teuffel）先生。波尔将他的旅行护照交给我一并办理酒店入住手续，这样，他自己就能够抓紧时间在酒店大堂与欧洲乒乓球联合会的代表们见见面，了解一下比赛的相关事宜。

确实是一句非常美好的问候，显然他没有注意到我与蒂姆在外形上的区别。难道他就没有看到我浅色的头发吗？看起来，亚洲人也很难在脸型上辨识、区分欧洲人，就像我们欧洲人难以区分亚洲人的面孔一样。我澄清了他的误解，年轻人有些尴尬地连续说了好几声：“噢！噢！噢！”

我们住在酒店的第十一层，我与蒂姆中间隔着一个房间。酒店房间的一个特别之处是，浴室里对外有一面全景式的环形玻璃幕墙，人坐在浴盆里就能看到外景。不过，窗外呈现出来的也基本上是由缺乏装饰美感的实用性建筑拼凑组合起来的景致。

还有点儿时间，可以换换衣服，恢复精神，抵御疲劳的袭击。十个小时的飞行，再加上提前了七个小时的时差，人能明显地感觉到旅途带来的劳顿。但是，我们有很多计划中的事情需要办理，中午必须出行，以便开始我们与中国乒乓球的正式接触。

奇迹也都是从小处开始的，即便是中国人打乒乓球，也得先在某一个地方学习训练，才能在以后的比赛中做到既快又不失误。因此，我们想实地考察，看看年轻的中国青少年是怎样成长为大牌乒乓球明星的。

北京什刹海体育运动学校邀请了我们。这是一所名声在外的体育样板学校，数十年来培养了不少才华出众的世界冠军。

当蒂姆来到酒店房间接我的时候，他已经穿上了运动服和运动鞋，做好了打球前的一切准备。

司机在酒店大堂里等着我们。我们跟随司机走近一长溜停在酒店门前的小巴士，上了其中的一辆。所有的小巴士在外形上完全一样，看起来应该是这里的人们比较钟爱的一种交通工具，车上已经有十五位乘客坐在罩着白色椅套的座位上了。

车行一路，见到的都是四四方方的混凝土建筑物，只有那些艺术化的中国汉字还能使某些楼面富有一定的装饰意味。对于那些不熟悉这些积木式建筑的外地人来说，只有经过多次仔细观察，才能从诸如窗帘、花盆这些细微之处，辨认出是公寓楼还是写字楼。略感安慰的是，远方天际处可见弧形起伏的山峦，使混凝土构成的城区景致还算有一个比较自然的背景和陪衬。

北京什刹海体育运动学校由好几栋楼房组成，我们首先到达的是学校装饰华丽的接待室。

接待室布置得如节庆一般，沿墙立着结实的深色木质家具，两个长条板凳相对摆放，中间有一块乒乓球台大小的地方，一个摄影师已经等候在接待室了。摄影师为蒂姆抓拍下第一张照片，而蒂姆正在四下观望，以熟悉接待室

冠军摇篮的主人：北京什刹海体育运动学校的副校长刘燕斌先生欢迎蒂姆的来访并热情地向蒂姆介绍中国乒乓球后备力量的培养经验和方法

里的氛围。

如果是一位优秀的乒乓球运动员来访，访客又不是中国人，那么，接待就得讲究一定的礼仪和规格了。这个礼仪由一位个头不高的先生来主持。先生看起来六十岁不到，目光炯炯，随意地穿着一件运动式夹克衫，脚上是一双蓝色的毡鞋。那样子，在学校就像在自己家里一样。

他双手递上了名片：刘燕彬。名片上有五个头衔，但只有两个头衔是我们感兴趣的，即北京什刹海体育运动学校副校长、北京市乒乓球运动协会副主席。他还分管着学校的拳击运动以及体育设施方面的工作。

刘燕彬先生坐在我们对面的长条凳上，开始说起了中文，坐在他旁边的翻译是一位年轻女士，出乎我们意料的是，她翻译的第一句话竟然是用德语表达的：

“Willkommen zu unserer Schule, unsere Schule hat fünfzig Jahre alt.”（欢迎你们来到我们学校，我们学校已经有五十年的历史了。）然后才开始用英语翻译。

北京什刹海体育运动学校刚刚举办了建校五十周年的庆典活动。五十年里，学校培养出了十位乒乓球世界冠军。刘燕彬先生如数家珍地列举起来：范长茂[1]、王涛[2]、张怡宁[3]、郭跃[4]、郭焱[5]、马龙[6]……从上世纪八十年代一直到今天，名单

1 范长茂，中国男子乒乓球运动员。曾获得 1983 年世界乒乓球锦标赛男子团体金牌、1985 年世界乒乓球锦标赛男子双打和混合双打铜牌。

2 王涛，中国男子乒乓球运动员，1992 年巴塞罗那奥运会乒乓球男子双打冠军，曾任八一乒乓球队总教练。

3 张怡宁，中国女子乒乓球运动员，世界冠军、奥运冠军大满贯。

4 郭跃，中国女子乒乓球运动员。2004 年第四十七届世乒赛女团冠军成员，中国乒乓球历史上最年轻的世界冠军。两届奥运会乒乓球女子团体赛冠军。

5 郭焱，中国女子乒乓球运动员。2006 年世界乒乓球锦标赛女团冠军，乒乓球世界杯女子单打冠军。

6 马龙，中国男子乒乓球运动员，首位集奥运会、世锦赛、世界杯、亚运会、亚锦赛、亚洲杯、巡回赛总决赛、全运会单打冠军于一身的“超级全满贯”男子选手，同时也是继鲍尔瑙·维克托、庄则栋之后的史上第三位世锦赛男单三连冠得主。

上的运动员个个都是响当当的角色。1995 年，王涛帮助中国队从瑞典队手中夺回了失去六年的世界冠军；张怡宁在北京奥运会开幕式上代表全体运动员宣誓，几天后，她就赢得了奥运会乒乓球女子单打金牌。蒂姆声音不太大地重复着这些他熟悉的名字，这也是对接待方的一种表示，表明他很专注，并且听懂了所介绍的内容：从这里起步，不少学员都相继登上了体育运动的最高峰。

一个足有半张乒乓球台大小的屏幕挂在墙上，开始为我们放映题为《北京什刹海体育运动学校——北京体育运动的荣耀》的纪录影片。在这里，矜持与谦虚是无助于进步的。银幕上，年幼的女子体操队员在高低杠上旋转，举重队员举起沉重的杠铃……终于，小小的白色乒乓球也欢快地掠过了画面……刘燕彬先生不时瞅瞅我们，好像在观察我们是不是听懂了影片解说中的那些关键词。

这部影片不仅仅介绍了关于学校的一些信息，即这里为社会培养输送了多少体育人才，拥有多少最现代化的训练设施和方法等，还展现了学校为小学员们在文化课学习方面提供的优越条件。十来分钟的影片还介绍了学校走出国门、对外开放的情况，有越来越多的海外学员来这里求学、训练，学校培养出来的不少运动员现在也活跃在世界各地。如在北京奥运会上，仅乒乓球比赛一个项目，就有北京什刹海体育运动学校培养出来的运动员在为四个不同的国家效力，其中就有现在居住在奥地利、获得过欧洲女子乒乓球冠军的刘佳女士[1]。

慢慢地，该接触乒乓球了。

下行两层楼，我们走近了乒乓球馆，听见了那特别亲切的“乒乒乓乓”的响声，这是这个世界上能将蒙上眼睛的人引向球桌的声音。球鞋摩擦地板发出

1 刘佳，奥地利女子乒乓球运动员，曾与张怡宁、李佳薇和吴雪等人为同一批中国青年队成员。十五岁时，移居奥地利打球，代表奥地利参加了 2000 年、2004 年、2008 年、2012 年、2016 年五届奥运会乒乓球女子单打比赛。

的“吱吱”尖叫声、球在球桌上欢快的蹦跳声、球拍接触球清脆的击打声……所有这一切，都形成了一种特有的、能表现出训练者们高超球技的节奏和韵律。因为，节奏感越强，速度越快，持续的时间越长，训练者的水平也就越高。我们刚才听到的很多节奏都在同时进行，来来回回的球大都相当快捷，没有间断。不过，当我们下行到楼梯的最后一级台阶时，一声叫喊，馆内所有的声音戛然而止，等待我们的是一片肃静。

站在门边，蒂姆沿着墙角探过头去，三十六个学员和四个教练员的脸庞映入了他的眼帘。走进训练馆，热烈的掌声猛地响起，无论看到谁，都是一张灿烂的笑脸，蒂姆友好地两次点头致意。站在球馆中央的教练又大叫了一声，所有运动员转身走向球台，开始了具有演示性质的专项技术训练。训练中，他们刻意展示的不是任意的一门技术，而是他们已经熟练掌握了的一门球技，特别是他们良好的正手拉弧圈球技术以及还不太长的腿从球桌的一个角灵活敏捷地快速移动到另一个角的腿部移动技术，这是一项节奏要求十分高的训练科目。

球馆内灯光明亮，一如白昼，以至于我们都忘记是置身于一个大的地下室里了。馆内挂在墙上的一面巨大的中华人民共和国国旗是一种官方标志，赋予球馆为国训练、为国争光的神圣意义，这里执行的是国家委派的任务。二十七张球台在球馆内呈三行排开，最后一排闲置着，蒂姆可以在这里任意找一张球台训练。

“乒乒乓乓”的声音已经激发起他的训练热情，只见他脱掉上衣，从双肩背包里取出球拍，放松了一下胳膊和双腿，等待着第一个训练伙伴。

一位来自哈萨克斯坦的十三岁少年，被挑选出来第一个与蒂姆对练。在中国，什么事都不会是偶然性地随机发生，与蒂姆对练的选手看得出也是早有安排。

中国乒乓球运动的对外开放，从对外国小孩的训练就已经开始了，而不是要等到外国运动员在技术上基本成熟之后才开始。

“看起来，校方对学校拥有外国学员感到特别自豪。”蒂姆很快就注意到了这一点。

外国小孩在中国一个体育尖子集中的体育学校里训练，这在几年前还是一件不可想象的事。这样做既有良好的动机，同时更是一种务实的行为。动机是，搞好与其他国家的关系是高尚美好的，与人为善、友好相处属于中国人的价值体系；而务实的一面是，中国人也要解决后顾之忧，如果乒乓球运动总是千人一面、曲高和寡，只能见到中国人的技术和风格，那么，不仅其他国家，就连中国自己对乒乓球感兴趣的人也会越来越少。谁愿意看到，亚乒赛、世乒赛或奥运会的乒乓球决赛总是成为中国人自己打自己的乒乓球内战赛呢？只有在蒂姆·波尔挑战中国选手时，比赛才是最最扣人心弦的。如此说来，为什么就不能有一位来自哈萨克斯坦的挑战者呢？

漂亮的球要飞过来了：蒂姆在北京什刹海体育运动学校练球，这所学校培养出了不少世界冠军

接下来替下哈萨克斯坦小队员站在台前要与蒂姆训练的是一位中国少年，年约十五岁，大腿肌肉十分发达，就是在足球队里，他也应该是一位很吸引眼球的健硕球员。同样，他肌肉隆起的胳膊也蕴藏着

无穷的力量，拉起的一个个弧圈球急速地向蒂姆的球台飞去。蒂姆不断地下蹲，用反手将一个个球挡了回去，惊讶地将眉毛高高挑起。

“真是难以置信，他是怎么将球打过来的，该有多大的力量啊！”蒂姆对着我大声喊道。

蒂姆的训练对手为三人一组，因为教练又将一个身材矮小的中国男孩送到了他的球台前。发球时，球还没有高高抛起，小男孩就先噘上嘴吹了吹自己的面颊，那样子似乎是面对着一项无法完成的任务。但不期然，他并不粗壮的细胳膊也拉起了七个、八个、九个强烈旋转的弧圈球，一个接着一个，完全没有失误。小男孩今年九岁，住在法国，已经在这里练了三个星期，他的中国父母目前在这个学校当教练。

“你看见了吗？”蒂姆对我说，“这个小孩为一个球的失误会感到如此不自在，以至于休息时还在挥拍纠正自己的技术动作。”

与三个学员分别训练过后，蒂姆得出了一个小小的结论：“这些孩子都能打出令人难以置信的弧圈球，他们都拥有‘马龙技术’，确实不可思议！”

像马龙那样打球是目前乒坛占统治地位的学术观点。毕竟马龙以他的打法赢得了直至奥运会的男子单打金牌。马龙的心理素质在一段时间里不如技术，如若不然，他早就可以赢得世界乒乓球锦标赛的单打冠军和奥运会金牌了。马龙的技术风格，蒂姆从这些年轻运动员的身上一眼就能辨认出来，他说：“在拉正手弧圈球时，手臂的动作要特别大，整个身体的力量都要投入进去，也正因为如此，乒乓球运动对身体素质的要求越来越高了。”

向最好的学习，与最好的较量，中国运动员的训练就是如此，实际上，这也是蒂姆与中国球员相比需要在乒乓球训练水平提高上的一大短板。

我们两人坐到了球馆的一条长凳上。

“你的乒乓球生涯是怎么开始的呢？与中国学球的孩子们相比，你觉得有共性吗？”我想知道。

“回想我开始学球，觉得差异还是很大的。”蒂姆回答。

“你也有效仿的榜样吗？”我又问。

“我的偶像是扬·奥维·瓦尔德内尔[1]和约尔格·罗斯科普夫[2]，但我完全不知道他们真正的技术打法。我只知道，他们的球打得好，是事业有成的运动员。德国的电视节目中，乒乓球比赛的转播并不多，我也看得少。相反，你再看看这里的孩子们，他们能清楚地看见自己效仿的榜样。我已经注意到了，他们发球的样子就很像马龙。”

“还是给我讲讲你乒乓球生涯的开始吧！”我提出了要求。

我的乒乓球生涯是从家里的地下室开始的，当时我才四岁，父亲买了一张球台，正好能放在地下室里。我父亲是一位有抱负、很执着的业余乒乓球爱好者，尽管他二十五岁左右才开始打球，而且完全是自学，但一直打到了地区一级的联赛。父亲在地下室里把乒乓球台一搭好，我就想马上开始打。乒乓球使我感到新奇，一下子就对小白球在球台上蹦蹦跳跳的声音产生了亲切感、信赖感。

那个时候，每一次与父亲玩球的时间并不长，大概也就十五分钟吧，但每天都坚持下来了。有时候，睡衣都穿上了，还会兴致勃勃地与父亲到地下室去玩上一阵。

---

1 扬·奥维·瓦尔德内尔，瑞典乒乓球运动员。上世纪九十年代初期，以瓦尔德内尔、佩尔森、阿佩伊伦、卡尔松等人为核心的瑞典乒乓球男队成为乒坛的霸主，连夺三届世乒赛团体冠军（1989年、1991年、1993年）。1992年，瓦尔德内尔在巴塞罗那奥运会乒乓球男子单打决赛中，击败法国选手盖亭，成为首位世乒赛、世界杯和奥运会男单“大满贯”得主。2006年不来梅世乒赛后，四十一岁的瓦尔德内尔宣布退出瑞典国家队，从此淡出乒坛。瓦尔德内尔在中国很受欢迎，中国观众亲切地称他为“老瓦”“常青树”。

2 约尔格·罗斯科普夫，德国男子乒乓球运动员，现任德国国家男子乒乓球队主教练。作为球员，他曾获得1989年世界乒乓球锦标赛男子双打金牌、1992年夏季奥运会男子双打银牌和1996年夏季奥运会男子单打铜牌。

早期体育训练：五岁的蒂姆在进行力量训练，他可不能长时间地举着这对哑铃。总好像缺点什么——一个小白球

开学：1987 年 8 月，六岁的蒂姆与父亲沃尔夫冈·波尔先生、母亲古德龙·波尔女士在小学入学的第一天

神奇的锥形袋：不管怎么说，蒂姆小学入学时的锥形袋是足够大的，完全可以装下一个乒乓球拍

热爱乒乓球：一看就知道他乐在其中，对手可要小心啦，一个具有威胁的球马上就飞过来了

在“歧途”上：蒂姆与他的朋友毕荣·哈姆培尔（Bjorn Hampl）、卡斯腾·利格（Karsten Reeg）在滑旱冰时将自己全副武装地保护起来了。这是蒂姆乒乓球生涯的开始阶段，但他并没有完全把自己局限在乒乓球运动中，对其他体育运动一直都有兴趣，还在足球俱乐部里踢球

显然，父亲发现了我与乒乓球之间一种感觉上的默契，事实上，一开始打球我就没有特别多的失误。不过，玩乒乓球还只是我当时爱好的体育活动中的一种。例如，我还和父亲一道，在家里的花园里拉上绳子，支起了羽毛球网，夏天的时候几乎每个傍晚，我们父子俩都会进行激烈的羽毛球比赛。我还经常与邻居小朋友一起，在住宅门前的街道上把垒球当网球玩。那个时候，街道上没有那么多汽车来来往往，有的时候我们甚至能没有干扰地玩上半个小时。我觉得，不同的体育运动都对我的乒乓球运动有很大的帮助。别看那时年龄小，只要是参加一场比赛，我都会事先谋划一番，也因此养成了赛场上善于观察的习惯。

放在地下室的乒乓球台当时也面临着竞争。我五岁的时候，父母想在草坪上建一个网球场。由于德国优秀网球运动员鲍里斯·贝克尔

（Boris Becker）[1] 一年前在温布尔登（Wimbledon）网球赛上获胜，德国因此兴起了网球热。我父亲向市镇政府提出了兴建许可的申请，计划圈上一个网球场，并为我聘请一位网球教练。但市镇政府拒绝了他的申请，因为那一块地坪正位于水资源保护区。如果当时网球场建成了，没准我就去打网球了，谁知道呢？

蒂姆停顿了一下，喝了一口水。小球仍在球馆内十八张球台上来回飞舞，只是时不时会有小球员在训练间隙中转过头来悄悄窥视我们一下，看看来自德国的贵宾是不是也在关注他，看他是在怎样特别努力地训练。

“你认为，你在中国也会成为专业运动员吗？”我问蒂姆。

“我不知道能不能成功地适应这种运动体制。完全接受这种体制是相当困难的，如果我成功了，生活的乐趣可能也就失去了，因为，我必须很早就被限制在唯一的一项体育运动上。”

我是慢慢才将注意力放在乒乓球运动上的，这在中国几乎不可想象，中国的孩子从小就得做出抉择。我不同，起初我还踢足球，我是足球场上的前锋。在一场少年组的足球比赛中，我一人就射进了九个球。那个赛季结束，我射进对方球门的球多达九十个。我觉得，我是足球场上一位十分优秀的射手，我的父亲经常会讲在我身上发生的一个足球故事：一次比赛中，我的一个射门直接打中了对方守门员的头，可怜的守门员被抬出了球场，幸好之后什么事也没有发生。

为什么我没有像坚持乒乓球运动那样继续我的足球生涯呢？原因

1 鲍里斯·贝克尔，人称“德国金童”，德国男子网球运动员，德国体育史上最佳男子网球选手，单打世界排名第一，六座网球大满贯男子单打桂冠及 1992 年巴塞罗那奥运会网球男子双打金牌得主，国际网球名人堂成员。

有两个：一个是我不太认可足球的游戏理念。在足球比赛中，如果一个球员要向另一个球员传球，那么，传球队员首先得信任这个接球队员，即这个球他是可以接下去打好的。而在乒乓球比赛中，自己对自己负责就行了。我选择打乒乓球还有第二个同样重要的原因，其中有这样一段小插曲：

由于我没有兄弟姐妹，父母在我的教育上分工比较明确，父亲帮助我开展体育活动，母亲负责我学校的学习。我要出去开展体育活动，母亲一般是不陪同的，但在踢足球这个运动上，她又很担心我受伤，因为我的体质并不算强悍。在学校里，同学间吵架，我总会离得远远的，我也从来没有与旁人打架斗殴过。

八岁那年，妈妈破天荒地去观看了一场我参加的主场足球比赛。有妈妈观战，我在场上自然是十分卖力的。比赛进行到中场，在一个球的拼抢中我冲向了对方队员。对方队员比我高大，还特别强壮，两人冲撞在了一起。可对方队员站起来后，不由分说地马上将我打倒在石头一般坚硬的场地上。不幸的是，头先落地，我一下子被打蒙了。我母亲赶快送我去看医生，医生的诊断是：疑似脑震荡。一两天后，我才好了起来。但从中也增长了见识：要成就辉煌的足球业绩，我的体质显然还不够强悍。

但在乒乓球运动上，我则完全可以根据个人的可能性发展。我们的乒乓球俱乐部就像一个小家庭，比起足球队要友好多了。

我在乒乓球运动上的进步，从地下室里的球台上就可以看出端倪。在地下室里，父母对我的训练要求也在不断提高。我们在身后的墙壁上钉上了木条，围成一个球门。我的目标不仅是得分，还要将球打进我父亲身后的球门。训练时，我总是首先用球将父亲引到一个角上，使球门放空，然后再试图从另一个角迅速将球打进空门。刚开始，我父亲能很容易地对付我，还刻意地将球门留出一点空当来。

但到后来，父亲就不得不努力了，不然的话，他根本就别想再碰到我的球。

这个地下室位于霍赫斯特（Höchst）这个小乡镇里。霍赫斯特在奥登瓦尔德地区，位于德国黑森州（Hessen）的最南端。

1981 年 3 月 8 日，蒂姆·波尔就出生在霍赫斯特的小村镇埃尔巴赫（Erbach）。在霍赫斯特周边，人们可以找到好几个大城市：达姆施达特（Darmstadt）、海德堡（Heidelberg）、阿沙芬堡（Aschaffenburg），哈瑙（Hanau）和法兰克福（Frankfurt）。霍赫斯特距离这些大城市都不超过半个小时或一个小时的车程。

高高的山峦围绕着霍赫斯特。高山，足以保护这个地区的宁静；同时它又是平坦的，平坦，能使山外世界的影响直接灌输进来，不至于使住在霍赫斯特一万名左右的居民成为不知世事的“乡巴佬”。

别看位于奥登瓦尔德的霍赫斯特镇小，但什么都不缺，特别是不缺少各类协会和俱乐部。在当地的主街道埃尔巴赫街两边，挂着许多供人阅读的广告陈列柜，许多告示贴在里面：有“兔子饲养协会”邀请会员们参加野外烧烤的通知，有“狂欢节俱乐部”介绍他们狂欢游行队伍中王子和公主的文章，还有“自然保护协会”的报道——“燕子友好之家”将荣誉奖章授予一位受聘来自米姆林格－格鲁姆巴赫（Mümling-Grumbach）的女士……

霍赫斯特是进入奥登瓦尔德地区的大门，从这里开始郊游和徒步旅行可以一直走进森林深处，数公里后才可能走出森林。那个地方还有一个令蒂姆感到十分好笑的地名：埃岑－格瑟斯（Etzen-Gesäß）[1]。

1　格瑟斯（Gesäß）在德语中是“屁股”的意思。

进入霍赫斯特小镇，拐上两个弯就到了蒂姆·波尔父母的家，顺着一条石阶路下行，我们来到了蒂姆开始他乒乓球生涯的地下室。

“他”本人已经在地下室里等待着来访的客人了，这个“他”实际是蒂姆的赞助商——日本蝴蝶乒乓球用品公司用硬纸板制作的一尊真人般大小的人形立牌。现在，这个特制的人形立牌就代替蒂姆日夜站立在这个仅二点二零米高、用木板条包镶着墙面的小木屋里，欢迎来访的客人。这是一个典型的德国家庭从事业余爱好的地下工作室。蒂姆的母亲古德龙·波尔（Gudrun Boll）笑着说：“你看看，蒂姆总是有一只脚还站在我们这里。”

地下工作室现在已经成了一个小型的蒂姆·波尔收藏室，里面陈列着各种证书、奖牌、奖杯以及报刊上的报道文章，而且还会不断有新的陈列品放进来，现在是连一张乒乓球台无法再摆进去了。

地下室的墙上挂满了各种鲜亮的证书，几乎将木板墙面全部覆盖住了。收藏品从门边开始摆起，第一个就是 1988 年 5 月 5 日举行的地区排名赛第六名的证书。这可是一个特殊的证书，它不仅仅是蒂姆获得的第一个证书，而且还是一个确凿的证明文本：打那以后，整个乒乓球生涯中，他就再也没有获得过第六名了。架子上，尊尊奖杯熠熠生辉。最大的一尊奖杯高至人的腰胯，如果这尊奖杯盛满香槟酒，我相信，整个足球队的队员都会被灌醉的。虽然不能说奖杯越大胜利就越辉煌，但这个大奖杯的意义确实是辉煌的。

这是他 2005 年在比利时列日（Lüttich）举办的世界杯赛上逐个战胜了三个中国顶尖选手后获得的伟大荣誉。

蒂姆的父亲沃尔夫冈·波尔（Wolfgang Boll）和母亲古德龙·波尔都属于那种考虑事情周到、从容镇定的人，只要是认准了的重要事项，他们就会全力以赴地去努力完成。他的母亲留着齐肩的棕色长发，说着一口黑森州方言。她一直在努力付出，为了使儿子蒂姆的生活不要过于复杂，也为了不要让体育活动影响了他在学校的学习。

她开始高兴地对我说起了她的儿子："这个蒂姆呀，我已经把他宠坏了。"

她承认这一点并讲述了国家队教练伊斯特凡·柯尔帕（Istvan Korpa）先生对她的一次"警告"，即不允许她再托人往乒乓球训练中心为小蒂姆捎带食品，当时的蒂姆才九岁。今天说起这事，她自己都觉得好笑。晚上，当蒂姆训练结束回到家中，她总会想方设法地犒劳犒劳辛苦训练了一整天的儿子。她说："我会好好地为儿子做上一顿可口的晚餐，如煎肉、紫叶甘蓝、土豆丸子等。"

蒂姆说，从母亲那里，他学到了脚踏实地的生活态度，不挥霍、不浪费。从父亲那里，他养成了内心冷静、平和以及稳健的性格。

蒂姆的父亲一米七五的个头，灰色的头发，有些秃顶，虽说日常生活中是一个十分安稳沉静的人，但说起生活中有趣的轶事，他也是能开怀大笑的。从他对乒乓球运动的态度就可以感受到，他是一位球场上受欢迎的对手。

蒂姆的父亲说："走向球台，我就想赢。但我十分尊重对手，如果我输了，我常常会走到对手身边，向对手表示祝贺，并告诉对手：'尽管我输了，但还是从中获得了很多乐趣。'你来我往精彩的相持球总是会令我感到十分高兴。"他的话同样带着浓重的地方口音。

他想让自己的儿子也享受打乒乓球的快乐，最终成了儿子的启蒙教练。

蒂姆的父亲在因特网上提供了几部蒂姆早期练球的录像片。为什么有时候会将蒂姆的乒乓球拍称为交通警示牌，看了"YouTube"网站上的视频你就清楚了。那是因为，四岁的蒂姆当初学打乒乓球时，必须像一位列车员在列车即将启动时举起交通警示牌一样将球拍高高举过自己的头顶。有时觉得球拍太重，他就会用两只手去握，还能连续六板不失误地将球打过球网。视频中，球在球台上响亮地跳着，只是响声还是不够大，无法将小蒂姆急促的呼吸声盖住。

仅仅一年以后，五岁的蒂姆就能将球拍紧紧地握在手上，打出上旋球、下旋球了。视频的背景声音中，他的父亲在数着相持球的个数。录像片中更重要的是激发小蒂姆志气、雄心和好胜心的那些情节，在视频中你能看到和听到，扣了一个好球的小蒂姆在兴奋地叫唤："呀！呀！呀……"

小蒂姆学球进步很快，相对容易的起步阶段他一直都没有忘记。

开始时，父亲让我用球拍在桌面上摩擦球，带动球的旋转，让球在球台上滚。这种练习我父亲认为特别重要，能培养我对球的感觉。有价值的练习还有，让球跳起后在球台边缘落下，然后从球台下端再轻轻地接触球，将这个球拉起来。这应该就是我最初的弧圈球了。开始时，技术动作虽然并不准确，但培养了我的球感，我的旋转球很早就打得不错了。

五岁时，父亲沃尔夫冈·波尔就为蒂姆在霍赫斯特“TSV 1875 乒乓球俱乐部”报了名，六岁时，带着蒂姆参加了第一场比赛。如他父亲所说：“我把他带到比赛球台之前会经常对他说：‘如果赢了一局球，是好样的，但输了一局，也没有关系。’用这样的话来鼓励他放下包袱、激发斗志。他自己也不想输球，打到后来就经常赢球了，哪怕是与那些比他年龄大两到三岁的孩子比赛。”

小小的白球还在北京什刹海体育运动学校球馆里的球台上不间断地来往飞舞，蒂姆又拿起了他的球拍，他注意到了一个共同点：

“最好的中国球员总是在相互训练，基本上不会与比自己水平弱的球员练球。我以前差不多也是这样，总是与年龄比我大的球员训练，通过挑战强手来不断提升自己的水平。当然，从高水平的对手身上得到的，不仅仅是打球的技术，还有他们的人格力量。因为我是球队里最小的队员，所以，也总是听他们的，没有自夸水平高的资格。”

在黑森州，蒂姆在他九岁的那个年龄组——学生 C 组，几乎没有竞争地就获得了州冠军，当时父亲就发现他的一个特殊素质：“他冷静，善于观察比赛中的局势。他总是试图将球打到对手接不到的地方，有时候直接打到对方的身体前，有时候又会角度极刁地打到球台一角。”

站在高处的小胜利者：蒂姆自豪地展示自己在“霍赫斯特乒乓球俱乐部（HTTV）学生日”上获得的乒坛生涯中第一尊奖杯

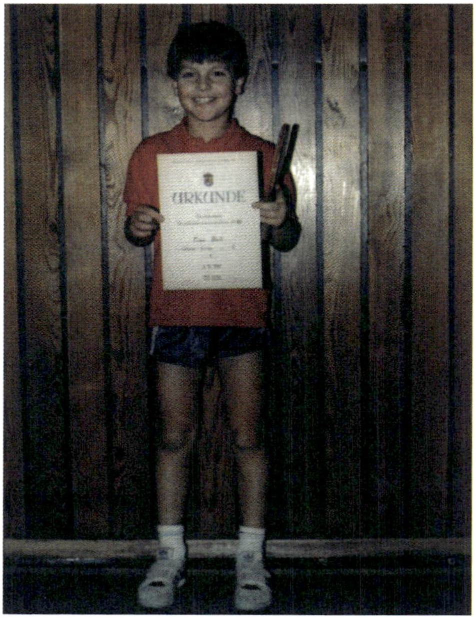

爱好成就冠军头衔：八岁时手举地区乒乓球锦标赛第一名证书

在父亲的帮助下，蒂姆凭着他的天赋，比其他球员更快地学会了观察比赛中球的不同速度、落点和旋转，能全神贯注地盯住对手，从而更准确地判断出对方的球路。

如果比赛中的战况不佳、策略运用不当的话，蒂姆也会突然恼怒起来，他的愤怒往往是通过摔打球拍来发泄的。

“我在地板上敲打球拍，有时候也会将球拍打坏。”蒂姆这样说。

可一旦球赛结束，蒂姆就不再把乒乓球当一回事了，不再去想它、琢磨它了。至于比赛中曾发生了什么，诸如球是怎么打的，是否输得太早，如何赢得了比赛……都无所谓。他认为，所有这些在今后比赛中应该值得注意的方方面面，都是教练的事。

蒂姆·波尔的第一个教练海姆特·哈姆培尔（Helmut Hampl）先生以及国家队教练伊斯特凡·柯尔帕先生、迪尔克·史梅尔芬尼格（Dirk Schimmelphennig）先生[1]、理查德·普劳泽（Richard Prause）先生、约尔格·罗斯科普夫先生都认为：蒂姆就是这样一个人，能很快转移自己的注意力，一旦人不在球馆，就可以做到不再去想球馆里发生过的事情。

1994 年，蒂姆战胜克里斯多夫·施罗德（Christoph Schröder），第一次获得了德国学生组冠军时，就认为没有必要打电话回家报喜，他的父母是第二天才知道这个喜讯的。

“其实，我不是一个喜欢打电话的人。”蒂姆说。

当然也有那些令人激动兴奋的团体比赛，赛后的他不可以抛弃队友们独自离开，而是要继续待在更衣室里讨论赛场上的一些关键情节。这时的蒂姆会十分安静地坐在一个角落，收拾着自己的行装，乒乓球在他的内心世界里已经闲下来了。

“比赛过后，我确实就没有什么兴趣再去关注了，只能是心不在焉地听别人有一句没一句地唠叨。”他这样说。

此时，北京什刹海体育运动学校的教练又将一个身穿柠檬黄球衣的小女孩带到了蒂姆的球台旁。当男孩子们正在为蒂姆展示大力扣杀时，她腼腆地站在球场一个角落里，之后才拖着脚扭扭捏捏走向球台。看来，与一位欧洲头牌球星对垒，她感觉有些别扭和尴尬。

来到蒂姆身前，她首先鞠了一躬。与蒂姆一样，她也是一位左手握拍的选手。虽说头两板正手弧圈球都下了网，但每一个球都拉得相当稳健，一脸刚毅的表情。小姑娘绷紧了身体，自负且庄重地、虎生生地大力扣杀，头发也连带着在奋力地飘动。

---

1 迪尔克·史梅尔芬尼格，德国乒乓球运动员、国家队教练，自 2015 年 3 月起在德国奥林匹克体育联合会（DOSB）担任竞技体育董事，2022 年担任北京冬奥会德国代表团团长。

腼腆的小女孩：蒂姆与他的训练伙伴，一位姓周的小队员。在她那个年龄段，她属于中国最好的队员

“太不可思议了，她摆出正手位姿势，直接就能拉起弧圈球。”蒂姆为小姑娘表现出来的强烈的攻球欲望深感惊奇。

长时间的一组拉弧圈球训练过后，小姑娘开始俯身捡球，利用这个机会，我问了她几个问题，随行的欧亚对抗赛组委会工作人员卡尔先生给我做英汉翻译。我这才知道，小姑娘姓周，十一岁，已经练了四年乒乓球，寄宿在北京什刹海体育运动学校也已经有三年时间了。如果从事其他体育活动，如自行车运动，小姑娘的身体显得过于单薄，因此选择了乒乓球运动。她七岁开始学球，在上一届全国小学生乒乓球锦标赛上，获得了第四名。她的训练定额是：上学期间，每天四小时；假期里，每天五小时。早晨八点半开始练第一节，下午两点半练第二节，假期中每一节练习时间为两个半小时，平时则是两个小时。

“每天晚上八点钟我都会准时给我的爸爸妈妈打电话。”小姑娘告诉我。

她的父母也会定期来看望她，假期她会回家。她的家在中国东北的鞍山市，离北京约六百公里。世界女子单打冠军郭跃以及奥运会女子单打冠军李晓霞[1]都

1 李晓霞，中国乒乓球运动员，2008年世界杯女单冠军。2012年伦敦奥运会乒乓球女单、女团冠军。2013年第五十二届世界乒乓球锦标赛女单冠军、大满贯得主。2016年第五十三届世界乒乓球锦标赛女团冠军。获里约奥运会乒乓球女单亚军、女团冠军。

来自她的家乡鞍山市。反手攻球是她的强项，但正手弧圈球也拉得相当不错。她的榜样是张怡宁，她说：我希望今后也能像她那样成为世界冠军。

我问她：你是否想从蒂姆那里了解些什么，想向他提几个问题吗？她使劲地摇了摇头，就好像有人在问她是否能反身从十米跳台上跃进水中一样。不过，她还是如愿得到了蒂姆的一个亲笔签名。

教练又喊了起来，要集中所有的孩子与蒂姆合影留念。几年后，如果蒂姆再看到这张照片，没准就能发现，他们中间的几个人已经赫然出现在世界乒乓球排名榜上了。

刘燕彬副校长再次走了过来。我们想向他了解，学校是怎样录取学员的。他介绍说："学校会举办全国性的乒乓球比赛，从中挑选出最好的技术苗子，再综合考虑身体条件、个人天赋、心理素质以及勤奋努力的精神。"此外，该校每年还两次组织教练员到全国各省市的乒乓球学校挑选天赋出众的孩子，一般都在八到十岁之间。

蒂姆也是在八岁时得到了一份邀请，一份来自要把他培养成德国历史上最优秀的乒乓球运动员、要把他推上世界排名第一位置的人——教练海姆特·哈姆培尔的邀请。获得这份参加"选拔集训营"的邀请时，蒂姆正好赢得了黑森州年度乒乓球锦标赛的第三名。哈姆培尔教练希望在一个时间相对长的试训中，发现有天赋的孩子，以便将其列为重点培养对象。

哈姆培尔教练曾经是一位参加德甲比赛的乒乓球运动员，作为黑森州的乒乓球教练员，他已经成功地将一些尖子运动员，如约尔格·罗斯科普夫送进了国家队。他对蒂姆的第一印象如何呢？这个孩子能成为他最好的学员吗？他是一位天才少年吗？

"一个胖乎乎但球感极好的小子。"哈姆培尔先生不含水分、就事论事地对我说出了自己对蒂姆的第一印象。

他对蒂姆的第二印象是在法兰克福乒乓球集训中得到的。集训在一所体育

很可能是明天的世界冠军：他们能够赢得冠军，今天的朋友很可能就是明天的对手

运动学校举行，历时五天。可对小蒂姆来说，集训生活则完全是一种新的体验。

这是我第一次离家在外睡觉——真像一场灾难。我与四个孩子同住在一个房间，其他三个孩子睡得又香又甜，只有我睡不着。我好像到了世界末日，感到那么孤独、害怕，一直都无法闭上眼睛。我该怎么办？当时我都哭出声来了。我走出房间来到了走廊上，幸好很快碰到了教练，海姆特教练陪我来到房间，坐在我的床边，给我盖好被子后又坐了一会儿，直到我睡着。

关心人——这是蒂姆对教练的第一个印象。开始时，哈姆培尔教练给人的感觉是一个爱训斥、爱唠叨的人，有些话甚至是高高在上，过于傲慢，再加上他的身材——一米九二的大高个——显得非常强势。

“一个折磨人的教官！”这是这位教练以前得到的评价，因为他对人态度严厉，训练方法也十分严格。

蒂姆至今还记得在法兰克福的一次集训，由于他与父亲没有按时报到，结果被教练“请”回了家，至于是否因为途中堵车或者其他什么原因，哈姆培尔教练一概不问。直到今天，哈姆培尔教练对职业运动员的要求还是这样，迟到一分钟罚一欧元。

当然，这只是哈姆培尔教练的一个方面。蒂姆说，随着时间的推移，这些都已经变得无足轻重了。从另一方面讲，哈姆培尔教练对运动员相当尽心尽力，当蒂姆训练倍感辛苦的时候，他甚至会亲手剥上一个橘子递过去。

今天，哈姆培尔教练还在以前举办过集训的黑森州体育联盟运动学校里工作。学校位于法兰克福埃因特拉赫特（Eintracht）足球场附近奥托－富莱克（Otto-Fleck）森林间的一块大地坪上，几乎所有大的德国体育运动协会都设址于此。奥托－富莱克是管理这一带森林的一位林业工人，这个地方就是以他的名字命名的。

哈姆培尔教练在那里有一个永久的工作职位，他是黑森州的年度优秀体育教练，学校的一个玻璃陈列柜里，挂着他的大幅肖像照片。在一个宣传栏上，贴着许多报刊上的文章，介绍他麾下最优秀的运动员蒂姆·波尔雄踞世界乒乓球排名榜第一的辉煌成就，尽管蒂姆已经转会好几年，现在已经在杜塞尔多夫波鲁西亚乒乓球俱乐部效力了。穿过校舍前往咖啡吧的步道上，哈姆培尔教练没有遇到一位不愿意与他打招呼、聊天的人。

作为一个教练，难道哈姆培尔先生就不想一直拥有像蒂姆·波尔这样优秀的运动员吗？不想像一位艺高的雕刻匠，在一块完美的宝石上精雕细琢吗？

哈姆培尔先生十分平静地介绍说：“尽管蒂姆一开始就相当不错，但与其他

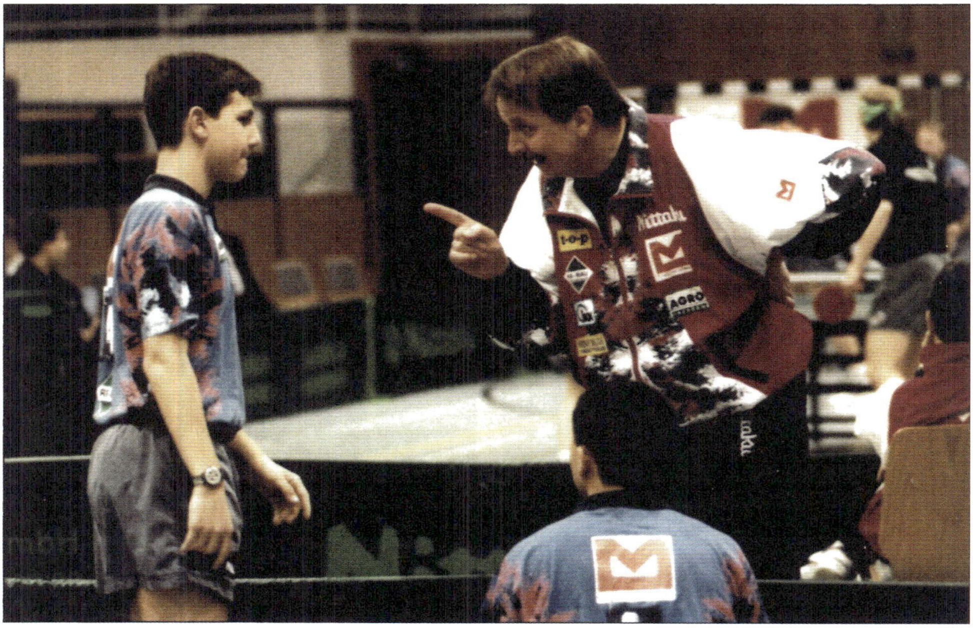
冠军教练与冠军学生：教练海姆特·哈姆培尔先生在TTV哥讷尔的一次德甲比赛上指导十六岁的蒂姆。蒂姆十五岁开始参加德国甲级联赛，是德甲乒乓球运动历史上最年轻的主力队员

孩子相比，当时的优势也并不是很大。”

黑森州可能就是如此，经哈姆培尔教练的培训提高，涌现出了那么多好的乒乓球人才。教练就是要尽早发现最有天赋的孩子，然后再送到骨干训练队伍中加以培养。

集训的第一天，哈姆培尔教练就开始使用他的训练测试手段，他要通过测试发现参加集训的孩子到底潜藏着多少天赋。例如，要测试学习新技术的能力。对此，他要与每个孩子进行半个小时的个人对练。对蒂姆，他选出了一套特别的功课：反手拉弧圈球。

反手拉弧圈球在乒乓球业界被视为最难的攻球技术，因为，反手位不像正手位有那么大的运动空间，动作大都是在运动员的腹部前完成的。如果技术上不过关的话，球打出来就会没有力量，有时球会绵软无力地飘然下网，有时球又会像一个弧形光点一样飞出球台。

当哈姆培尔教练将第一个球打到蒂姆的那半张球台上时，得到的印象是：在三个球之内，他肯定能够拉出反手弧圈球。事实果真如此！

当然，这还不够，第二天，蒂姆还能像今天这样拉出弧圈球吗？他的胳膊还能完成昨天交代的动作要领吗？哈姆培尔教练心里在嘀咕。

“蒂姆竟然完美地做到了。”哈姆培尔教练兴奋地讲述着，脸上展现出笑意，如此高兴的、意味深长的笑，就像他本人随同登月团队降落在了月球上一样。

学习能力的测试，蒂姆得了满分。

“他运用手腕动作，成功地摩擦了球。”哈姆培尔教练十分满意地说道。

不论是接触球还是球感，蒂姆都十分到位。后来，中国人在描述蒂姆的球技时也是这么评价的。

在这次集训中，蒂姆还交了一个朋友，一个在蒂姆今后的生活中扮演着重要角色的人——克里斯蒂安·吕里格（Christian Lüllig）。他们之间能做到互相理解，关系十分融洽，以至于后来蒂姆结婚时特意请他做了证婚人。

在集训的一次测试比赛中，蒂姆发了一个几乎令克里斯蒂安·吕里格感到绝望的侧旋球。但面对蒂姆，接发球失误的吕里格并没有怨天尤人，更没有摔球拍诅咒，而是满怀笑容地对蒂姆说：“我们还是好朋友。”

后来，在黑森州学生 A 组排名赛的一场比赛中，这一幕几乎又重演了一次：两个人又在激烈的决赛中相遇，一个长时间的相持球，吕里格终于得分后，在场上欢呼了起来。输掉了这一分的蒂姆也没有以怒气相对，迎上去的也是一张友好的笑脸。

克里斯蒂安·吕里格比蒂姆·波尔要大两岁，目前居住在黑森州首府威斯巴登（Wiesbaden）市，在一家大公司的市场营销部工作。他已经很久没有打乒乓球了，有时候在威斯巴登 SV 威恩（Wehen）俱乐部踢踢足球，现在还担任一家竞技体育训练中心的教练。见第一面就觉得他应该是一个体坛名将，健壮得像一个冲浪运动员，事实上，他与水上运动并没有什么关系，尽管吕里格先生在体育运动上也有过雄心壮志。从一开始，吕里格就十分认可蒂姆的特殊地位，他说："波灵格（Bollinger）——直到今天，我还是这样称呼波尔的——在决定性的关键时刻总会有比较好的反应，总是能在比赛的紧要关头打出最好的水平。他打球认真、投入，每一场比赛都很郑重其事，比赛时能做到头脑冷静、肢体放松。那个时候，他在这方面就已经十分出众了，即便今天，这也是他与其他世界顶尖运动员的不同之处。"

不过，在获胜者的颁奖仪式上，蒂姆看上去并不是那么沉着冷静。吕里格眨眼示意，继续说道："蒂姆虽然不会失手让整个奖杯掉在地上，但有时候会将奖杯盖掉到地上。即便获得了那么多次大奖，但在隆重的颁奖仪式上，在众目睽睽之下，他还是会显得有些手忙脚乱。"

从现在开始，蒂姆要去法兰克福参加骨干队员的训练了，先是一个星期两次，接下来是一个星期三次。他被重点培养班录取了，尽管他并未在所有考试上都获得最好的成绩。例如，身体素质方面的测验他就不过关，如十二分钟跑步能达到的距离。

"蒂姆往往用走代替跑。"哈姆培尔教练说着笑了起来。

那个时候的蒂姆，看起来根本就不像一个运动员，就连他自己都有些惊奇，后来竟会成为一名体格强健的专业运动员。

到现在蒂姆也没有忘记自己的身体曾经是那样的柔弱。

在跑步训练的测验中，我总是倒数第一名。对于跑步，我确实有些惧怕，甚至憎恨。尽管我做了所有的努力，但跑在法兰克福尼德拉德（Niederrad）森林里的那段路上，一旦转过弯朝向终点，看到前面的最后一百五十米时，我就会突然感到窒息。大多数情况下，一到达终点我就会摔倒、呕吐。这其实是一种心理上的反应，因为我的体力已经完全耗尽。确实，每次跑步，我都是最后一名。"这个小胖子波尔。”大家都这样戏称我。其中一个叫伯恩·翁格鲁厄（Björn Ungruhe）的队友最喜欢抱着我，亲我的脸蛋，因为当时的我确实是胖乎乎的，十分可爱。

关于蒂姆的“胖”，有一个最简单的解释。当其他孩子拖着两个装满了训练服的运动包来到集训基地时，蒂姆的两个包却总是一个装衣服，另一个装食品，而装食品的包里少不了有母亲塞进去的一个装着甜食的食品罐。罐子里有饼干、软糖和长长的带甜甜苹果味儿的绿色绳条糖——食用香精工业的杰作。

一旦教练发现了装甜食的罐子，就会当即没收，而集训结束后还给我的就是一个空罐子了。教练还会告诉我，甜食已经分发给其他教练员了。好在他们不是每一次都能发现。有时候我也会被教练逮个正着，就在我一只手伸进了食品罐，还来不及在教练进房间之前将食品罐藏起来的时候。其他集训学员都特别喜欢吃我母亲做的蛋糕，她烘烤蛋糕的手艺确实相当不错。

我十岁至十四岁的时候，上学之前早餐吃得很少，大概就只有一个小面包。但午餐我会猛吃一顿，训练的时候我又会吃一些面包师烘烤的酥皮饼。结束训练后，再吃上四块夹了意大利萨拉米（Salami）香肠片和奶酪片的烤面包片。如此海吃，显然容易使身体发胖。

然而，尽管或者正好在蒂姆还不那么符合运动员身体素质要求的时候，海姆特·哈姆培尔教练做出了一个不平凡的决定：“蒂姆在竞技训练中心的那一年，也就是他九岁那年，我就在想：在这个孩子的身上一定会成就一番前所未有的事业。所以，直到蒂姆十一岁的两年时间里，我都没有对蒂姆进行所谓的比赛训练。”这是指没有模拟比赛的训练，而模拟比赛要求运动员善于临场发挥，及时应变，这是一种不规律、不定点的技术训练。

“那两年，我对他只进行了控制球和基本技术上的训练，正手、反手有规律地定点变换。通过这种训练，我试图帮助他正手和反手技术都强大起来。”

这种训练方法并没有遵循当时乒乓球的训练理念。当时乒乓球界比较时兴的观点是，要培养出特别强势的正手，像亚洲乒乓球运动员那样。然而，强调正手要以步法灵活为前提，因为来球在反手位时往往需要身体迅速滑动到位，然后侧身，才能正手击球。由于蒂姆没有那么敏捷的双腿，所以反手就要特别优秀。蒂姆今天之所以能在比赛中打出令人惊奇、引起轰动的得分球，在很大程度上得益于他拥有的反手击球优势。

“如果我当初对他说，你应该总是用正手拉球，那么他今天也就只会是一个中游水平。我们训练的目标不是得分，而是不失误。”哈姆培尔诠释道。

他对蒂姆进行全台训练，不管对方将球打到什么地方，球台的每一厘米都得顾及，特别是那些十分刁钻的、正好落在身前的球。它要求运动员反应迅速，能在瞬间做出用正手或用反手接球的决定。

对于蒂姆，今天的哈姆培尔教练有一个令人感叹的伟大比较：“蒂姆就像莫扎特。人们往往称莫扎特为神童，他也是一样，小小的年纪，接受能力相当强，学得既快又多又好。”

难道“乒坛莫扎特”的封号不是一个要受到特定保护、不能随意标榜的概念吗？公认最具天赋、直到今天仍然活跃的“乒坛莫扎特”，难道不是瑞典人扬·瓦尔德内尔吗？“乒坛莫扎特”一定是一位具有非凡创造力、有能力调动对手、引导对手将球打到自己想要的位置的天才。哈姆培尔教练将蒂姆比为莫扎特，视蒂姆与瓦尔德内尔在同一级别，赋予了他“伟大的瑞典人的接班人”的荣誉称号。

很早就能看出，三个因素成就了蒂姆乒乓球运动方面的优势：一是他的学习接受能力；二是他的实力，即在关键时刻能集中注意力并进行战略思考的能力；三是自我放松的本领，即在打球之前，或在所有有关乒乓球的活动过去之后，蒂姆会轻松地调侃这么一句——让乒乓球找乒乓球去吧。

有些运动员从早到晚想的都是乒乓球。原则上，我只是在球馆的时候，在这个我要待上一段时间的地方，才会去考虑它。即便以前，我在球馆外也很少去想去聊乒乓球。到了周末，母亲为我准备好了乒乓球训练的运动包，父亲取下了车钥匙。只是在这个时候，我才会问："我们现在到底去哪儿呀？"一旦到了球馆，我就安心开始打球了。听起来，这些话可能有些乏味，但我相信，它正是我的一个优点：我从未为乒乓球癫狂过。打完球后，在回家的路上、在家里，我们也很少再议论乒乓球。我确信，如果在休息的时间里还左思右想乒乓球的话，我的心理负担一定会很重。

渐渐地，蒂姆的训练内容和训练强度都明显增大了。蒂姆十一岁的时候，他与父母接待了德国乒乓球协会的来访。伊斯特凡·柯尔帕先生——当时的德国国家青年队男队教练，坐在了他家的客厅里。

作为运动员，伊斯特凡·柯尔帕先生曾效力于原南斯拉夫国家队，夺得过欧洲团体冠军。1970 年，在欧锦赛上他打进了单打决赛。他十分关切地对波尔一家说：应该把蒂姆·波尔送到海德堡乒乓球训练中心去训练，这对蒂姆今后乒乓球运动的发展是绝对有利的。

他还说："我们关注最有天赋的孩子，我们瞄准的目标不仅仅是欧洲那些乒乓球运动发达的国家，我们瞄准的主要目标还是中国。"

柯尔帕先生事后说，这是一次很好的交谈，我们双方交换了很多想法，但他的愿望并没有实现。

"对我们来说，这是不可能的，蒂姆也不想去，他在黑森州一样会得到特别的支持和帮助。"这是蒂姆的父亲沃尔夫冈·波尔的回答。

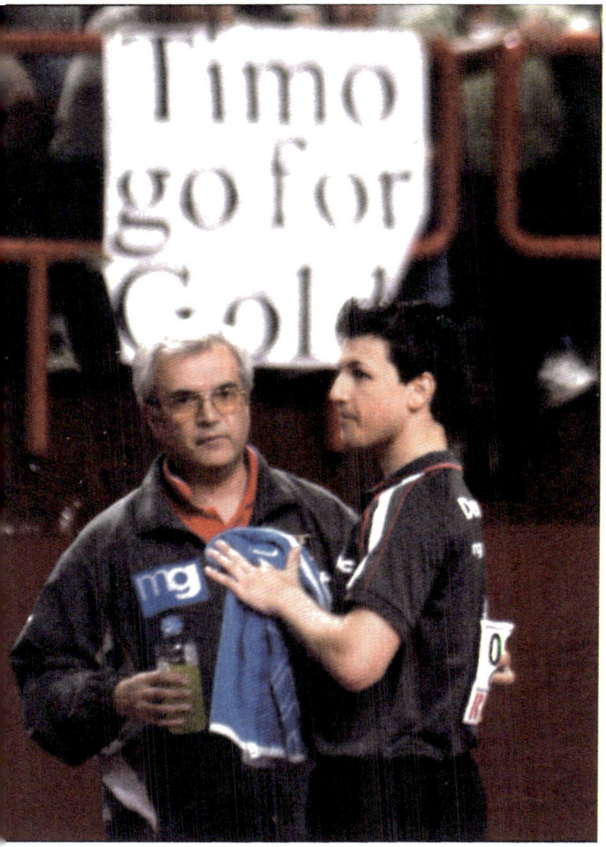

痛失金牌：联邦教练伊斯特凡·柯尔帕先生的现场指导也未能避免蒂姆在2002年巴黎世界乒乓球锦标赛上经历最惨痛的失败

小蒂姆沉默地待在旁边，他之前就对父母说过，无论如何他都不想离开家。即便今天，蒂姆也这样说："我十分眷念家乡霍赫斯特。幸运的是，我们黑森州训练团队中没有一个孩子去海德堡乒乓球训练中心，在这里训练没准儿比在海德堡还要好一些。"

柯尔帕先生接受了他们家的这一决定，他告诉我："蒂姆的母亲认为，学校的学习要放在优先地位。同时，我也注意到，海姆特·哈姆培尔教练在黑森州的训练也组织得非常好。"

柯尔帕先生与哈姆培尔先生是老熟人，他们曾共同效力于法兰克福FTG乒乓球俱乐部，二十世纪七十年代一起打了五年的德甲联赛。柯尔帕先生也住在黑森州，他继续定期观看蒂姆的训练，跟踪蒂姆的发展，并就蒂姆·波尔的培养与哈姆培尔教练随时交换意见。

就像那些在学习上有天赋的小孩跳级一样，蒂姆在乒乓球事业的发展进程中也跳过了一些年龄段。十一岁时，他开始参加成年人球队打地区一级的比赛，在1875霍赫斯特TSV俱乐部球队中打一号位置，他的父亲在该队打三号位置。

"今天晚上允许你上场吗？"对方队员有时候会开玩笑似地问小蒂姆。

一般而言，蒂姆只会在星期五晚上才能参加比赛，因为星期六不用上学。球台旁的成年人往往会感到吃惊，感到意外，自己竟会输给一个小孩。球场上，一个小孩，向有经验的成年人展示出他不那么惊人，但经过了自己头脑酝酿的球艺。小蒂姆焕发出了一股吸引人的魅力，他被人钦佩、赞扬，被誉为“乒坛小王子”。

至今，他能记住的只有两次发生在比赛场上的例外。一次，一位年龄较大的成年人在接蒂姆发过来的一个不可小觑的下旋球失误后喊了句：“讨厌，小孩的发球！”另外一次，一个输了球的成年人在球馆里气急败坏地大声叫嚷道：“我现在竟输给一个小屁孩了！”

在这个赛季的后一个阶段，蒂姆就转进俱乐部一队作为替补队员了。一队参加俱乐部联赛，蒂姆也随球队升级开始打黑森州联赛。即便在黑森州联赛上，蒂姆也是赢多输少。但要想再度升级，蒂姆就必须转会了。

蒂姆·波尔转会到了级别更高的法兰克福 FTG 乒乓球俱乐部，在那里他还有了一个特别的双打伙伴——教练海姆特·哈姆培尔先生。

看上去十分滑稽，蒂姆说：“一个胖墩墩的年轻人蒂姆与一个瘦高高的成年人海姆特配对。我觉得，我当时的水平要略高于他，因为他的速度不再那么快了。但比赛中我还是尽量地顺着他打，我相信他的比赛经验。我们之间配合得十分默契。”

哈姆培尔教练说，与蒂姆在一个球队打球，特别是配双打，其重要性还在于，他可以更好地引导蒂姆，为他日后成为一名专业乒乓球运动员做好准备。

蒂姆事业上的突飞猛进在 1995 年举行的欧洲青少年乒乓球锦标赛上表现出来了。当时他十四岁，在学生组一并获得了单打、双打和团体三块金牌。

一年后，蒂姆从法兰克福 FTG 乒乓球俱乐部转会到了哥讷尔（Gönner）TTV 乒乓球俱乐部，参加德国乒乓球乙级联赛，蒂姆施展球艺的舞台越来越大。在乙级联赛上，他也是进步神速，整个赛季中，在球队打五号位置的他，仅输过一场单打。接下来，哥讷尔 TTV 乒乓球队升级，蒂姆开始打德国乒乓球甲级联赛。十五岁的蒂姆也因此成为德国甲级联赛历史上最年轻的主力队员，这也是德国乒乓球运动史上从来没有过的大胆尝试。

除了乒乓球这一条主线外，蒂姆·波尔的其他生活也还在继续，特别是在学校里的学习。体育、法语和英语是他最喜欢的科目，德语听写也十分容易。出乎他意料的是，他的作文也总是得高分。他说，他对物理和化学不太感兴趣。他的成绩单上，老师给出的分数大都是二分或三分[1]，只有数学科目得过一次四分。

蒂姆说："笔试，我的数学总是二分至三分，但口试，老师总是用四分或五分给我一个'耳光'。其实，数学老师人很好，也很有能力，可能是我太过安静，课堂上发言太少了吧。"

那段时间，蒂姆·波尔不仅要去法兰克福训练中心训练，还要去哥讷尔 TTV 乒乓球俱乐部训练，而哥讷尔距蒂姆居住的小镇霍赫斯特又相距约一百五十公里，这样来回折腾，他第二天还能正常上学吗？

"我们必须寻求另外的途径。"当时任哥讷尔 TTV 乒乓球俱乐部主教练的哈姆培尔先生说。

当时还真想出了一个解决蒂姆·波尔学校学习和德甲联赛之间矛盾的办法：既然他来哥讷尔训练困难，那我们干脆做出决定，移师霍赫斯特，将整个德甲球队搬到他们队里最充满希望的运动员的家乡去训练。现在看来，这确实是一个罕见的、不平凡的计划，是一个为乒乓球事业、为整个德国体育事业谋求发展的绝佳选择。

在中国，为了进一所好一点的乒乓球学校，孩子会离开父母数百公里。在

1　在德国，学生成绩以五分制计，一、二、三、四、五分别为很好、好、良好、及格、不及格。

中国的城市和乡村里，或公立或私立地建有两千多所这样的乒乓球训练学校。十二所重点训练学校直接在中国乒乓球协会的管理之下，北京什刹海体育运动学校就是其中一所。蒂姆·波尔所在的哥讷尔 TTV 乒乓球俱乐部做了大胆的尝试，为了波尔，同队的其他德甲球员必须对此决定表示赞同，住到俱乐部在霍赫斯特租下的公寓里去。所有的球员不仅仅是代表俱乐部参加德甲比赛的乒乓球运动员，也是德国天才运动员蒂姆·波尔的陪练队员。

这样的做法以后很可能不会再有，今天回忆起来，我才能真正体会到当初这个决定的真正分量。这是一种什么姿态、一种什么样的模式？这种模式从未有过，俱乐部怎么会做出这样的决定？还需多花数千马克[1]，后来则是数千欧元的交通费用，因为球队周末还是要去哥讷尔主场比赛。他们这样做，确实都是为了我，让我能更轻松一些，让我能继续住在霍赫斯特的家里。

每天早上，海姆特都要开车过来，没有他的提议和坚持，这种训练模式是根本实现不了的。

在中国，如果一个孩子被寄宿的乒乓球训练中心录取，家长相反会感到十分幸运和高兴。我自己在中国逗留期间就经历过这种场面，一个孩子在选拔赛上被挑选上了，整个家庭都会欣喜若狂。体育在中国家庭的地位和重要意义并不亚于德国家庭孩子在学校毕业。由此可见，采用这种训练模式的良苦用心。

在第一个德甲赛季，蒂姆的母亲古德龙·波尔女士就像是整个球队的母亲一样。她四处张罗着为运动员们寻找公寓，为他们准备锅碗瓢盆、床单被子等生活必需品，为他们收取邮包，处处考虑得十分周到。

1 使用欧元前的德国货币。

十五岁的蒂姆还需要家庭的温暖，教练和父母亲都顾及了这一点。

“我有强烈的感觉，蒂姆是一个十分恋家的人，舍不得离开家乡。”蒂姆的母亲这样对我说。

哈姆培尔教练不仅建立了专业队整体移师霍赫斯特训练这一新模式，还产生了要为蒂姆这位富有天赋的球员争取到更多训练时间的想法。

由于每天下午都已经排定了训练单元，周末又大多是比赛时间，能争取的训练时间就只有上午了。为此，哈姆培尔教练拜访了蒂姆就读的霍赫斯特中学的校长。他对校长说：“蒂姆现在已经参加了德国的甲级联赛，同时，他还是学生组的欧洲冠军选手，这是国家的荣誉，也是霍赫斯特乡镇的荣誉。为了能争取到更多、更高的荣誉，蒂姆上午也需要练球。”

校长回答说：“我们同意这样做，只要他的学习成绩能达到学校的要求。”

学校网开一面，给了他特殊的规定，使他增加了训练时间，但也给蒂姆带来了些许的不快，因为他并不想在学校里表现得太过特殊、太引人注目。当一位女教师在课堂上对全班同学谈到在报纸上读到的关于蒂姆乒乓球夺冠的报道时，坐在下面的蒂姆就感到非常尴尬，他不希望有人这样来评说他。

这样一来，只要是上音乐课、艺术课和体育课，蒂姆就会去球馆与球队一起训练。新的训练模式使他一个星期能得到七个训练单元，五次下午、两次上午，每次三个课时[1]。

“当然，他还要在学习上与班上的同学共同进步。”哈姆培尔教练说。

“一次艺术课后，老师要求学生必须画一幅画上交，”当蒂姆说到这幅画的时候，诡秘地笑了笑说：“这幅画是在我父亲的帮助下完成的。”

在此之后，哈姆培尔教练经常会听到一种议论，说蒂姆被他娇惯了、纵容了，蒂姆太依赖他了。

1　一个课时为 45 分钟。

“这完全是胡说！”哈姆培尔教练为此十分恼火，他辩解道，“直到今天，严厉批评蒂姆的人只有我这个教练和他的父亲！”

蒂姆不仅十分亲近家庭，还十分重视友情，不管是来自学校的、邻居的还是运动场上的。为了友情，蒂姆总是会全力以赴。克里斯蒂安·吕里格就是这样认为的：“蒂姆这个人绝对可靠，即便在有很多其他重要的事要做的时候，他都还能十分耐心地倾听他人的想法。他是一位完全可以信赖的朋友，你有什么心里话，尽可以放心地与他交流。”

学校里的朋友对蒂姆意味着什么，德国乒乓球协会的教练员们也都领教到了。一次，教练伊斯特凡·柯尔帕与蒂姆以及蒂姆的父亲沃尔夫冈·波尔见面，商谈备战即将举行的欧洲青少年乒乓球锦标赛的训练事宜。在每一个大的赛事之前，德国乒协一般都要举行三次赛前集训，所有的比赛准备工作都得集中在一起进行。而这一次的三次集训中正好有一次在时间上与蒂姆学校的班级外出旅行活动发生了冲突。

“蒂姆，整个球队都必须集中在一起，队友们也都看着你，因为你是一号，你是他们的榜样，”柯尔帕对蒂姆说，“你要知道，什么对你来说是最重要的。是随班级外出旅行，还是在欧洲青少年乒乓球锦标赛上展示成功形象？”

国家队教练这样追问他，同时也考虑到，班级外出旅行一定会影响蒂姆的睡眠，年轻人在一起，甚至有可能会喝酒。

可蒂姆为自己的观点辩驳：“我已经参加了两次集训。”

作为教练，柯尔帕先生不能强迫他放弃班上的外出旅行活动，甚至不能施加压力。

“那你们干脆不让我参加比赛好了！”这是蒂姆说的最后一句话。

尽管如此，蒂姆还是参加了比赛。球队为什么要放弃他们最好的运动员呢？柯尔帕先生给了蒂姆一个例外，因为，他也认为蒂姆的要求有合乎情理的一面，何况，蒂姆的态度也是相当严肃认真的。

“话又说回来，他每一次都为球队尽了最大的努力。”柯尔帕先生说。

在这届欧洲青少年乒乓球锦标赛上，蒂姆获得了单打银牌，在之后的两年里，他均获得了此项赛事的单打金牌。

1997年，专业杂志《德国乒乓球运动》(该杂志名称现已经简化为《乒乓球》)报道说：

> 在他那个年龄段直至比他年长二十个月的年轻运动员中，目前还没有一人能像欧洲青少年乒乓球锦标赛冠军得主蒂姆那样将最困难的攻球技术掌握得那样完美。在有些人眼中，年少的蒂姆·波尔现在俨然已经是一位值得大家重视的“乒乓球先生”了。当然，这种看法不是没有道理的，相对于其他球员，这位年轻运动员确实表现出了一种特殊的本领，这种本领对乒乓球的飞行轨迹起到了决定性的影响，即不仅仅是他的回球速度快、旋转力强，而且他还能做到有意识地控制球的落点。

关于那次欧洲青少年乒乓球锦标赛，蒂姆今天都还在说：“如果我没有赢得比赛，教练和队友们一定会另眼看待我。他们会说，蒂姆只想干他愿意干的事。”

是的，在不得已的情况下，蒂姆甚至会做出放弃参加欧洲青少年乒乓球锦标赛的决定。蒂姆还这样为自己辩解：“有的时候，其他事情比乒乓球更加重要。我的体会是，放松放松，脑袋里不去纠结乒乓球，球反而会打得更好。”

蒂姆也认为海姆特·哈姆培尔教练能理解他的想法。哈姆培尔先生说：“蒂姆是一个合群的人，因此，他希望能与同学们一起出行。”

不过，在蒂姆的训练团队里，尽管他有时会享受些特殊待遇，但还是很受队友们欢迎。哈姆培尔先生还说：“总是这样，只要其他队友想从我这里得到些什么，或想出去看个电影，或想放弃一个身体素质训练单元，他们总会遣使蒂姆来找我。蒂姆也总是希望能和团队形成一个整体，从不想被区别对待。”

蒂姆还打趣地补充道：“一到我这里，海姆特教练就变得最仁慈了。”

十年级结束，蒂姆以平均分数二点五分的成绩中学毕业，他的人生也将步入一个新的阶段。蒂姆·波尔与他的父母亲、海姆特·哈姆培尔教练，还有中学学校的校长共同作出了决定：尝试让蒂姆把精力完全集中在乒乓球训练上，向成为一名专业运动员的方向发展。

我没有感觉这个决定有什么大的风险，因为，我当时已经在德国甲级联赛上实力十分稳定地打了一年，十六岁的我比当机器装配工的父亲挣钱还要多。我完全没有想到，打乒乓球还能挣这么多钱。当时，我一个月能得到四千马克，每赢一场球还能再得五百马克。

蒂姆的第一场德甲比赛是作为哥讷尔 TTV 乒乓球俱乐部的队员在波鲁西亚杜塞尔多夫乒乓球俱乐部进行的，对蒂姆来说，这场球的象征意义大过了比赛本身。因为，德国最优秀的运动员，同时也是蒂姆视为偶像和榜样的约尔格·罗斯科普夫先生，当时就效力于波鲁西亚杜塞尔多夫俱乐部。

约尔格·罗斯科普夫曾在 1989 年与斯特芬·费茨纳（Steffen Fetzner）[1] 携手获得过世界双打冠军，三年后他又获得了欧洲单打冠军、奥运会双打银牌。

当我听到是这个对手时，脑袋里马上跳出来两个概念：罗斯科普夫和杜塞尔多夫。我生平第一次现场观看的德甲比赛，也是在波鲁西亚杜塞尔多夫，也是看罗斯科普夫打球，那时我才九岁。我还记得这样一个小插曲，九岁的我在球馆里玩，罗斯（大家都是这么称呼罗斯

1　斯特芬·费茨纳，德国男子乒乓球运动员。曾获得 1989 年多特蒙德世乒赛男子双打金牌，1992 年巴塞罗那奥运会男子双打银牌。

科普夫的）迎面走了过来。当时我想，这可是一个索取签名的难得机会。可待我鼓足勇气迎了上去，问能否为我签名留念时，罗斯的回答是：“比赛期间不能签名。”当时的我顿感失望。

蒂姆在德甲的经历也是从一场令人失望的比赛开始的。他的对手，比利时人菲利普·塞弗（Philippe Saive）[1]在场上明显占据优势。蒂姆输了，他谦恭地自我安慰道：“对于我这样一个排名在后的队员来说，他确实是一位十分厉害的球员，我能与他比赛本身就是一个荣誉，我当时相当紧张。”

一千七百名观众观看了他的第一场德甲比赛，还有一大批观众比蒂姆还要年轻，那是一群刚刚参加了儿童运动会的小观众。

当然，没过多久，蒂姆就迎来了德甲赛场上的第一个胜利，是在哥讷尔主场赢得的。教练海姆特·哈姆培尔在赛场上目睹了蒂姆是怎样战胜弗里肯豪森（Frickenhausen）TTC俱乐部球员米洛斯拉弗·宾达契斯（Miroslav Bindatschs）的。在这场充满激情的比赛中，蒂姆运用快速转动手腕的技术成功地遏制住了宾达契斯发的长球。

蒂姆赢了，哈姆培尔确信，这个胜利就像给长势良好的庄稼催了肥一样，会大大增强他的自信心。

在哥讷尔 TTV 乒乓球俱乐部效力的那些岁月里，特别值得一提的是，球队升级到德甲后，迎来了一位中国球员，原中国国家队队员许增才[2]先生。许增才的比赛风格和打法，使蒂姆在思想上开始意识到，自己乒乓球事业辉煌发展的关键还在远方的中国。

---

1 菲利普·塞弗，人称“小塞弗”，哥哥“大塞弗”即世界乒坛名将让－米歇尔·塞弗。

2 许增才，中国男子乒乓球运动员，曾获得 1988 年亚洲乒乓球锦标赛男子团体冠军，参加过 1988 年奥运会。奥运会后，二十八岁的许增才退役出国打球。在瑞典待了四年后，转战德国打德甲俱乐部联赛。1996 至 1998 赛季，与波尔在同一家俱乐部。现在，许增才仍一直与波尔保持联系，每次波尔来中国比赛，有时间的话，他们都要聚一聚。

在北京什刹海体育运动学校，蒂姆狠狠地流了一把汗。

“今天练得相当不错，为即将开始的比赛很好地练习了防守技术。”蒂姆对着我喊了一声。

矮小结实的中国球员和哈萨克斯坦球员撕下了自己球拍上的胶皮，请蒂姆在球板上签名。从现在开始，孩子们打每一个球时，都会感受到留在球拍上的、与世界排名第一的球星训练了一个单元的记忆了。

蒂姆收拾好自己的运动包，再一次看了看总是有不少孩子在训练的大型训练场馆，满意而又若有所思地来到了我的面前。

“脑袋里还在想什么呢？”我问他。

“我深感欣慰，孩子们在如此愉快地练球。其实，高强度的训练并不愚蠢，但要练好球，仅通过强迫的手段也是不可能的。在这里你看到了，乒乓球运动对孩子们意味着什么。”

“看来，你对你从事的体育运动的声誉还是有真正的担忧。”

“当然啦。经常有人对我说，中国人的球打得这么好，是因为他们整天都在刻苦训练，他们几乎没有自己的童年时光。但你再看那些正在练球的孩子们的神情，个个高高兴兴、充满热情。当然，我也曾有过完全不同的见闻。有一次，我在北京另外一个训练中心转悠，在训练馆里见到了一群练体操的小女孩，她们正在练劈叉。两只小脚一前一后搁在两个体操跳箱上，为了练习柔韧性，教练还在不断地将她们的身体往下压，直到她们疼痛得叫喊起来为止。当然，乒乓球运动员的训练完全是另外一个样子。我相信，在这里训练的小孩，他们今后的人生将会获得较好的机会和荣誉。”

“你的这个信念又是从哪里来的呢？”我问。

“因为，我十分明确地听说过，例如，中国的教练员就说到过运动员的事业和生涯。在中国，谁要是能成为一名专业运动员，那么他的生活就有了保障。要么登上了体育运动的巅峰，要么可以转行得到一份好的工作。很多人现在都在当教练，因为教练的需求量很大。在中国，专业乒乓球运动员就业的风险是

乒乓球运动的未来：与北京什刹海体育运动学校的学员们合影，他们中不少人都可能会攀上乒乓球体育事业的高峰，即便是现在，蒂姆与他们训练也会汗流浃背

很小的，不像在我们这里。”

在中国，一个运动员最好的情况是运动成绩达到了世界水平，这同时意味着荣誉和富裕的开始。这也是为什么中国的父母很愿意将孩子送到诸如北京什刹海体育运动学校这样的寄宿制体育训练中心来的一大原因。

北京什刹海体育运动学校根本不用担心生源问题，刘燕彬副校长十分有把握地说道：“家长都愿意把孩子往这里送，孩子们也愿意来，为此，我们不需要对任何人做说服工作。”

北京什刹海体育运动学校现有乒乓球学员九十人，他们中最小的才六岁。到了十五岁，家长、教练员组以及学员会坐在一起再做出决定，是否应该真正将乒乓球作为孩子的终身职业。

我们再次上楼，经过了一面宽大的墙壁，墙上均是学校五十周年庆典的纪念内容，挂着许多以前在这里训练成长起来的世界冠军的照片。

离开学校之前，学校给我们赠送了纪念品——一张介绍这个学校的电影光盘，一套印有在该校训练过的著名乒乓球运动员头像的纪念邮票。这些运动员是辉煌的中国乒乓球事业的一部分。

与他们相比，一位二十世纪八十年代中期在德国奥登瓦尔德起步的乒乓球运动员走的则完全是另外一条道路。

第二章

“巴士车”驶进历史

中国是怎样成为乒乓球王国的

小巴士再次接上我们，离开北京什刹海体育运动学校返回酒店，车又行驶在北京宽阔的大街上。此时，一辆轻型摩托车正好从我们车旁驶过，只见穿着一件陈旧休闲上装的男性摩托车驾驶员朝我们这边瞟了一眼，一下子惊喜地叫了起来：

“波尔！”见到蒂姆，驾驶员不是一般地兴奋。

看来，中国北京今天又该是一个“波尔日”了。

车行至一个街角，蒂娅轻轻地碰了我一下，用手指了指街边的一家商店。商店进门的上方有一个乒乓球拍广告，向往来行人展示着商店里的商品信息。上面的汉字蒂姆也认识：

“pingpang qiu（乒乓球）。”他小声地念了一句，中国人是这样称呼乒乓球的。汉字“乒”和“乓”只有一画的区别，看起来，“乒”像长着一条左腿，“乓”则像长着一条右腿。

巴士车司机的前面，放着一个喝茶的瓶子，茶叶沉淀在瓶底。我不禁有些纳闷，这茶叶都多长时间了，很可能司机一直在不断地往茶杯里续开水。

此时，司机向我们这边欠了欠身子，以“请”的姿势将一包口香糖送到了我们的鼻子下。北京的口香糖吃起来有些药味儿，包装上是中国乒乓球国手张怡宁女士的笑脸。在球台上，张怡宁几乎是没有笑容的，结合她打球的风格，人们送了她“冷面杀手”的外号，谁知道她会不会为此称号而感到自豪。

在中国，人们很容易对乒乓球留下印象，就连买一包口香糖都会联想到乒乓球。中国国家领导人都喜欢手握乒乓球拍照相，从毛泽东主席到胡锦涛主席无一例外。乒乓球为什么会在中国如此接近群众，如此有人缘，如此为国家所器重？乒乓球对亿万中国人来说到底意味着什么？看上去，中国人似乎正在将乒乓球作为一个集体交往的游戏，像奶奶做蛋糕的秘方一样，一代一代地往下传。随着时间的流逝，人们甚至已经不知道乒乓球是从哪里传过来的了。

事实上，乒乓球并不是中国人的发明，而是十九世纪末英国人在社交沙龙圈里热衷的一个游戏，之后才逐渐发展起来。起初，乒乓球只是作为网球的一个变种，在天气不好的时候玩一玩。

但令人深感惊诧的是，一个资本主义国家早期的贵族运动，现在竟成了一个社会主义国家的国球。

到底是怎么演变的呢？应该说，世界政治形势使然。

毛泽东先生，这位伟大的中国共产党领袖、中华人民共和国缔造者是十分感谢乒乓球的，是他使乒乓球成为中国的国球。因为，小小银球帮助他推开了国际社会的门。

第二次世界大战结束之后，中国发生了内战，毛泽东主席领导的共产党红色军队与蒋介石统率的国民党军队争夺中国的政权，红色军队最终赢得了胜利。毛泽东于 1949 年 10 月 1 日在北京天安门城楼宣告了中华人民共和国的成立，蒋介石则率一百五十万追随者逃到了台湾。在台湾，蒋介石想复辟“中华民国”，寄希望于有朝一日能再次统治整个中国。台湾当局当时在联合国还代表着中国。

毛泽东主席正是借助小小的乒乓球赢得了国际社会的广泛认可。

1952 年，国际乒乓球联合会（ITTF）[1] 在世界体育联合会中第一个接纳中华人民共和国成为会员国。在此之前，乒乓球运动在中国还只是一个无足轻重的体育运动形式。

乒乓球运动于二十世纪初通过贸易、外交和军队由欧洲传入中国，因此，起初阶段也只是在一些对外开放的大型港口城市流行。而毛泽东主席则利用乒乓球这个工具，帮助中国实现了内部和外部的强大。

应该说，乒乓球运动十分符合中国国家政体的要求：简单易行，不需要昂贵的装备，在城市和农村均可以开展，是一项可以为人民共和国服务的、普及性的大众体育运动。

在德国的大街上，你可以随便问一个路人：关于中国，你首先想到的是什么？答案最多的很可能是毛泽东、长城以及乒乓球。

在巴士车上，就这个话题我问蒂姆，关于毛泽东主席和长城，你在中国都有哪些见闻？蒂姆回答说："在中国，我只是在不断地看到毛泽东主席的画像，而长城事实上 2007 年才去，也是十多年以来中国行的第一次登长城，在此之前，时间上总是安排不过来。与所有到过长城的游人一样，长城也给我留下了难以置信的深刻印象。不过中国对我来说，即使没有长城，也同样是充满魅力的。"

关于毛泽东主席的功过，中国国家领导人曾给予了一个公开的评价："他的功绩是第一位的，他的错误是第二位的。"中国并没有背弃毛泽东，因为与毛泽东主席息息相关的事情太多太多，其中当然也包括历史上中国乒乓球运动在国际赛事上的中断与恢复。

1　国际乒乓球联合会（ITTF）是一个国际性乒乓球管理组织，总部位于瑞士洛桑。1926 年 1 月，在德国柏林，德国、奥地利、匈牙利、瑞典等国的代表决定成立国际乒联。同年 12 月，国际乒联正式成立，并在伦敦举行第一届世界乒乓球锦标赛。

历史的进程是这样的：

1953 年，中国首次组团参加在罗马尼亚首都布加勒斯特举办的第二十届世界乒乓球锦标赛，男子团体获得了第七名。仅六年光景，在 1959 年德国多特蒙德举办的世界乒乓球锦标赛上就赢得了辉煌的战绩，二十一岁的容国团[1]获得了世界男子单打冠军，这也是中国在国际体育赛事上获得的第一个世界冠军。借助于乒乓球运动的成功，新中国走进了国际体育领域。毛泽东主席再一次毫不掩饰地称乒乓球为“我们的精神原子弹”。

两年后的 1961 年，中国首次在北京举办世界乒乓球锦标赛，容国团再次为中国乒乓球运动的胜利作出了贡献。

这一次的胜利，颇具政治意味。男子团体决赛，中国队与日本队相遇，这场比赛政治上的火药味十足，就像第二次世界大战结束后不久西德足球队与苏联足球队在决赛场上相遇一样。因为，日本曾入侵中国，令人发指地屠杀中国人民。

日本是当时世界上乒乓球运动第一强国，至 1961 年，已经连续五届获得了世界乒乓球锦标赛男子团体冠军。在北京可容纳一万五千人的工人体育馆里，观众们都在期待着这场决赛，期待着容国团这位世界单打冠军的上乘表现。

自两年前拿下世界单打冠军后，容国团的实力也在下降。决赛上，他的头两场都输掉了，中国队一度落后。之后，两位队友挽回了败局，当容国团再次出场打最后一场比赛的时候，中国队已经以大比分 4 ： 3 领先日本队了。容国团最终以 2 ： 1 赢得这场比赛，中国队首次获得了世界乒乓球锦标赛的团体冠军。这场胜利直接促成了乒乓球运动在中国的进一步发展，乒乓球运动帮助中国人民实现了一大愿望。

1　容国团，中国乒乓球运动员，中国体育界第一位世界冠军。1959 年，在德国举办的第二十五届世乒赛上夺得男单冠军。1961 年，在北京第二十六届世乒赛上，代表中国队首获男团世界冠军。1968 年，容国团在“文化大革命”中被迫害致死，1978 年国家体委为容国团平反昭雪，恢复名誉。

不过，最具国际意义的事件还在后面。

我们乘坐的巴士还在向酒店的方向行驶，蒂姆正在智能手机上写着信息，接着又从双肩背包里取出了他的第二个手机。他一定是注意到了我表现出来的颇感惊讶的神色，对我说道：“我其实是一个很节俭的人，但是手机我却有三个，这样我就总是能使用最新款式手机上的所有功能。”

手机是运动员们排遣无聊时光、互相联络的重要工具，因此，他们中很多人总是喜欢购买最新款式的手机。说起来，蒂姆的很多时间都是在这种豪华巴士车上度过的。从机场到酒店，从酒店到球馆，又从球馆回到酒店。

“我乐意享受留给自己的这点儿时光。”蒂姆说完又靠在了座位的后背上。在巴士车上，除了能为比赛做点儿思想准备之外，运动员是没有什么其他事可做的。

格伦·科恩（Glenn Cowan）[1]，一位美国小伙子，当他登上一辆大巴车的时候，也一定在为体育馆里即将举行的赛事做思想准备。

1971 年，第三十一届世界乒乓球锦标赛在日本名古屋（Nagoya）举行，这也是格伦·科恩这位美国小伙子第一次参加世乒赛。他当年刚好十八岁，留着长长的头发，戴着一顶宽边软呢帽，穿着紫色印花喇叭裤。这是二十世纪七十年代标新立异的摩登装束，俨然一副乒坛嬉皮士打扮。

年轻的科恩要从训练馆坐巴士车去比赛场地，上了车才发现，他的美国队友们并没有在车上，车上坐的全是来自中华人民共和国的国家队队员。中国队队员们瞅着科恩，感到滑稽、惊奇，也感到怀疑，像看见一位不期而至的天外来客。当时在中国，即便是妇女，留的也都是一式短发。

1　格伦·科恩，美国男子乒乓球运动员，在乒乓外交事件中为促进中美冰封二十年的外交关系解冻作出了贡献，并成为首批到访中华人民共和国的美国人。2004 年 4 月 6 日，格伦·科恩先生死于心脏病，享年仅五十二岁。

下车是不可能的了，巴士车已经启动，开始带着他驶进中美“乒乓外交”的历史。

“你能说一说，你是在哪里听说中美‘乒乓外交’事件的吗？”我问蒂姆。

“中美‘乒乓外交’这段历史经常被提到，例如在宴会上，当乒坛官员们发表演讲的时候。”蒂姆说。

“是将它作为通过体育互相理解的一个象征吗？”我说出我的感受。

“可以这么说。以前，我对此完全不感兴趣。我总觉得，原则上讲，这只是中美两国乒乓球队之间的交流。美国乒乓球运动员对我们乒乓球运动员来说，扮演的不是一个特别重要的角色。尽管美国是一个大国，但乒乓球运动的市场却非常之小。在我的心目中，中美‘乒乓外交’意味着：平息风浪，达到两国政治上的接近和相互理解。不过，对这个问题思考得越多，我就越是经常自问，如果没有这种接近和理解，又会怎么样呢？今天的中国在世界上又会处在什么位置呢？中美‘乒乓外交’确实是历史上十分重要的一个事件，最终对我，也对我的生活产生了极其重大的影响。”

当时的中国，与外面世界还处于隔离状态，表现在乒乓球运动领域也是一样。1967 年和 1969 年，中国相继缺席了两届世乒赛，国家正暴风骤雨般地开展“无产阶级文化大革命”运动。在这场运动中，没有多少位置留给乒乓球，即便是庄则栋（Zhuang Zedong）[1] 先生，这位 1961 年、1963 年、1965 年的世界单打冠军也不被允许进行正式的乒乓球训练。

毛泽东主席要革新中国共产党，要按照他的意愿重新改组，于 1966 年发动了“文化大革命”。社会的极端主义导致“文化大革命”并没有按公开的说法

1　庄则栋，中国男子乒乓球运动员，曾获得第二十六、二十七、二十八届世乒赛男子单打冠军，是二十世纪六十至七十年代中国男子乒乓球队主力队员之一。曾任国家体委主任，第三、四届全国人大代表，中共十届中央委员。2013 年 2 月 10 日，在北京佑安医院去世，享年七十三岁。

于 1969 年结束，而是一直延续到毛泽东主席去世的 1976 年。中学生和大学生都被送到农村劳动，以便亲身体验中国农民艰苦的生活。

容国团先生就是在“文化大革命”中被迫害致死的。这位中国乒乓球运动领域的第一个英雄，被怀疑是“特务”。1968 年，他上吊自尽。

“我爱我的名誉胜过生命。”容国团先生的遗言是这样写的。为纪念这位中国第一个乒乓球世界冠军，容国团先生的一尊铜像现在矗立在他的家乡珠海。

乒乓球将中国带回到世界舞台上，首先是体育的，然后是政治的。

1971 年，在日本名古屋第三十一届世界乒乓球锦标赛举行之前，日本乒乓球协会会长后藤钾二先生访问了北京，受到了周恩来总理的接见。他邀请中国派乒乓球代表团参加该届世乒赛。毛泽东主席做出决定，派中断了两届世乒赛的中国队再次参赛。周恩来总理在中国乒乓球队出发之前，定下了“友谊第一，比赛第二”的方针。在此之后，“Friendship first，competition second.”（友谊第一，比赛第二。）的口号在国际体坛成为人们常常引证的名言。

现在，这句名言就要开始经受长达十五分钟的考验了——这是美国小伙子格伦·科恩先生与中国乒乓球队同车前往赛场的十五分钟。周恩来总理的外交方针是否也真正适合于与美国运动员的交往呢？

当时，中国与美国的关系正处在冰冻时期，在二十世纪五十年代初的朝鲜战场上，两国是交战的对手。此外，美国当时也还在越南打仗，企图在亚洲遏制共产主义的发展势头。

“在来日本之前，我们的代表团团长就认真交代过：你们可以与任何人握手，就是不能与美国人握手；你们可以与任何人合影，就是不能与美国人合影。”庄则栋先生在后来的演讲中如此回忆道。

庄则栋先生当时坐在大巴车的最后一排，他与上错车的格伦·科恩先生一起成为这场著名“乒乓外交”中的主角。

中美两国相互接近的这段历史的开篇，庄则栋先生一直在不断反复地讲述，不仅在中国，也在美国。在他的记忆中，这段历史比他赢得的八个世界冠军头衔都更加印象深刻。自从格伦·科恩先生 2004 年去世以后，他就是世界上唯一一个还保留着这段历史记忆的人，直到他 2013 年去世。在因特网上，人们可以看到他演讲的部分录像内容。

在大巴车前往赛场的途中，科恩在车上询问中国运动员中的翻译，并开始了短暂的交谈：“我知道，我的喇叭裤、我的头发、我的装束在你们眼里是滑稽可笑的，但世界上有许多许多的人，穿得与我一样，想得也与我一样。”科恩把自己描述成一位革命者，以便能得到中国人的同情，成为中国运动员的同盟者。他说：“在我们国家，我们同样是受压迫的人，我们也在反抗这种压迫。我们将很快接管控制权，因为上层人物都已经过时了。”

对科恩先生的开场白，中国运动员们完全没有反应。

“当大家注意到，这位外国人是美国人时，就更没有人敢前去搭讪了。”庄则栋先生说。“文化大革命”中，大家都心有余悸，他还说：“不管是谁，如果与外国人哪怕有一点点接触，就会有里通外国的叛徒嫌疑。”

作为一位成绩显赫的运动员，庄则栋先生当时还担任着体育运动队的发言人，他现在要以这个身份上前与科恩先生交谈。

庄则栋先生说，有两个方面的原因促使他大胆走上前去。一个是缘于毛泽东主席说的一句话：“中国应该为建立与联合国的良好关系做出所有努力。”

这句话如何与世界政治形势相联系呢？毛泽东主席要打破中美僵局，提高中国在国际上的影响力。在越南战场上，美国的力量得到了削弱，对他来说，现在与美国接近的可能性增大。将美国、苏联两个超级大国都作为自己的对手，对毛泽东主席来说也的确太多了。况且中国与苏联的对抗一直在白热化，两国正在论战，与此同时，两国边界上也发生了武装冲突，双方都有伤亡。

另外一个原因则出自庄则栋先生的家庭教养，他说：“我出生在一个有文化教养的家庭，从小受孔子思想的熏陶，对人以礼相待是我们的传统。”

“乒乓外交”的开始：中国运动员庄则栋先生与美国运动员格伦·科恩先生在日本名古屋世乒赛上互换礼物，并建立了友情

作为友好的表示，首先应该送对方一件礼物。庄则栋先生在包里搜寻了半天，先找到了几枚毛主席像章和一枚有毛泽东头像的硬币。他想，作为礼物，这显然不太合适。接着，他从包里又找出了一块印有中国最美丽山景——黄山图案的杭州织锦，决定把这块织锦送给科恩先生。

礼物在中国文化中扮演着十分重要的角色，它是人与人之间联系的重要纽带，将人与人之间美好的记忆定格。礼物在中国意味着什么，蒂姆也有这方面的切身体会。

在国外的每一次比赛之前，我们都会得到主办方发下来的一张日程安排表，遗憾的是，有一次比赛活动我没有按照通常的习惯阅读这张纸，总觉得每次日程安排的内容大都基本一样。也正因为如此，我面临了一次十分尴尬的局面。

在中国东北城市哈尔滨举办的一次大奖赛上，主办方送给我们参赛运动员一人一张用虎皮做成的“虎皮画”，当然不会是真正的虎皮，因为当地的老虎有灭绝的危险。然后主办者问我们，你们为我们准备了什么礼物啊？哎呀，我们这些乒乓球运动员，根本就没有阅读日程安排上写的内容。实际上，有一个会场上的安排是交换礼物。当主办方知道我们什么礼物都没有带时，失望的脸拉得老长、老长。

打那以后，我每次都会仔细地阅读赛场的日程安排。

运动员庄则栋手拿着杭州织锦，经过坐着的一排排队友走上前去。得知庄则栋要与这位美国人打交道，队友们都想阻拦，但庄则栋并没有听从他们的劝告，而是通过翻译开始了与美国运动员科恩的对话。

庄则栋先生对他说："尽管美国政府对我们中国不友好，但美国人民始终是中国人民的朋友。为了表达这份友谊，我想将这件礼物送给你。"

当时，科恩先生很受感动。庄则栋先生事后回忆："他的孩子气、灿烂的笑容都给我留下了深刻的印象，直到今天都令人难以忘怀。"

两人友好地交谈了一会儿。但如果不是众多记者为了报道中国乒乓球队重返世界乒坛的消息特意在比赛球馆前守候着中国队的话，那他俩之间建立起来的很可能就只是一种相对简单的人际关系了。

当大巴车的车门一打开，摄影记者一下子惊呆了：一个美国人手拿着中国礼品，旁边站着的是世界冠军庄则栋先生。许多日本报纸将这张照片作为第二天的头版头条新闻，并附上了醒目的说明文字：中美相互接近。

由此引发了一系列真正的外交活动。当天晚上，庄则栋被代表团团长叫去，团长命令他必须立即停止与美国人科恩的交往。而庄则栋先生则搬出了毛泽东主席说过的使命，他们应该为营造与美国的良好氛围做一些工作。可团长再次批评他：必须将注意力放到比赛上来，不要去想那些政治问题。

乒乓球作为政治的延伸，球队的领队还通知庄则栋，在单打第二轮与一位柬埔寨运动员相遇时要拒绝比赛。因为在中国人眼里，当时的柬埔寨当权者是美国人的傀儡。此外，团长还要他保证，不再与美国运动员科恩先生接触。

但是科恩先生却想与庄则栋先生继续交流，在大巴车上的时候，他除了一把梳子以外，没有什么礼物可以回赠给庄则栋先生。

比赛的第二天，科恩先生专门在球场上等候着庄则栋。他抱住了庄则栋，并送上了准备好的礼物——一件印有"LET IT BE"（顺其自然）英文字样和美国国旗的棉布短袖衫，但国旗图案上却没有星星，代替星星的是一个引人注目的、象征和平的标志。这一瞬间也被在场的摄影记者抓拍下来了，中美两国运动员交往的事情在渐渐公开化、官方化。

美国乒乓球代表团团长之后拜访了中国乒乓球代表团，并向中国代表团团长正式提出：美国乒乓球代表团希望本届世乒赛后访问中国。在此期间，中国已经邀请了哥伦比亚、加拿大、英国和尼日利亚的乒乓球队。中国乒乓球代表团团长当然作不了这个决定，马上发电报回国，请示中国外交部。

庄则栋先生后来在讲话中指出：如果现在流传的说法不是这样，那就是这些年里这段传奇在人们来来回回的口头交流的过程中，不断被添油加醋地装饰、改编了的缘故。

中国外交部的回答是：邀请美国人访华的时机尚不成熟，美国政府仍在支持台湾政权，周恩来总理、毛泽东主席也都是这个态度。在双方作为礼物的中国杭州织锦“乒”过去、美国的棉布短袖衫“乓”过来之后，这场“乒乓外交”似乎已经无望。

不过，转机出现了，一颗小小的安眠药，使“乒乓外交”得以真正启动。庄则栋先生如此说道：“正如我们都知道的，安眠药的安眠作用不是一吃下去就会产生的。刚吃过安眠药的毛泽东主席一下子还不能入睡，故又将身边几份要批给其他领导人的文件和报道随手拿起来读了一遍。”

毛泽东主席偶然发现了他的乒乓球世界冠军庄则栋与美国年轻运动员科恩接触的这段故事。显然，这个故事给毛泽东主席留下了深刻印象。第二天，他宣布了决定：“邀请美国乒乓球队访华！中美运动员庄则栋与科恩的接触如此自然，中美两国之间的接触也应该是历史的必然！”

美国队队员们在世乒赛的最后一天得知这一消息后，兴奋得不得了。当时的美国乒乓球队女队员科尼·斯威莉丝（Connie Sweeris）回忆说：“我们一下子忙碌起来了，因为我们持有的美国护照上都有特别的附注，即不允许前往中国旅行。我们必须马上赶到驻日本东京的美国大使馆去掉这一附注。”

斯威莉丝女士当年二十三岁，是一位牙医助理，来自美国密歇根州大瀑布城（Grand Rapids），是美国当时最优秀的女子乒乓球运动员。在电话中，她对我讲述了伴随她终生的这次中国旅行记忆。

斯威莉丝女士也是一个阶段一个阶段地逐渐清楚了这一重要历史事件的来龙去脉的。例如香港，访问中华人民共和国的各国乒乓球运动员在世乒赛结束后的第二天都要从这里进入中国内地。在香港，他们受到了美国各大新闻机构驻外记者的纠缠。记者问他们，入境是否带了照相机，是否能独家报道，等等。十五个人组成的乒乓球代表团是自 1949 年以来第一个访问中华人民共和国的美国团体。后来，当有人问起美国代表团的中国陪同人员“你们上一次见到美国人是在什么时候”时，他们的回答十分幽默：“在朝鲜战场上。”

斯威莉丝女士对中国的第一印象并不是很好，她说：“过边界河上的桥梁时，端枪的中国士兵收缴了我们的旅行护照，说是出境时才能把护照交还给我们。我当时就非常紧张，在一个共产党执政的国家，没有旅行护照怎么行呢？”以至于旅行时她必须时时自我安慰，希望不会有什么不愉快的事情发生。

“当时，我自己就对自己说：中国既然邀请了我们，将我们放了进来，那就一定会通知我们要访问的所有地方政府，方方面面会为我们妥善考虑，一定会保护我们，再安全地将我们送出国境。”

在一个星期的访问行程中，美国乒乓球代表团在中国举行了两场友谊比赛，一场在北京，一场在上海。北京的比赛是在一个大型体育馆里举行的，场馆里只放有两张乒乓球台，一张女子赛台，一张男子赛台。最难忘的是体育馆的背景：一万八千名观众。对美国人来说，观众是太多太多了。在美国，他们举行乒乓球公开赛有七百名观众就不错了，那还得算上在场的运动员人数。

斯威莉丝女士说：“乒乓球运动在美国被视为一项业余体育活动，一般只在部队和学校里玩玩，作为竞技体育运动还不太为人所熟知。”

在北京，观众也都是特意调遣过来的，斯威莉丝女士后来才知道原委。大多数观众穿着毛式上装，体育馆里还坐着许多解放军战士。

比赛在中午举行。

“看起来，一切都是政府的安排。如果有人赢球得分，全场观众都会同时鼓掌，像是有人在指挥，不太像是自发的。”斯威莉丝女士说。

就乒乓球运动水平而言，美国人根本就没法与中国人相比。美国乒乓球水平的世界排名也就在 21 到 28 之间，全国有组织的乒乓球爱好者只有五千人左右，他们中没有一个是职业选手。中国运动员当然也不会居高临下地狠打我们。作为友谊比赛，他们打得也非常认真，一局快结束时还会有意失误几个球，甚至会让美国人也赢上几局。

事实上，在直到二十世纪八十年代的世界乒乓球锦标赛上，中国人都会有意让出双打冠军或混双冠军，作为一种国际性的友好表示。

比赛结束时，两个乒乓球队又由中国人与美国人交叉配对，手牵手再次进入球馆。当时的这一良好体育氛围也是斯威莉丝女士直到今天仍觉得不要将她的乒乓球比赛用于政治目的的理由。她说：“我们甚至可以与中国球员一起训练，享受这种优惠和特权。我确实感到十分幸运，能成为中美两国这一段历史交往的见证人。就连我儿子读到一本介绍美国历史的书后，在中学课堂上也自豪地说：‘我知道这张照片和这位女士，她就是我的妈妈。’这是一张刊登在美国《时代》周刊杂志封面上的照片，是我们代表团以中国长城为背景拍下的合影。”

登长城是美国乒乓球队此次访问中国的一个高潮，另一个高潮就是七十三岁的周恩来总理在人民大会堂亲切接见代表团。周总理与代表团每一位成员亲切握手，并与全体运动员合影留念。

斯威莉丝女士讲到周恩来总理时说：“周总理是一位亲切友好、充满睿智的人，表现出了十足的外交家风度。”周恩来总理对美国朋友说的一句话已经永久地载入了史册：“你们这次应邀来访，打开了中美两国人民友好往来的大门！”

欢迎仪式过后，周恩来总理开始接受大家提问。他想知道是否有对中国接待方面的批评意见，中国还可以做哪些改善。这个时候，美国乒乓球协会主席格雷厄姆·斯廷霍文（Graham Steenhoven）发言了：“是的，是有我感到不满意的地方。”他的这一开场白一下子使接见会场的气氛令人可怕地凝重起来，寂静的空气中似乎随时有什么要爆炸。他继续说了下去：“我的批评意见是，你们给我们吃的东西太多太多了！”话一说完，周围的人才轻松地舒了口气，进而大笑起来。

同样，斯威莉丝女士也忘不了中国人民的盛情款待。她说：“尽管我们见到了很多贫穷的人，但在欢迎我们的盛大宴会上，仍陆续地端上了十道菜，许多菜我们都没有吃过，有带鱼头和鱼鳍的清蒸鱼、鲨鱼肚汤和乌鸡凤爪汤。”

也有人问总理对乒乓球运动的看法，周总理回答说：“尽管我已经步入老年，但我总是能打打乒乓球，这也是我唯一能开展的体育运动。”

年轻的格伦·科恩先生也问了周总理一个问题：“您是怎么看待嬉皮士的？”周恩来总理的回答是：“年轻人总是希望尝试不同的生活方式，但他们还是应该努力使自己与大多数人的生活习惯协调一致，我祝你天天进步！”

科恩很喜欢中国，特别是中国人与人之间的交往。他感动地说：“你在那里还能看到一个三岁的儿童怀里还会抱着一个两岁的婴孩呢！”

美国乒乓球代表团结束他们的传奇旅程离开了中国。而在幕后，政治上的“乒乓球赛”也开始，“球”开始从一方打到另外一方。

十天后，美国政府收到了来自周恩来总理的消息：中国政府已经郑重同意，接待美国总统理查德·尼克松（Richard Nixon）的来访。尼克松总统当时的国家安全顾问、后来的美国国务卿亨利·基辛格（Henry Kissinger）先生称：“这是自第二次世界大战以来，美国总统最重要的外交往来。”

1971年，基辛格先生曾两次秘密飞抵中国，为尼克松总统访华做前期准备。

“乒乓外交”是中美两国具有深远意义的政治接触的前奏。当然，对善于谋略的政治家而言，乒乓球也并不是那么容易被利用的。

中国和美国在日本名古屋第三十一届世界乒乓球锦标赛举行之前，事实上就已经互相发出了希望友好的信息。中国方面想在联合国这一世界组织的第一排占据一个位置，而美国方面则想忘掉越南战争。同时，美国愿意一方面将中国视为贸易伙伴，另一方面也视中国为在政治上与苏联平衡的一股力量。还有一个重要的因素是，尼克松总统需要一段成功的履历。

早在 1970 年，美国《时代》周刊在采访尼克松总统时他就说过："在我死之前，如果还有什么事想做的话，那就是访问中国。"

1972 年 2 月，尼克松总统真正实现了这一愿望，作为美利坚合众国总统第一次访问了中华人民共和国。他见到了周恩来总理，也见到了毛泽东主席，开创了中美关系新的历史纪元。

"这是改变世界的一个星期！"尼克松总统回到美国后这样概括他的中国之行。访问中国成为他执政期间除了越南战争、水门事件之外的第三大突出事件。

有一句常被人引用的名言这样说：Only Nixon could go to China！（只有尼克松能去中国！）这句话的潜台词是，只有像尼克松总统这种反对共产党的人，才能令人可信地与共产党人在中国谈判。

"乒乓外交"影响了世界政治形势：美国得以与苏联在限制战略武器方面达成一致；美国废除了对华贸易禁运；联合国全体会议作出决议，由中华人民共和国取代蒋介石集团在联合国的席位，因为中华人民共和国才是代表中国的唯一合法政府。

中国乒乓球代表团于 1972 年回访美国，在美国进行了数场友谊比赛。尼克松总统在白宫接见了代表团成员，而美国运动员当时还必须在隔离线外等候。当尼克松总统走出白宫时，一位美国运动员大声喊道："总统先生，难道您就不想接见一下前往中国的美国乒乓球运动员吗？"

尼克松总统走上前去，与他们握了握手，还愉快地聊了几句。

可能，乒乓球对尼克松总统来说也就是一个"乒"来"乓"去、没有什么意义的小游戏，像花园里玩的槌球[1]游戏。但是，在促进中美两国关系的交往上，还有比乒乓球更具有象征意义的事物吗？还有更为合适的谈判框架吗？中国人有乒乓球方面的优势，正好能在美国人面前展示其世界冠军的风采。另外，类比国与国之间的外交政治，乒乓球运动的特点不也正是这样吗：“乒”一下“乓”一下地一来一往，一个将球打过网，另一个又将它打回来，球飞得还相当快。如果不大力扣杀，一个球可以持续地打很长时间。

一般来说，乒乓球运动员似乎很反感将他们热爱的这项体育运动简单地称之为“乒乓”，他们觉得，这样称呼未免轻视、低估了这一运动。但是，“乒乓外交”却十分乐意用“乒乓”这个称呼。

乒乓球替代了当时国际政治上的另外一种游戏：多米诺骨牌以及与之相关联的美国人的理论，即亚洲国家会一个接一个地、慢慢地演变成共产党领导的国家。

小小的乒乓球导致整个大地球动了起来。

在中国，二十世纪七十年代初的这一重大外交事件，使乒乓球神话一般更加深入地固定在了中华民族的意识中。中国旅美作家陈达在他的小说《山的颜色：在中国的童年》中这样写道：“‘乒乓外交’的成功，使我们像热气球一样膨胀起来了。”

同样，“乒乓外交”也给这一体育运动本身带来了积极的效果：作为老师和文化外交大使，中国向世界各地派出了很多乒乓球教练员。

政治家们常常在体育政治上、在国家之间要实现互相理解的问题上沿用“乒乓外交”的做法。当美国总统巴拉克·奥巴马（Barack Obama）为了取得对方信任，将一支羽毛球队派往伊朗时，马上就被外界誉为“羽毛球外交”。印度和巴基斯坦这两个长期争执不休的国家，也希望在2011年世界板球锦标赛半决赛上两国运动员相遇时能起到如“乒乓外交”那样的政治作用。就连乒乓球

1　槌球是在平地或草坪上用木槌击球穿过铁环门的一种室外球类游戏，起源于法国，二十世纪三十至四十年代传到中国，又称门球。

界本身也希望保护好“乒乓外交”这一遗产：国际乒乓球联合会在 2011 年举办了“和平与体育”活动，邀请印度与巴基斯坦、韩国与朝鲜、伊朗与美国以及中国与俄罗斯参加了打破国别、互相混编的双打比赛活动。

电影导演罗伯特·泽米吉斯（Robert Zemeckis）也意识到了乒乓球的魅力，在电影《阿甘正传》（*Forrest Gump*）中，他让汤姆·汉克斯（Tom Hanks）利用电脑技术学会了世界上最快的乒乓球技术，接着作为“乒乓外交使者”前往北京。在电影开拍前，他们曾打电话给当年“乒乓外交”的亲历者科尼·斯威莉丝女士，了解当时他们在北京穿的是什么样的制服和运动装，比赛期间她都做了些什么。斯威莉丝女士寄给他们一枚当时别在衣服上的美国乒乓球联合会的徽章，后来，她还真看到演员别着这枚徽章的电影镜头。

“他们说过，世界和平就在我们手上。”电影里的阿甘这样说道，“但是，我做的所有一切，就是打乒乓球。”

回到酒店，我们约好一块吃晚饭，同桌的还有蒂姆在北京的一位朋友。每次中国之行，蒂姆都很想与这位朋友见上一面。这位朋友能够向我们介绍，今天的人们是怎样用乒乓球来影响中国政治的。他就是马尔代夫驻中国大使阿哈迈德·拉蒂夫（Ahmed Latheef）先生。

“你一会儿就能见到他，模样长得可有点像莫罕达斯·甘地。”蒂姆告诉我说。

不一会儿，一位小个子光头男人戴着一副学者型眼镜走进了酒店大堂，一身黑色西服，腋下还夹着一顶帽子。大老远地，他就满面笑容地注视着蒂姆，走过来后又久久地、紧紧地握住蒂姆的手，表示衷心地欢迎。然后，蒂姆就对我和他作了介绍。

“拉蒂夫先生。”蒂姆叫着他的姓，这也是拉蒂夫对外用作称呼的名字。

蒂姆是 2000 年在马尔代夫旅游时认识拉蒂夫的，当时拉蒂夫是马尔代夫乒乓球协会的主席。

在酒店餐厅，他们两人坐在我的对面，我们之间用英语交谈。蒂姆充满信赖地将手搭在拉蒂夫的肩上，向我介绍起他们的第一次见面经历。

“在黑森州，我认识了马尔代夫国家队当时的乒乓球教练维兰德·施佩尔（Wieland Speer）先生。在马尔代夫首都马累，施佩尔先生邀请我去了他们的球馆。在球馆里，我认识了拉帝夫先生，一下子就觉得十分投缘。我们在一起总是很有乐趣。拉帝夫先生开朗、真诚，相处也不复杂，不是那种大肆张扬的人。”说到这里，拉帝夫先生的臀部不自然地在椅子上滑了一下，说道：

“你这样夸我，我的脸马上就要红了。”说着笑了起来。

“你甚至安排国家总统接见了我，为此，还借给了我一身适合觐见总统的服装。”蒂姆继续介绍说。

“确实如此。”拉帝夫先生高兴地证实。

“那是我第二次到马尔代夫旅游。”蒂姆有声有色地介绍说。

第一次的马尔代夫之行令蒂姆十分开心，于是2003年他又与后来成为他妻子的罗德莉娅（Rodelia）女士一起飞了过去。蒂姆认为，美丽的岛屿世界是他与爱妻德莉（Deli）——罗德莉娅的昵称——爱情的最好见证，故与妻子特别在马尔代夫提出结婚申请。

“除了衬衣，我当时确实没有一件礼节性的符合觐见总统的服装，压根就没有想到度假时会接到觐见总统的邀请。因此，拉帝夫先生借给了我一件棉布西裤和一双漆皮皮鞋，遗憾的是，鞋子小了两码。”

“总统接见时的情景又如何呢？”我问道。

“相当愉快。接见室十分讲究，典雅气派，气氛也十分融洽。我们在一起聊了近十五分钟，是一场关于乒乓球和马尔代夫国家的十分郑重其事的简短交谈。”

“我希望，你对总统说出了对我们国家的真实看法。”拉帝夫先生插了一句。

“我该怎么对你说呢？我还没有哪一次的度假别离会像别离马尔代夫那样心情沉重，拥有真正的伤感情愫。同样，度假期间，我们与马尔代夫酒店的工作人员一起打排球，一起聊天，也建立了很好的个人关系。”

“欢迎你再到我们国家旅游。”

“我一定会再去的，”蒂姆承诺，同时又回忆道，“如在马尔代夫那样度假、远离我的平常生活还真没有过。在那里，我们上了私人小岛，在岛上野餐、烤鱼，鱼还都是自己捉来的。我不知道，我是不是还有过在这么长时间里不用手机、不看电视等生活经历。”

在马尔代夫，蒂姆强化了自己的潜水技术。第一次度假，他是与克里斯蒂安·吕里格同行的。当吕里格还在迟疑犹豫，是否该跳下去潜水时，蒂姆就已经扑通扑通地游到了远处，并向他的朋友招手呼唤：你应该下水，水下特有意思，什么都能看见。蒂姆如醉如痴地谈论着：“潜水时，我特别放松，人好像来到了另外一个世界，我还从来没有如此被吸引过。你想想看，我们地球的很大部分都是由水组成的。如果在潜水时没有见到鲨鱼，我就会深感失望。”

讲到这里，拉帝夫先生从包里取出了一个小礼品盒，笑着递给蒂姆，说：“这是送给你夫人的礼物。”

蒂姆马上打开礼盒，是一尊小巧玲珑的马尔代夫舞女雕像。蒂姆喜出望外，仔细观看着，连忙说道：“这尊雕像一定会放在我家一个特别的位置，太感谢了！”蒂姆小心地将雕像从礼品盒里拿出来，让“舞女”站立在他面前的桌子上。

我们这才一起去取自助餐，不一会儿，桌子上就放上了三盘堆满米饭和菜肴的盘子。坐定后，我开始向拉帝夫先生提问：“作为驻中国的外国大使，您是怎样将乒乓球和政治联系在一起的呢？”

“2007 年，马尔代夫驻中国大使馆开馆，我是第一任大使。”拉帝夫先生开始介绍。

一个只有三十二万人的小岛国在中国外交上的分量是不重的。不过，拉帝夫先生得出了另外的经验。什么经验呢？即通过乒乓球运动开展外交活动。他说：

“我有我的途径，通过这个途径，我可以与那些从来都不接近我的中国官员打上交道。也就是说，只要我一谈起乒乓球，他们的话匣子就打开了。”拉帝夫先生向我们解释这个说法并讲述了一次外交家们聚会的情景，“一次，我受邀参加一个新年招待会，一位中国副部长向各国大使表达新年的问候。招待会上，部长先生态度庄重，一切都显得很官方、很正式。”

不过，这个活动对拉帝夫先生来说却发生了意想不到的可喜变化。

“我对副部长说，我喜欢打乒乓球。副部长一听我这话，富有官方色彩的表情马上消失，喜形于色地告诉我，他也喜欢打乒乓球。我们在一起高高兴兴地聊了起来。打那以后，每次招待会时，这位副部长都会先来我这儿，向我致以问候！”

蒂姆坐在拉帝夫先生的旁边，深感惊讶地耸起了左眉，原来在中国，乒乓球传奇不只是发生在他的身上。

这种因乒乓球而产生的交往对拉帝夫先生来说十分受用，因为，中国是马尔代夫十分重要的伙伴。现在，各国前往马尔代夫旅游的团队中，中国团队是最大的，每年有将近十二万人次。他们已经成为世界上最大的旅游团队。

“就世界范围来说，每年去国外旅游的中国人高达六千万之多。”拉帝夫先生又说，“在马尔代夫旅游，欧洲人是逗留时间比较长的，而中国人则是花钱最多的。中国人对旅游还不是那么在行，在国外喜欢吵吵嚷嚷、大声说话。特别是那些四五十岁的中老年游客，手中有钱，又是第一次离开中国。”拉帝夫先生的话语中带着理解和宽容。

蒂姆看来有自己的想法，因为他用意味深长的眼神从左到右扫了我们一眼，好像在说：不管怎样，中国已经注意到了这一问题，现在已经有旅行社开始为那些去国外度假旅行的游客提供文明行为举止方面的专门培训了。

每年，拉帝夫先生都要在北京主持举办外国使馆乒乓球友谊赛。他说：“我自己一般不参赛，如果我赢了，面子上有些说不过去。”说话间他调皮地笑了笑。

拉帝夫先生告诉我们，上届比赛有九十八位选手参加，以前，获胜者总是一位俄罗斯外交官。试想，这个在北京举行的、由各国使馆人员参加的乒乓球赛，难道不是世界上唯一一个没有中国人参赛拿冠军的国际比赛吗？因为，中国不会在北京设立自己的大使馆呀。说到这里，拉帝夫先生还是一左一右地摇了摇头。可是现在有了，一位匈牙利外交官与一位中国女孩结了婚，这位中国女孩就赢得了上届比赛的冠军。

“我们不能拒绝这位女士参赛，不然，就太没有外交风度了。”拉帝夫先生边说边眨眼示意。

如果拉帝夫先生想确切地了解一般中国人的真正想法，而不仅仅是上层领导的想法，同样他也可以通过乒乓球这个途径实现。他与银行的工作人员、与中国中央电视台的记者们都打过乒乓球。

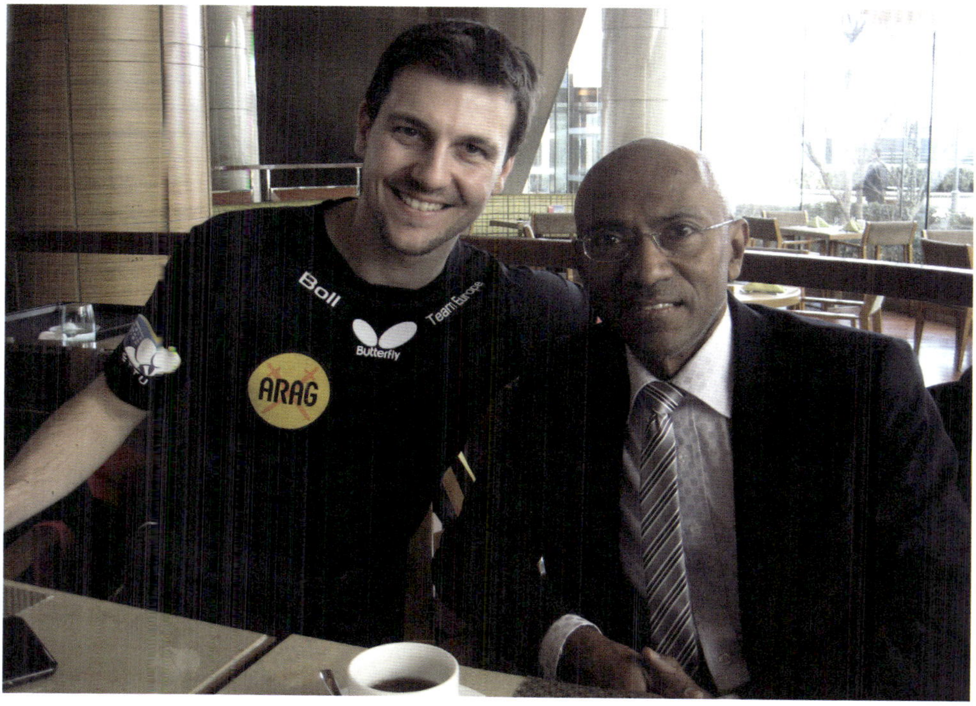

乒乓“大使”：与马尔代夫驻中国大使阿赫麦德·拉蒂夫先生在一起。蒂姆2000年在马尔代夫度假时，两人就建立起深厚友谊

“如果我赢了他们，他们大都会深感惊讶，我只有输了，他们才会允许我离开球馆。”拉帝夫先生不无自豪地说。

从所有意义上讲，乒乓球的地位都正在改变。拉帝夫先生这样认为：“乒乓球运动有那么点儿危险。一方面，中国乒乓球高高在上，赢球，对中国人来说已经是家常便饭，理所当然了。但对靠意外性和戏剧性才能有效生存的体育运动而言，这种局面无疑是有害的。另一方面，特别是今天的年轻人，又有了新的兴趣，迷恋上网或爱好其他的体育运动，如篮球。乒乓球运动对他们来说，显得太正式、太严肃，也太官方了。”

“乒乓球的未来我们将会看到的。”拉帝夫的语调有些担忧，担忧他热爱的这项体育运动的前景。然后他抓起黑色帽子，准备离开了。

“我今天早上上上下下看了一遍，发现我的这顶帽子是唯一一件非中国制造的东西。”他边说边笑，并紧紧地握着我和蒂姆的手告别。

我们聊了近两个小时，时间还不算晚，蒂姆还有一个在酒店洗桑拿浴的建议。

“洗桑拿浴能很好地放松肌肉，容易使人消除疲劳和困倦。”蒂姆说道。

我们来到了酒店的健身中心，经过健身房的时候，见到蒂姆此次的欧洲队队友、葡萄牙选手蒂亚戈·阿波罗尼亚（Tiago Apolonia）[1]和罗马尼亚选手艾德里安·克里桑（Adrian Crisan）正在跑步机上锻炼耐力，也可能是为了克服时差带来的疲倦。

我和蒂姆一起坐在桑拿屋里，炉温烧到了八十摄氏度，水汽在滋滋作响。在十五分钟的时间里，我松弛着，沉默着，白天经历的画面一幕幕地在脑海里呈现……

1　蒂亚哥·阿波罗尼亚，葡萄牙男子乒乓球运动员，获得过2019年世乒赛男双第三名、2015年欧锦赛团体冠军。外表俊朗的他享有“乒坛C罗”的美誉。

第三章

“乒乓包”

登上世界排名顶峰的道路

第二天一早，酒店餐厅早餐，蒂姆给人的印象，好像他的生物钟已经完全调整到中国时间上来了：仅仅过了一夜，生物钟就提前了七个小时。他身心俱佳、情绪饱满地去取自助早餐，拿了一杯果汁、一块蛋奶烙饼，还预订了一份蛋饺。很可能是昨晚酒店里的桑拿浴使他的身心得到了放松，加上一天的疲倦带来了睡意，保证了他通宵良好的睡眠质量。我们刚到北京的时候，蒂姆还在担心时差会严重地影响他呢。

“在飞机上，我睡得太多了。”蒂姆说。五个小时，也确实有点多。

“人白天一定要十分疲倦，到了晚上就会感到筋疲力尽，第一个晚上的觉就会睡得很香，时差就能很好地倒过来。”

艾德里安·克里桑走过我们的餐桌，蒂姆问道：“睡得好吗？”

实际上，克里桑发黑的眼圈就已经作了回答。“根本没有。”简单作答后，他坐在了正在等他的蒂亚戈·阿波罗尼亚的桌旁。

此时，肩背运动包的弗拉基米尔·萨姆索诺夫（Vladimir Samsonov）[1] 走了过来，这位白俄罗斯选手是蒂姆在欧洲最强劲的对手，同时也是蒂姆的好朋友。

1 全名：弗拉基米尔·维克托罗维奇·萨姆索诺夫，白俄罗斯乒乓球运动员，曾三次（1999 年、2001 年、2009 年）夺得世界杯赛男单冠军，与瑞典的瓦尔德内尔、克罗地亚的普里莫拉茨并称为“欧洲三虎”。

他俩击掌互致问候，萨姆索诺夫说：“我刚到，整个通宵都在飞机上，得先去睡个觉。”

关于飞行时间和睡觉习惯，对蒂姆和他的队友来说并不是一个小话题，而是一个中心话题。试想，如果精神状态不好，头脑还是晕乎的，一个乒乓球运动员怎么能够针对对手的发球和拉出的弧圈球及时作出明智的反应呢？

2003 年巴黎世乒赛男单冠军得主、奥地利队队员维尔纳·施拉格（Werner Schlager）[1] 这时也出声地喝着饮料走过我们身边。

欧洲队的全体球员都到齐了，他们要在北京携手对抗乒坛目前的一种趋势，即乒乓球的强势地位正在向着有利于亚洲选手的方向发展的趋势。

施拉格看起来似乎没有完全清醒，他开着玩笑：“我的身体都自我不辨了，疲倦？不疲倦？自己都不知道。”

自从蒂姆年满十六岁作为一名专业乒乓球运动员第一次前往中国练球后，他就要经常与时区、调节手表时间以及睡觉周期打交道了。

第一次中国之行，他就“朝拜”了世界上乒乓球最为神圣也最为神秘的地方——中国国家乒乓球训练中心。

由于当时我们的乒乓球技术水平对中国还完全不可能形成威胁，所以中方也毫无顾虑地邀请了我和其他年轻的国家队队员去中国训练，如队友拉斯·希尔舍（Lars Hielscher）[2]和佐尔坦·菲耶尔－康纳特（Zoltan Fejer-Konnerth）[3]。在北京，我们允许与中国国家二队、国家青年队训练。国家二队听起来是第二梯队，但运动员的水平都相当高，

1 维尔纳·施拉格，奥地利乒乓球运动员。在 2003 年举行的第四十七届世界乒乓球锦标赛男单决赛中获得冠军。

2 拉斯·希尔舍，德国乒乓球运动员。参加了 2004 年奥运会的男子双打比赛。

3 佐尔坦·费耶－康纳特，德国乒乓球运动员。参加了八次世界锦标赛，并于 2004 年获得参加奥运会的资格。

刘国正[1]当时就是国家二队的队员，还有冯喆[2]、谭瑞午[3]这些优秀队员。

中国的训练球馆给我们留下了难以置信的第一印象：窄窄的、长长的，其宽度只能摆上一张球台，二三十张球台在馆内一溜排开。顺着墙根，还有一个供搜集乒乓球的溜槽，一节球练完以后，运动员可以很容易地从溜槽里将球捡起来。这样一个专事乒乓球训练的球馆，我以前还真没有见过。

还有中国的球台：我以前从来没有在中国的乒乓球台上练过球，总感觉球在桌上的弹跳性能与之前我训练的球台完全不同，开始几天根本就无法适应。球落到台面上后，其旋转会在很大程度上被吸收掉，接下来就会出现这样的现象：我发一个球，中国的训练对手用下旋搓过来，我本期待回过来的会是一个长球，可以拉一个弧圈球过去。可事实是，球短短地落在球台台面上，有时甚至会两次跳起，一开始我们简直无法适应。

对中国球员我们深感敬佩，看到他们如此刻苦的训练，我就会产生这样的念头：与你们对练，我的技术水平实在是太差了，我的球从来没有像他们那样强硬过，中国运动员的大力扣杀，会打得小球啪啪作响。当然，我当时也十分卖力，要求自己的球要打得更强硬一点，以适应中国球员的训练水准。遗憾的是，我做不到那么快就强硬起来。

说到这里，蒂姆起身，又去自助餐处取回了一杯橘子汁和几个水果，好像要弥补在中国训练时的艰辛，使自己更加强势起来似的。

---

1 刘国正，中国乒乓球运动员。1999 年国际乒联巡回赛总决赛男单冠军，2016 年担任里约奥运会国家男子乒乓球教练。2017 年 4 月，出任国家乒乓球队男队教练。

2 冯喆，中国乒乓球运动员，2003 年入籍保加利亚，现为保加利亚职业乒乓球运动员。

3 谭瑞午，中国乒乓球运动员，现为克罗地亚乒乓球运动员。曾获得 2013 年欧洲乒乓球锦标赛男子双打冠军，参加了 2008 年奥运会。

我在中国的第一个训练搭档是刘国正，我与他在 2005 年上海世乒赛上曾有过一次十分值得纪念的比赛，但那是以后的事。他的正手位十分厉害，我完全不知道如何对付，与他练球，总感觉有一股无形的压力，很不是滋味。我想，就我当时的水平甚至可以这样说：他与我训练，很可能一无所获。

中国和欧洲在乒乓球训练上的最大差异可以在“多球”训练上看出来。这种训练形式是，教练站在球台一侧的球网边上，将球一个接一个地很快“撒”到训练队员的球台上，队员要在定点或不定点的情况下快速地、不间断地、准确地将球回击过去。在德国，我们也有一位来自中国的教练，也接受过这种“多球”训练，但每练一次，“撒”给我们的球可能也就十五个或二十个，最多三十个。而中国乒乓球训练中心的中国运动员们一次“多球”就要“撒”完一个大筐子里装着

在乒坛神奇王国——中国国旗下：2011 年夏季，蒂姆参加中国乒乓球超级联赛期间与浙商银行俱乐部队在训练中（左边穿浅蓝色队服的是马琳）。该俱乐部在该赛季获得了中超联赛冠军

的一百到一百五十个球，而且，“多球”训练时，还不允许有太长的间隔休息时间。

年轻气盛的我当然也想表现一下，证明自己也是可以经受住这种大负荷训练强度的。在规定的训练结束之后，我向教练要求再练一次“多球”，也就三刻钟吧。但几筐“多球”打下来，我的胳膊几乎抬不起来了，全身火辣辣地疼痛。训练中，如果我们抱怨训练太过疲劳，谭瑞午就会向我们走过来。顺便说一句，自2004年起，谭瑞午开始为克罗地亚打球。当时，他是训练团队中状态最好的一个，称得上一个真正的训练“机器”。同时，他也是团队中一个调皮的滑稽角色，因此，他也是教练员经常批评的对象。

不管怎么说，谭瑞午很乐意培养我们，尽管他比我还小两岁。只要我们中有人呻吟叹气，他嘲笑的声音就会在球馆里高声响起：“瞧，旅游者！旅游者！”他嘲笑我们不是来练球的，而是来旅游的。

我们在中国国家乒乓球训练中心一共训练了十天，每天训练两节，收获实在不小，因为我们一直在努力付出。这种极端艰苦的、体力耗尽的训练，我以前就做不到，因此也积累了宝贵的训练经验。在中国，我不仅感受到了中国运动员身心承受的巨大压力，还感受到了他们训练中的自觉和自律，这确实令我难以忘怀。

吃过早餐后，蒂姆还有规划中的一个任务要完成，即与其他欧洲球员一起与酒店的几位客人打一场友谊比赛。这是我们所住的这家酒店为吸引高端客人来此住宿特别安排的一个酬宾节目——“乒乓包”。与乒乓球有关的内容均包含在内：与乒乓球明星们同住一家酒店；共同观看欧亚乒乓球对抗赛；还有一项，就是与欧洲顶尖选手同场“过招”。

当蒂姆得知酒店的这个特别安排时，他喃喃地应了一声：“好吧！”带着冷静淡泊的神情。

看起来，他本来就富有的耐心在中国再一次得到了提高和强化。

酒店大堂里，已经摆上了一张球台，比赛开始时，蒂姆还可以坐在板凳上稍事休息，因为第一个上场的是维尔纳·施拉格。“斯拉格”——中国人是这样叫施拉格的——的对面已经站立着第一位中国对手，赛场周围五十名左右的观众已经迫不及待地鼓起掌来了。

是谁真正地预订了这个特别的“乒乓包”？

是那些心高气傲、虚荣心强的父亲们，为了让自己的儿子来这里寻求灵感，来接受乒乓球大师的鼓励和启示吗？是那些狂热的乒乓球爱好者们，为了下一次练球时能在球友中吹嘘：自己亲自与大牌球星蒂姆·波尔过了招，甚至在比赛中先有意化解了蒂姆的一个发球，然后再向蒂姆拉过去一个大力旋转的弧圈球从而得分了吗？

不过，在酒店的比赛现场，首先迎面飞向施拉格的球，然后又迎面飞向其他欧洲球员的球，给出的答案是：两者都不是。

蒂姆的第一个对手是一名十一岁的小孩，球对他来说，可能还小了点，或者说，他手中的球拍还不能绝对有把握地吸引住哪怕是很平缓地飞过来的小白球。比赛中，蒂姆总是在极力地克制自己，让小球尽可能柔和地跳过球网，使对方能容易地接住，以避免比赛过早结束。

这里的中国怎么了？

显而易见，乒乓球在这里吸引的只是一群渴望丰富自己阅历的大都市居民，对于乒乓球运动，他们大概只知其然，即知道乒乓球运动在中国的身份很显赫，而不知其所以然，即对乒乓球运动本身非常陌生。

蒂姆的第二个对手也是这样，四十来岁，打球的水平实在不敢恭维。可以这样说，即便是在德国，他参加任何一个在公园里用水泥砌成的乒乓球台上打乒乓球的转圈接力游戏，也都是会提前被淘汰掉的。蒂姆让了他几个球并报以微笑，站在周围的观众则大声叫喊并热烈鼓掌。

蒂姆结束比赛，兑现了参加酒店“乒乓包”义务公益活动的承诺，然后站在了我的身边，不为人注意地悄悄对着我叹息道：“乒乓球水平如此差的人，我在中国还真没有机会见到！”

“那好，我们一会儿就去将这个不好的印象连同杯子里的咖啡或者茶水一起喝下去吧。”我建议去喝杯咖啡，蒂姆点头欣然表示同意。

“很有可能，你刚才与‘新型中国’比赛的情景将来还会经常发生。”在酒店咖啡厅落座后，我说了这么一句。

“我觉得也是！但我感到惊讶的是，中国的这种变化会来得如此之快，只要看看这家酒店就知道了。”蒂姆边回答边将头转了近半圈，以便能将这家豪华的、光彩熠熠的酒店大堂尽收眼底：“这种变化根本没有经过多长时间，以前的中国完全是另外一个模样。”

1997 年，十六岁的我第一次来到中国，看到的完全是另外一个世界，一个相当相当穷的世界。在北京的大街上就有不少用波纹板简单搭建起来的棚屋，大概也就两三米见方，连小屋子都谈不上，人住在里面应该连腰都直不起来吧。我简直无法想象，人怎么能够在这种棚屋里生活。那个时候，我还见到了许多简单地和衣躺在大街上睡觉的人。

如果我要为中国的发展举一个例子的话，我会选择自行车。1997 年，自行车在北京街道交通中所占的份额差不多超过了百分之九十五，城里到处挤满了自行车，甚至可以用上“自行车拥堵”这个概念，不像现在，满大街的小轿车。我几乎不能相信的是，中国人能在自行车托运架上放那么多的东西，多得简直不能再堆了。在我们看来，托运的像是些要扔弃的废品。但我能肯定的是，他们收集这些边角废料一定还是为了生计。

北京的气候状况也不是很好，空气极端闷热，刚开始憋得我几乎都透不过气来。平时流汗是因为运动，可在北京，由于空气潮湿，人不动都会流汗。不运动就流汗，对我来说还是一件新鲜事。

第一印象中不仅仅有眼见的街景，还有在体育运动学校大食堂鼻子要闻到的那股气味儿。第一次走进中国的食堂，我就不得不屏住呼吸，那味儿太使人难受了。我不习惯那种刺鼻的气味儿，不得不努力克制自己，不要因恶心呕吐出来。当时，去中国的德国小团队被安排在食堂一个隔开了的单间里用餐，由于我们不会使用筷子，食堂的工作人员还不得不长时间地为我们到处寻摸刀叉。

蒂姆像一位已经驾驶了数千公里经验娴熟的司机在回顾自己第一次开车时的经历。由于谈的是第一次中国之行，他谈兴甚浓，滔滔不绝，既没有让我插上一句嘴，自己也顾不上呷一口咖啡。

中国的饭菜好吃，体育运动学校的饮食也是一样。可一开始我并不习惯，只能吃些面条和米饭。肉菜看起来也引不起我的食欲，大块大块的还带着肉皮，看得到骨头和软骨。中国人是将一整块肉放进嘴里，在嘴里将肉剔出吃掉，剩下的全吐出来，以至于食堂餐桌上散落着的尽是骨头。在德国的家里，我们一般都是吃猪排、牛排。不过，我后来慢慢也适应了，能够接受中餐了，就连鳗鱼和蛇肉，在中国我都品尝过。

在中国，我吃到了各种各样的食品，在家可不是这样。去中国之前，我几乎没有吃过中餐。记得在哥讷尔 TTV 乒乓球队参加德国乙级联赛期间，有一次，队友们建议赛后去吃中餐，我听到后还极力阻止。我想吃我熟悉的食品，如比萨饼之类，或者去一家地道的德国餐馆。幸好他们没有听我的建议，吃完后我觉得中餐并不是我想象的那样糟糕。我当时点的应该是一份鸡肉炒饭——初次品尝了简易的中餐。

我能对陌生的东西产生信任感，这一点得归功于中国。尽管去中国不是前往热带丛林，不是去冒险、去经历所谓的“生存考验”，但确实给我的生活态度带来了一个大的转变。有时候我也得去克服、去抗争。现在，如果一条烧全鱼放在餐桌上，在座的每一个人都用筷子去戳上一块，对我来说，就是一个相当习以为常的情景了。

蒂姆边说边分开手指，演示着用两只筷子肢解一条烧全鱼的情景。

我们俩继续坐在酒店餐厅，又各自叫了一份三明治。这是一家美国的连锁酒店，十分国际化，放在世界上任何一个地方都不会逊色。酒店的总体色调是淡褐色的，给人一种高贵典雅的印象，显得格外稳重和沉静。你只有在看见了酒店里来来往往的宾客后，才会感觉到这是在中国的某一个地方。

隔着两张桌子的另一张圆桌上，正围坐着四位中国客人，他们相继点燃了香烟。蒂姆扫了他们一眼说道：“在我们国家已经不会这样了。”当时随处都能抽烟，也算是当时中国的一道独特风景。

1997 年的中国集训并不是蒂姆首次中国行的唯一经历，集训一结束，接着他就参加了在中国举行的国际公开赛。这也是他第一次参加这样的比赛。

集训一结束，我们就直接赶往珠海参加中国乒乓球公开赛，这也是我参加职业巡回赛的第一次比赛。在这次比赛中，我第一次感受到了乒乓球在中国具有的非凡意义。一个由警察组成的护卫队护送我们运动员前往球馆，车队前后分别有两辆摩托车引航护驾。我们这些普通的乒乓球运动员竟受到如此高规格的礼遇，像是在迎接来访的国宾。

一路上我们当然十分担心路旁骑自行车的行人，他们被警察拦到路边，那意思好像是：明星来了，行人靠边。中国人看起来对警察的推搡已经习以为常。就我的认知，中国警察与市民之间的关系也不同于西方，警察对市民很严厉，但市民却并不惧怕警察。如果想得到一个球星的签名，市民们就总是会不断地试图突破警察的防线，即便警察警告了他们，并将他们推开。一个德国人恐怕会十分敬畏警察，像这样不断地向前冲，就会有被抓捕的风险。

球馆里的气氛也十分动人心魄，中国观众的表现与德国观众完全不同。中国观众声音非常嘈杂，即便是在需要安静的相持球过程中，如果见到一记漂亮的扣杀，他们也会禁不住地“哦”“啊”叫喊。对我来说，开始很不习惯。不过，也正因为如此，我感觉到了球场的震撼气氛。我对中国越熟悉，就越能适应并喜欢上这种热烈的气氛。

比赛结束之后，我们又乘坐大巴前往在大型宴会厅举行的晚宴。刘国梁[1]，这位1996年的奥运会冠军，没有与我们同乘大巴，而是乘坐一辆自己的专车，但与大巴一同抵达宴会大厅。当他走下车时，整个交通几乎都停止了，所有的人都站在了原地。汽车司机、骑车人以及路人都在叫喊着：“刘国梁！刘国梁！”我站在旁边，备感惊讶。

中国人当时根本看不到蒂姆·波尔日后会对他们带来什么威胁。通过在中国的这次集训和在乒乓球公开赛中的观察，他们的这一固有印象大概又得到了进一步的加强。这个身材并不那么强悍的德国小伙子怎么可能战胜我们的顶级选手呢？不过，一个中国乒乓球运动员事业上升的曲线与欧洲运动员是完全不同的。中国乒乓球运动员十六岁就可能达到一个很高的竞技水平，身体的承受

1 刘国梁，中国乒乓球运动员，1991 年入选国家队，是中国男子乒乓球历史上第一位集奥运会、世锦赛、世界杯单打冠军于一身的“大满贯”得主。刘国梁曾任中国乒乓球队总教练、中国乒乓球协会主席，现任世界乒乓球职业大联盟理事会主席。

能力也很强，而欧洲运动员则不尽相同，他们事业发展曲线的峰值相对要滞后一些。

在后来的岁月里，蒂姆逐渐赶上并达到了中国运动员的水平，这里有两个值得一提的原因：一是他结识了一位来自中国的训练搭档，二是他掌握了一种至少让中国运动员十分头疼的技术。

当蒂姆所在的哥讷尔 TTV 乒乓球俱乐部在 1996 年从乙级上升至甲级之后，为了保证球队在德甲联赛上有更好的表现，迫切需要强化球队的整体实力，因而俱乐部签下了来自中国的球员许增才。

许增才，1961 年出生，年龄比蒂姆大整整二十岁，是二十世纪八十年代世界乒坛十分活跃的运动员之一。1987 年，他随中国队获得世界团体冠军。1988 年，韩国汉城奥运会上进入单打八分之一决赛，同年，获得世界杯单打第四名。一年后在德国多特蒙德世乒赛的单打四分之一决赛中负于瑞典队员约尔根 · 佩尔森（Jörgen Persson）[1]。转会到哥讷尔 TTV 乒乓球俱乐部之前，许增才效力于德国海布隆 – 松特海姆（Heilbronn-Sontheim）TSV 乒乓球俱乐部，在德甲联赛上已经打了三年。

转会之前，蒂姆所在的球队与许增才所在的球队进行过一场热身赛。

> 我当时就知道，许增才要转会到我们俱乐部来，我只是在想：太不可思议了，许增才会成为我的队友！我简直不能相信，因为我十分尊重他，敬佩他，并把能与他一起打球视为一种荣耀。在这场热身赛上，我是哥讷尔队的六号，许增才是海布隆队的一号。看到他打出的球，我就在想：这种球在物理学意义上几乎是不可能的！大幅度的身体动作，第一般快得令人难以想象的正手攻球。你再看他的双腿，之前我还真没见过一个乒乓球运动员有如此发达强健的肌肉。那个时候，

1 约尔根 · 佩尔森，瑞典乒乓球运动员，获得过世乒赛团体和单打冠军，代表瑞典出战七届奥运会，但无缘奥运会奖牌。与瓦尔德内尔一样，佩尔森也是世界乒坛的常青树。

我长得有点儿胖，或者说还没有做到真正训练有素。但不管怎样，在这场热身赛上我很兴奋，这意味着，我今后能天天看到他训练了。私下里我还在想，他要是能给我演示一下技术动作就好了。因为，如欧洲选手一样，许增才也是横握球拍的选手。

这次北京之行，我和蒂姆都很想与许增才先生见上一面，遗憾的是许增才先生没有来。他现在是福建省乒乓球队的教练，还在福建省省会福州的体委任职。但来北京之前，我通过电话对他进行了采访，我想了解他与蒂姆在一起的情景。我们请蒂姆在杜塞尔多夫的中国教练朱小勇先生做翻译，那是因为，多年没有机会说德语，许增才先生一开始还不敢相信自己在电话中能否用德语对话。

电话里许增才先生对我说：“蒂姆给我的印象是一个很诚实、很讲礼貌的人。他很有天赋，球感极好，接受能力也很强。同时，还有着强烈的求知欲和好胜心。”

给许增才先生留下深刻印象的还有，与同龄人相比，蒂姆的心理素质很好，在比赛的紧要关头能做到镇定自若，仍能大胆主动进攻。

“就是在今天，他正手拉出的弧圈球和多变的球路仍是能与中国运动员抗衡的优势。如果谁遭遇他的正手进攻，那将是非常危险的。”

我问：“蒂姆有使你深感惊讶的时候吗？”他稍事停顿后肯定地回答说：“有，当他一直不变的发式和头发颜色发生改变的时候。”许增才先生的笑声当然是用不着翻译的了。

我直接与许增才配双打，当然，我会完全按照他说的去打。他指挥着我俩的双打，也总是示意我该发什么球了。许增才给了我赛场上的很多灵感。今天，我甚至可以这样说，我继承了他的全部打法，基本上掌握了每一个类型。可那个时候，我的球技完全还是另外一回事，只是掌握了一些基本打法，许增才打出的球，我完全打不出来。例如，快速的挑球。许增才不仅告诉我，一个人要获得成功得付出很大努力，而且直接传授给了我许多重要的技术动作。弧圈球是许增才的强项，通过他，我的弧圈球技术得以细化，也更趋完善。

对于一个乒乓球运动员来说，十五岁到十八岁这个年龄段是十分重要的。我的技术动作在这段时间里得以稳定，胳膊肘不再摇晃、颤抖，比赛中的拉球也大大增多。这些提高，可以说都是通过许增才的点拨才得到的。那个时候，我的大多数训练单元都是与许增才搭档进行的。

与许增才在一起，我第一次意识到，我的球必须打得精准，特别是发球和接发球。在此以前，我总认为这样做意义不大。对我们来说，当时腿部动作的训练很重要，有灵活的移动才能在相持球中坚持拉弧圈球，也才能更快地在比赛中摆脱被动的局面。没有许增才，我也肯定不会这么早就学会怎样将对方的发球用下旋摆短接过去，这个技术是许增才比赛中的一个优势。欧洲选手尽管也能在接发球时摆短，但中国选手还会加上强烈的旋转。那个时候，欧洲选手一谈到有威胁的球，总认为是长球，而中国选手的球，既短攻击性又强，也就是在搓球时加上旋转，使对手接球时更感困难。

许增才给我示范了他们的一些打法。以前，反手击球时，我的球拍总是简单地在等球，相当谨慎小心，不让球飞得太远。他教我，用动作来控制球，摩擦球。

许增才很愿意帮助我，我相信，他待我也很宽容，我算得上是他的一个乒乓球“养子”。

许增才在电话中还说，他多次告诫蒂姆，怎样才能更好地提高自己，完善自己。带旋转的弧圈球、发球和接发球对他来说特别重要。他俩在沟通上完全不存在困难，蒂姆也是这样认为的。

许增才在西方打了几年球，已经非常适应了。在中国，你不时会看到人们在大街上随地吐痰或表现出一些对我们来说极不习惯的不文明举止。可我们见到的许增才却是一位很讲究文明礼貌的人。如果我们约好了在球馆训练的时间，他总是会准时到达，并做好一切准备工作。可我在中国逗留期间，有时候随队去训练或者去赴约，都是时间差不多快到了才出发。与许增才相处，你尽可以开玩笑，有时候甚至可以给他来点儿小恶作剧，戏弄一下，取笑一下，他都能表示理解。他能与大家一起开玩笑，关系十分融洽。

许增才远离家乡在这里生活，当然会觉得有些无聊。霍赫斯特是一个小地方，本地人会有足够的朋友，可以今天干这明天干那，可他就不同了，他不认识什么人，不可能定期地与人见面聊天。

有些日子，许增才的夫人会来霍赫斯特。他的夫人陈子荷[1]是1992年巴塞罗那奥运会女子乒乓球双打银牌获得者，我们男队员与她训练都相当困难，因为她的打法大家都不适应：直拍、短胶粒，攻球速度很快。这还不是全部，她还能反转球拍，用球拍长胶的一面对付我们拉出的弧圈球。

许增才夫妇有时会邀请我去他们家吃饭。有一年圣诞节的午饭是在他家吃的。他们做了我最爱吃的饺子，还有很多其他传统的中国菜，如不同种类的肉菜，有鸡肉、猪肉等等。总之，桌子上摆得满满当当。

蒂姆比较全面的乒乓球技术以及对中国生活方式的理解，大都要归功于许增才。

在乒乓球上，最好的老师就是中国人。因为在当时，即二十世纪九十年代

1 陈子荷，中国国家女子乒乓球运动员。1989 年第四十届世乒赛、1993 年第四十二届世乒赛，陈子荷与队友合作，两次获得女子团体冠军；1991 年第四十一届世乒赛，陈子荷与高军搭档，获得女子双打冠军。1993 年退役，前往德国打球。

用筷子进餐：2005 年，与克里斯蒂安·吕里格（上左）先生一起在中国

中国式的摩天大楼：在福州，蒂姆发现了几座传统的中国建筑，身后是高达十五层的西禅寺报恩塔

在中国福州，蒂姆是过不上家乡沃登瓦尔德那种平静生活的

点活鱼现场烹饪也是中国餐的特色之一

在朋友处做客：在福州，蒂姆拜访了他的乒乓球教父许增才先生及夫人陈子荷女士

中期，中国重新夺回了世界乒坛的霸主地位，使瑞典人统治乒坛六年的历史于1995年终结。

瑞典于1989年在德国多特蒙德举行的世界乒乓球锦标赛上取代中国，一举成为世界男子乒乓球王国。在团体决赛上，中国队甚至以0∶5败北而蒙羞。一个只有中国人口百分之一的小国竟战胜了中国这个泱泱大国，真是不堪设想。人们不再对中国乒坛那些故作神秘的人物存有敬畏感了，所谓的中国魔法也似乎像小孩子魔术匣子里的花招一样被人看穿了。仅仅在两年之后，在日本千叶市，中国队在男子团体比赛中排名一下子跌落到了世界第七名。在1993年瑞典哥德堡世界乒乓球锦标赛上，竟没有一个中国选手进入男子单打半决赛。

然而，随后就发生了中国人热衷的另一幕戏剧：跌倒—反思—更强势地回归，回归的这幕大戏在中国天津上演。

天津是离北京最近的一座海港大城市，两城相距仅一百一十公里，1995年世界乒乓球锦标赛在这里举行。在八分之一决赛上，中国队上演了复仇一幕：丁松[1]，一位防守型运动员，战胜了瑞典的约尔根·佩尔森，刘国梁再将扬·奥维·瓦尔德内尔淘汰出局。半决赛上，就只剩下中国人了。最后，孔令辉[2]，这位典型的欧洲式横握球拍选手夺得了男子单打冠军。中国人向欧洲人学习，使自己的球技更趋完美。不用说，这次世乒赛上，中国人也将团体金牌一并夺了回去。

不过，如果蒂姆只是一味努力地模仿中国人的打法，那他也是不可能登上世界第一顶峰的。要想赶上和超过中国人，就要一定程度上在“逆反中国人”上下功夫，即在打法上有所突破地反其道而行之。如何培养蒂姆，教练海姆

1　丁松，中国乒乓球运动员，现担任上海交通大学乒乓球教练。在1995年第四十三届天津世乒赛上，丁松在决赛中担任第三单打，战胜瑞典名将卡尔松，从而和队友一起获得男团冠军。

2　孔令辉，中国乒乓球运动员，世界冠军，奥运冠军，有“乒乓王子”之称。历年来在国际乒联公布的世界男单排名中位居前列。世乒赛、世界杯和奥运会乒乓球男子单打“大满贯”得主。曾任中国女乒主教练。

特·哈姆培尔脑袋里已经形成了一个计划。

"在德国，当时很多教练都认为，要复制中国，要像中国人那样更多地使用正手，动作的幅度要大。"海姆特·哈姆培尔教练这样解释，即手臂要从身后向前摆动，大幅度地挥向脑后："中国人的球有着令人吃惊的力量，当时的主流观点是，对付这种强有力的来球必须更强有力地反击回去。"

但做到这点存在着一个潜在的难点：与对手打大力加速的对攻球，蒂姆的力量显然不够，同时他双腿的移动速度也不够快，不能做到每一个球都使用正手，哈姆培尔教练得为他另寻招数。

为此，海姆特·哈姆培尔教练专门与生物机械工程学家进行过讨论，研究了很多运动员的打法，也多次亲临世乒赛赛场。瑞典选手埃里克·林德（Erik Lindh）的打法引起了他的注意。林德回球时，球拍接触球的时间早，球在台上一跳起就从上方迅速接过去。这样，他能加快速度，给对手造成压力。在中国队对手面前，他不退后，而是站在球台边。再看瓦尔德内尔，哈姆培尔教练觉得他就像在打网球，球拍在手上转动得非常灵活，不管是正手还是反手击球。哈姆培尔教练甚至还回忆起自己在学校里学习过的物理学知识。

哈姆培尔教练得出的一个观点是：来球的速度能够通过一个柔和的小动作予以逆转，即用一个短的加旋动作来改变球的速度，这就是解决方案，而且不需要付出太大的力量。

旋转对抗速度——这个方程式作为蒂姆打法的技术基础，给对手确实带来了很大的难度，这一点，哈姆培尔教练已经满意地得到了证明：

"如果很早地接触球，以短暂、快速的动作将球打回去，球在对方球台上跳起时就是低平的。也就是说，站在另一半球台前的亚洲选手刚刚完成了一个大幅度的身体动作，球拍还在上面举着时，来球就已经在球台上低平地跳走了。这意味着，对方回球的时间会相当紧迫。"

德国国家队的教练员们对哈姆培尔教练的想法当时也秉持怀疑态度。一个小动作？有什么用？但哈姆培尔教练并没有动摇，他用多年的时间，为他最得意的弟子制定了一个新的训练方案，打造了一个将所有技术都捆绑在一起的一揽子方案。

2000 年，在蒂姆·波尔已经完全掌握了的情况下，哈姆培尔教练在专业杂志《乒乓球》上，发表了他的“六条‘金科玉律’”：

1. 手腕和前臂的运用要得当。哈姆培尔教练认为，前臂对球的加速起主要控制作用，而手腕则决定了球的落点和旋转的方式。蒂姆的前臂通过训练变得特别富有爆发力，因此，他的第一个攻球就能给出相当强烈的旋转，不管是用正手还是反手。这种旋转再加上巧妙的落点，也就平衡了他比赛中击球强度的不足。这种旋转已经成为蒂姆比赛时的一个品牌。

2. 每一次攻球都必须在球拍上找到正确的压力点。这个规律是哈姆培尔教练从网球训练中推导出来的。用在乒乓球上则表示：反手击球时必须更多地用大拇指压住球拍板，而正手击球时则更多地用食指压住球拍板。这样，攻球时压力更大，稳定性以及球感也会更好。为了避免加大压力时肌肉的紧张、痉挛，蒂姆在握球拍期间要做到不断放松，有时候甚至要有球拍会从手上掉下来的感觉。蒂姆的快速反应能力使他能够很容易地转换握拍方式。而在网球比赛中，运动员会有更多的时间完成手上的这种转换。

3. 球拍总是放在上面，即便是在球拍回收的时候。蒂姆在等候对方发球时，要像击剑者将武器高高举起那样将球拍举起，然后下蹲，使自己的髋部与球台平面等高齐平。哈姆培尔教练相信，这样会得到一个最优的击球角度。当然，这个姿势要求蒂姆有足够的腿部力量。

4. 击球点与身体的平衡相互影响。如果身体的重量落在错误的腿上，人就不能够充分发力和有效地控制球。这是这条“金科玉律”的意义所在。因此，哈姆培尔教练要求，击球的时候，身体的重心要在两腿之间。另外，要保持总在身体前面击球，不论人是站在球台边还是站在离球台几米远的地方。

5. 用反手加旋转防守代替反击和防守。这一“金科玉律”要求在被动击球的时候，如打防守球时要运用手腕并加上一定的旋转。蒂姆运用这一技术，只需一个小动作就可以充分利用来球的速度和旋转，使球在对方的球台上既平又快地跳起。

6. 谁的打法多变，谁就能持续获得成功。在这一点上，哈姆培尔教练还作了原则性的解释。一位优秀的运动员在比赛中必须做到既能主动，也能被动，并且能在这两者之间转换。如果运动员刚将对方一个强烈的弧圈球用加旋转防守接了过去，就必须闪电般地迅速进行转换，对对手的下一个回球做出进攻的反应。

运动员蒂姆·波尔和教练员海姆特·哈姆培尔运用这些技术和“金科玉律”，进一步推动了乒乓球运动的发展。谁想领教现代乒乓球，谁就应该看看蒂姆·波尔的打法。

一方面，蒂姆在训练中领悟了哈姆培尔教练制定的基本原则；另一方面，在中国运动员的身上，蒂姆也借鉴了不少细腻的技术。

教练海姆特制定的这些技术上的基本原则，再加上我对中国运动员的观察和揣摩，一并形成了我们的训练方案。比如，我注意到了王励勤[1]的打法。他击球时手腕的运用就特别多，正手击球时，手臂相当有力。孔令辉攻球时球拍强烈摩擦球的上方，球旋转相当快，同时也

1 王励勤，中国乒乓球运动员，1993 年入选国家队。2001 年在世乒赛上赢得男单、男双、男团项目的三个冠军。2004 年重获世乒赛男团冠军。在雅典奥运会上击败瑞典“常青树”瓦尔德内尔。2007 年在第四十九届世乒赛上夺得男单冠军。现任中国乒乓球协会主席。

非常稳。看了他们的打法之后，我们再在训练中加以尝试。海姆特将训练的方方面面都相当结构化地组织起来了，直到今天，他都坚持将每个训练日的训练内容写下来。训练中，我当然也会凭自己的直觉做一些个人尝试，而在这个时候，海姆特就会在一旁严格地监督他制定的技术原则在我的训练中是否得到了贯彻。如果我有那么一次不假思索地将球从后面随意拉上来，没有加上旋转，海姆特的叫唤声就会响彻整个球馆。随着时间的推移，我也逐渐掌握了这些技术。例如，我注意到，在防守时一旦加上了旋转，对球的控制能力就要比简单地将球压过去要好多了。

通过这种训练，蒂姆的球不仅打得更好了，也打得更美了。因为他掌握了乒乓球中最漂亮的一门技术——弧圈球。弧圈球集技术、动力、优美于一身，既体现速度，又展示旋转。一个小小的乒乓球在两个运动员对拉弧圈的过程中既快又漂亮地来往飞驰，这场景是最令现场观众们振奋的。

在此之前，蒂姆已经掌握了一些一般性技术，并且具有很好的全局眼光和球感。再加上1998年至2000年间教练哈姆培尔为他制定的新技术，他就已经具备与中国运动员对抗的实力了。他有自己特殊的攻球技术，这种技术既可以用在主动进攻上，也可以用在防守反击上。

这种特殊的攻球技术就是旋转力强的弧圈球。

这是蒂姆从一个有天赋的年轻人成长为一个世界级运动员不断成熟的过程，与此同时，他的身体和思想也在逐渐成熟。他的青春期，与很多同龄人相比，过程要温和得多：没有青春期的叛逆，没有所谓心理上的逆反过程。正如蒂姆母亲所说的，要问儿子什么地方曾经令她惊讶过，想得起来的也就那么一次：

“有一次他理发回来，头发竟染成了鲜艳的金黄色。”

蒂姆自己怎么说呢，是否曾经也“出格”过呢？他的回答十分明确：“否！”

实际上我是一个十分循规蹈矩的人。年轻的时候，我就从来没有奢望过自己的形象和举止要特别“酷”，如在校园里抽烟以期引起他人注目，或属于校园某一个有势力的小团体、小宗派。我也是这样要求自己的。由于业余时间大都要从事体育活动，因而许多受邀参加的派对和庆祝活动我都不能去。我也完全可以接受，事后也不会感到过分遗憾和沮丧。确实，听到“出格”这个词我都会感到十分滑稽。按照我的标准，晚上坐在小酒馆里就已经很“出格”了。在那里，两杯啤酒下肚，我就会对自己说：荒唐，你在这里都干了些什么。其他人认为很一般、很正常的事，对我来说，没准儿就已经是“出格”，是标新立异了。

他的朋友克里斯蒂安·吕里格说，他根本就想不到什么时候蒂姆特别激动过：“他是一个相当安静的人，具有脚踏实地的性格，遇事会先思考，然后才会发表意见，很多事他自己就解决了。”

不过，蒂姆一生中还真有一次大的“出格”行为，那是在乒乓球队友间发生的，当时他才十七岁，“出格”是因为喝酒，其结果是醉到不省人事。

那是 1997 年的 12 月，他所在的哥讷尔 TTV 乒乓球俱乐部球队令人出乎意料地一举赢得了德国冠军杯，俱乐部管理层以及一家赞助商给了一个特别有价值的奖励：去西班牙马略卡（Mallorca）岛旅游。几个月以后，奖励兑现。

当时，是否允许我同行，还与德国乒乓球协会进行了大量的沟通，因为一个月后，欧洲青少年乒乓球锦标赛就要举行。不过，乒协最后还是同意放行了。

我们一行六人前往马略卡岛：我、许增才、丹尼·海斯特（Danny Heister）、斯洛博丹·格鲁吉克（Slobodan Grujic），还有我们的经理托斯腾·马尔特（Torsten Märte）先生和教练海姆特·哈姆培尔先生。不用说，我们去了当地有名的巴勒曼（Ballermann）——酒吧一条街！到达的第一个晚上，我就醉倒了。

我们坐在当地一个“臭名昭著”的酒馆里，酒馆的名字应该叫“啤酒国王”。我们要了几杯饮料，海姆特不喝含酒精的饮料，因此，他很早就离开了，托斯腾也一样，最后就只剩下我们四位球员还在酒馆里。特别是丹尼，顺便说一句，他现在是我效力的波鲁西亚杜塞尔多夫乒乓球俱乐部的教练，他一心要将我这个平时的“乖乖儿”灌饱、灌醉。这个晚上发生的许多事，都是其他人之后告诉我的，走出酒吧时我甚至还没有忘记为这一美好的晚上谢过门岗。在回酒店的路上，我在沙滩上张开双臂，背对大海倒在了海水中，并且还在大声地呼喊：“……太美妙，太美妙了……”

这个夜晚一定是十分恐怖的。

许增才先生待在床边，注视着整个身体都在颤抖的蒂姆。海姆特·哈姆培尔教练对此却一无所知，第二天一早，他还正躺在游泳池边读报。但悠闲轻松的时刻很快就过去了，许增才先生向他冲了过来，大声喊道：“海姆特！海姆特！快来！快来！蒂姆快要死了！”

哈姆培尔教练眼睛离开报纸，摆出一副不愿受他人愚弄的样子，说道：“你说什么，蒂姆快要死了？”

“是的，他醉得很厉害！得马上叫一辆救护车。”许增才先生又喊道。

哈姆培尔教练要先亲眼见见被他保护的人，赶紧与许增才乘坐电梯来到了蒂姆住的房间，在那里他看见了一个以前从未见到过、以后也不想再见到的醉汉“蒂姆”。

“蒂姆已经完全不省人事，是完全！我先将他从床上抱起来，然后把他的衣服脱掉，给他冲了一个澡。因为房间弄得太脏，蒂姆之后还必须特别支付五十马克的清洁费。"哈姆培尔教练说道。

"如果我们今天见了面，还会经常在一起愉快地谈起这个我们亲身经历的发生在西班牙马略卡岛上的浪漫故事。"蒂姆说。

确实，因为这是蒂姆被人们视为典范的事业历程中唯一的一次出格行为。在乒乓球事业发展的历程中，他放弃了很多他这个年龄段的年轻人乐意尝试的东西。不管怎样，他在体育事业中得到了丰厚的回报。其他人在玩、在闹的时候，他却在实现自己体育事业上的腾飞。

十七岁生日那天，蒂姆第一次赢得了德国冠军。约尔格·罗斯科普夫因在萨尔布吕肯（Saarbrücken）举行的一次比赛中因负伤而缺席了这场比赛，决赛中蒂姆 3 ： 1 战胜了托尔本·沃斯克（Torben Wosik）。

赛后蒂姆风趣地对记者说："这场比赛我打得十分放松，事先并没有认为自己是有希望获胜的运动员。我与沃斯克技术水平相当、势均力敌，我获得冠军主要是幸运之神的降临，因为今天是我的生日。"

十七岁的蒂姆成了德国自 1953 年以来最年轻的德国冠军，在此之前，康尼·福沃多夫（Conny Freundorfer）曾在十六岁时获得过这个殊荣。

看上去，蒂姆事业发展的曲线是均匀上升的，但其间还是有一些令人瞩目的峰值。其中一个峰值是在 1998 年荷兰埃因霍温（Eindhoven）举行的欧洲乒乓球锦标赛上表现出来的。比赛第二轮抽签时，乒乓球当代超级球星与尚且稚嫩的未来之星碰到了一起。

抽签结果：瑞典扬·奥维·瓦尔德内尔与德国蒂姆·波尔相遇。

十多年来，瓦尔德内尔在世界乒坛独领风骚，是世乒赛以及奥运会的双料冠军。世界冠军、中国运动员江嘉良[1]曾经描述过他的这位冠军接替者："瓦尔德

1 江嘉良，中国乒乓球运动员，世界乒乓球锦标赛男子单打冠军、团体冠军。退役后，江嘉良到国外当教练，办乒乓球俱乐部，当电视台体育评论员。2002 年 10 月，江嘉良乒乓球学校在上海浦东落成。

内尔的比赛像珍珠一样！”

年轻的时候，瓦尔德内尔与他的兄弟在家里一个小时一个小时地观看乒乓球录像片段，观察世界上最优秀的运动员表现出来的上乘技术。他说：“我一定要不断地打出非同寻常的攻球。”

他的所谓“非同寻常”，是打出非教条的、不符合传统思维的攻球，不仅要有大斜线角度，还要具备出其不意突然袭击的效果。这种攻球是运动员兴趣、直觉和才智相互协调之后才可能产生出来的集合体。

1997 年，瓦尔德内尔还出乎所有人意料地取得了一个前所未有的独特胜利：在英国曼彻斯特（Manchester）举行的第四十四届世界乒乓球锦标赛上以不失一局的优异战绩赢得了世界单打冠军。

可就在一年之后的 1998 年，他与一位初出茅庐的年轻球员相遇，两代人在球场上相对而立，由一条仅 15.25 厘米高的球网隔开。

赛程渐渐接近尾声，进入最后一轮。当我与瓦尔德内尔的比赛开始时，其他球台上的比赛也都在激烈进行着。随着我们的比赛往下进行，越来越多的观众将注意力集中在了我们这张球台上。球馆的气氛沸腾了，我能真切地感受到观众们的渴望，渴望能得到一个意外的惊喜。不过，当比赛进行到第五局时，一切似乎都顺理成章，我以 14 ： 20 处在落后状态。

15 ： 20，我得到了发球权。在整场比赛中，瓦蒂[1]对我的发球发怵。在这一天的比赛中，以他这个级别，他的发挥令人吃惊地感到幼稚。我一共挽回了九个赛点球，比赛形势最终得以逆转。27 ： 25，我赢得了最后的胜利。比赛结束后，所有的人都冲向我：太棒了，蒂姆，真是难以想象！可当时的我却感到整个肩胛都有些不舒服，我试图在

1 蒂姆对瓦尔德内尔的昵称。

比赛场馆找到一个安静的地方歇息，也避免从所有运动员和教练员的身边走过。

这场比赛在社会上引起了极大的反响。因为，人们一直视扬·奥维·瓦尔德内尔为世界乒坛无可争议的、最优秀的运动员。由于瓦蒂在乒坛取得的令人难以置信的成功，我一直都对他充满着敬意。但从他乒乓球技术的可能性上，还真看不出来他是一个大天才，并不像乒坛传言的那样。我觉得，他的反手并不厉害，他的乒乓球技术套路，用今天的眼光来看一定存在着很大的问题。但在当时，这些问题都表现不出来，因为还允许运动员遮挡发球。他发球后总是可以有把握地空出一些地方不用去管，没有人能将他发的球回接到那些地方去。不过，他的水平也确实是独一无二的，因为他比任何一位球员都能更清

在国家队里：（后排左起）格伦·于斯特（Glenn Östh）、蒂姆·波尔、彼得·福朗茨（Peter Franz）、约尔格·罗斯科普夫、迪尔克·史梅尔芬尼格、（前排左起）施特芬·费茨纳、托尔本·沃斯克。这是1998年蒂姆第一次参加欧洲乒乓球锦标赛前的合影

楚地利用对手的弱点，他有杰出的战术意识和突出的预判能力，他能通过智谋战胜任何一位对手。另外，他的打法也很具革新性，因此也总能不断地发展。就像另一位乒坛常青树约尔根·佩尔森，在 2005 年的上海世乒赛上，从一定意义上讲，我已经将他送进了“退役者”的行列。因为他输球后对我说，这应该是他乒坛生涯中的最后一场比赛。可没想到的是，在 2008 年北京奥运会上，他又有如神助一般地打进了半决赛，真是令人匪夷所思！

瓦蒂在三十六岁或三十七岁时的竞技水平甚至比他 1989 年赢得世界冠军头衔时还要好。他的球很凶猛：一发球就会展开进攻，这也是为什么我与他较量时，球从来都打得不爽的一个原因。尽管我不是每个球都进攻，但瓦蒂总是在破坏我设想的比赛节奏，而他打球的节奏又令人很难适应。这场比赛的胜负也取决于我接发球的质量，在一局比赛当中，他发球时，我能赢两分、三分就不错了，但要想取胜，我发球时就必须个个球都得分。

与瓦蒂同台比赛确实十分特别，主要是他在乒坛的名气太大了，他的名字自动地就与神奇的攻球联系在了一起。我能参加欧洲乒乓球锦标赛就已经很高兴了，即便赢了瓦蒂，心里总还是感到有些滑稽、不可思议、不合情理。我也不希望自己赢得这个比赛后太自以为是，应该表现得谦恭一些。好在我很快又回到了现实，第二天上午我对阵代表西班牙出场的中国运动员何志文[1]。整场比赛，他的短胶粒球拍一个接一个地拍得我几乎没有还手之力。比赛结果 0 ∶ 3，输得无话可说。

1 何志文，中国乒乓球运动员。1985 年代表中国队参加第三十八届世乒赛，并取得男子双打第三名，与江嘉良携手夺得过世乒赛男双铜牌。1989 年何志文出国打球，在游历德国之后最终定居西班牙，代表西班牙征战 2004 年、2008 年、2012 年和 2016 年夏季奥运会。

这届欧洲乒乓球锦标赛给乒坛留下了一段佳话，一个十七岁的德国年轻运动员，能够开始与这项体育运动中被认为最优秀的选手较量了，但他是否也能与中国的优秀运动员较量呢?

这个时候的世界乒坛终于又一次分成了两大阵营——中国运动员阵营与其他国家运动员阵营，中国人预料之外的失败要少一些。在二十世纪九十年代末这段时间里，中国人罕见地、不再那么经常地来欧洲了，不给其他人研究中国人打法的机会。这样一来，欧洲人就必须利用每一个在中国比赛的机会了解自己最强劲的对手，如参加在中国举行的国际性循环公开赛。

1999 年，中国乒乓球公开赛在广西桂林举行，八分之一决赛上，蒂姆与中国优秀运动员马琳[1] 相遇。

毫无疑问，马琳是当时中国的后起之秀。1999 年在埃因霍温举行的世界乒乓球锦标赛男单决赛上，他挑战刘国梁失败。对马琳来说，这是一场十分痛苦的失败。

在中国桂林的这次公开赛上，与马琳交手的我一下子就以 2 ∶ 1 领先，第三局我又以领先的比分 20 ∶ 15 占上风，同时还掌握着发球权。可绝无仅有的事情终于发生了：我连发两个球失误。其实是两个非常简单的侧旋球，这种发球我平时掌握得非常好，几乎从来没有失误过。可现在在一局比赛中竟连续失误两个，皆因当时的我心里过于紧张，再加上整个球馆的观众都在打压我，给马琳加油，使我对赢球产生了一种莫名的恐惧。

在我俩比赛的这个角落，还站着许多观众，闹哄哄的，很有可

1 马琳，中国乒乓球运动员，现任中国国家女子乒乓球队主教练，是乒乓球历史上拥有单打世界冠军头衔第二多的选手之一（四个世界杯冠军和一个奥运会冠军），令人遗憾的是，其职业生涯未能获得一次世锦赛单打冠军，与乒乓球大满贯失之交臂。

能，因为这场比赛，中国人助威的呐喊声“加油”深深地烙在了我的心田。比赛中，数百观众在不停地叫喊，喊着运动员的名字，“马琳，加油！马琳，加油……”你说，人的脊背是不是会吓得发凉。马琳追到了20平，此时，我脑子里突然闪过了一个念头：蒂姆，这种机会你不会再有了！可惜我还是输掉了这一局，当时，人就像麻木了一般，真想马上离开球馆。

我也不知道是怎么赢得这场比赛的，但最终我确实赢了：第五局的比分是21∶18。

与马琳的这场比赛几乎耗尽了我所有的体力，我马上就病倒了，发烧，不得不躺在床上。

我坚持打完了四分之一决赛，只是在第二天的半决赛时，我确实无法使自己再次振作起来了，力量不够，被韩国选手李哲承[1]淘汰。不过，赢了马琳的这场比赛确实第一次引起了中国人对我的注意。

在描述战胜马琳这场比赛时，蒂姆谈得更多的是他的失误、紧张和不安，很少谈自己在赛场上打出的好球和自己表现出来的实力。正是在事业开始腾飞的当口儿，他表现出了对自己球技的惊讶：“我怎么还会赢得这场比赛！”

这场比赛是那么独特、典型，在此之后，人们问他时他还是这样说：

我事后总是这样想：这只能是一个意外，战胜马琳太不正常了。对我来说，马琳始终是一个有着巨大潜力的运动员。他能在不同的情况下频频发起进攻，有时候自己都会觉得进攻球打得太多。他往往会将自己的各种可能性纠结在一起，到底是用上旋、侧旋还是下旋？或者综合在一起打？到底将球打向何方？有时候反而因思虑太多、紧张

1　李哲承，韩国乒乓球男运动员，1992 年奥运会男双季军，1996 年奥运会再获男双季军，2000 年奥运会获男双第四名，2006 年退役后进入韩国男子乒乓球国家队教练组。

而导致落空。尽管如此，十多年来，他在我的眼中一直都是最棒的运动员。自从那次中国乒乓球公开赛战胜马琳之后，我连续八次败在了他的拍下。

马琳不是蒂姆挑战的唯一一位中国后起之秀，另外一位蒂姆应该经常深入研究的对手是王励勤。2001 年，在日本大阪举行的世界乒乓球锦标赛团体决赛上，蒂姆与王励勤就交过手。

1999 年至 2001 年的两年间，蒂姆的自我感觉发生了变化，海姆特·哈姆培尔教练的训练方案产生了效果。

我的球技大大地向前跨了一步。1998 年，我虽然具备了一定的潜力和几招制胜的“武器”，但很多方面还都相当弱势，但到了 2001 年，我感觉自己几乎是一名全能的运动员了，处在一个完全与以前不同的基本水平上。因为，我已经知道能否与对手真正较量，我能否有把握得分，我能否让对手今天意外倒霉。

蒂姆一向矜持、谨慎、克制的性格开始向务实的方向发展，他也不再只是评价自己的不足了，也开始承认自己拥有的实力了。在谈到 2001 年战胜王励勤的那场比赛时，日渐成熟的蒂姆就没有说是一个未曾想到的意外。

2001 年，乒乓球领域简直就是中国人的天下。王励勤在一年多的时间里没有输过一场球，像一台打球机器，无人能敌。我当时想到的是，我也有机会与他交手了！幸运的是，在团体四分之一决赛开始时，我突然发现：嗬！他竟然吃我的发球！我当时发球技术确实不错，但后来新的发球规则实施后，这种球就不能再发了，因为发球动作不允许遮挡。我当时用同样的一个动作可以发出上旋球，也能发出下旋球，只是在接触球的那一刹那进行变化。发下旋球时，接触球时间早一些；发上旋球时，接触球时间晚一些。动作几乎完全一样，但发出来的上旋球在对方桌面上一跳起就会突然前冲。

我与王励勤比赛时，第一个发球用的是下旋，他完全低估了这个发球，接球下网；第二个球我发上旋，他以为发的还是下旋，接球时球拍还是继续上翻，结果球向着天花板的方向飞了过去。两个球都没有接住，对一个一般运动员来说都非同寻常，何况是当时世界上最优秀的运动员王励勤。我必须尽量地控制自己，避免笑出声来。接下来，他的接球表现得非常不稳，我的五个发球他至少要"吃"上三个，另外两个球即便能接过来，但也是软绵绵的，我不需要费太大的劲就能得分。

不仅如此，我还运用了平时用得不多的，许增才教给我的接发球技术。运用这项技术我可以很好地化解他的旋转，甚至能将他的上旋发球近网接过去。王励勤当时的发球压力非常大，我两次接过去的都是短球，而一般而言，回过去的应该是长球。按照常理，他发完球后会站在那里，用正手等待飞过来的长球。可现在，球却短短地落在球网的后面，有时候还会在台面上跳上两下。

我的打法对王励勤来说，破坏性是很大的。但如果与他打上了相持球，我几乎没有胜算，他的攻球威力极大。就他的身体素质而言，这并不奇怪，我一直觉得，他的身体素质在乒乓球运动员中是最棒的，他的身体相当结实强健。他的双腿移动频率特别快，还能令人难以置信地加速。而正好在这个方面，我给人的印象是单薄乏力的。

幸好我的打法得以实现，大多数赢球都是很快得分，他好像完全对付不了。21 ∶ 19，我赢了第一局，第二局我又以 19 ∶ 12 和 20 ∶ 16 的大比分领先。接下来，我又差点浪费掉这个机会，因为当时的我确有点分心，简直不敢相信：人竟然能战胜"机器"。王励勤一分分地又追了上来，只是在比赛延长打赛点球时，我才最终取得了胜利。

我的胜利给王励勤带来的结果是，中国队主教练在下一场比赛时让他坐到了看台上——让一个在一年时间里从没有输过球的运动员坐冷板凳。这件事也从侧面告诉了我，中国运动员要承受多大的压力。他们不能输给外国人，特别不能输给像我这样一个当时尚处在上升时期的年轻球员。接下来的比赛由替补队员代替，打得也好些了，中国乒乓球就是这样，换谁都行。但王励勤的强大实力在单打中还是充分体现出来了：他夺得了这届世乒赛的男单冠军。

在这些给人留下了深刻印象的胜利之后，蒂姆还缺少什么呢：一个冠军。

战胜了瓦尔德内尔、马琳、王励勤等世界一流选手，蒂姆突出的成绩受到了业内专业人士的赞许和肯定。应该是时候了，蒂姆的这种超强能力一定要在某一次锦标赛上帮助他打进最后的决赛。

但要实现这个目标，仅凭天赋和技术是不够的，蒂姆自身素质还得继续打造。首先是要强硬起来，海姆特·哈姆培尔教练这样认为，不仅要使自己本身强硬起来，还要有面对对手的强硬姿态。另外，蒂姆的身体素质也还不够标准，必须加强这方面的训练，而这种训练正是蒂姆不情愿做的。哈姆培尔教练认为，蒂姆在训练中缺乏意志力的磨炼，哪怕是一点点。也正因为如此，教练将一位业内同仁请到了哥讷尔 TTV 乒乓球俱乐部，他知道，这是一位在乒乓球事业上能吃苦耐劳的人，是一个能帮助蒂姆快速进步的教练——约尔格·罗斯科普夫先生。

蒂姆九岁那年第一次见到罗斯科普夫时，罗斯科普夫拒绝了他索要签名的愿望，而罗斯科普夫第一次想见到蒂姆·波尔的机会也没有实现。罗斯科普夫本希望能在一次德国乒乓球锦标赛第一轮时见到蒂姆，因为他已经听到了业界太多关于蒂姆有乒乓球天赋的议论。罗斯科普夫本人是这一赛事应邀的嘉宾运动员，只是到了最后一个阶段才会参加比赛。

“可当我到达比赛球馆的时候，有人对我说，蒂姆已经被淘汰了。我当时就在想，这算什么天赋？”罗斯科普夫说。

只是在此之后的另外一些比赛中，罗斯科普夫才见到了他选定的接班人的真正比赛，他得到的印象是：“我很欣赏他在比赛中表现出来的轻松感和控制球的能力，还有他轻快灵活的动作。”同时，他也看到了蒂姆在球台旁沉稳的球风：“蒂姆在赛场上表现得十分镇定自若，不大容易被他人所影响。”

带着对新任务的憧憬和向往，鉴于与老朋友海姆特·哈姆培尔教练的亲密关系，罗斯科普夫先生离开了他效力十四年、取得了骄人战绩（作为德国俱乐部冠军队六次夺得欧洲杯赛冠军）的杜塞尔多夫波鲁西亚乒乓球俱乐部。罗斯科普夫先生在德国这个最负盛名的乒乓球俱乐部里专业从事乒乓球工作，现在，要将杜塞尔多夫球队的管理、运动理念和训练方式部分地搬到哥讷尔去，更多的是搬到霍赫斯特去，搬到蒂姆训练所在的那个球队去。

罗斯科普夫教练不仅仅是一位能为乒乓球运动付出艰辛努力的人，也是一位团队意识极强的人。可在霍赫斯特，他见到的不是一支运作最佳的乒乓球球队，而只是一个围着有天赋的蒂姆·波尔转的球队。

“在那里，每一个人的训练都很随意。”作为教练，罗斯科普夫对这一点感到十分生疏，他要改变这一状况。

罗斯科普夫说：“我与蒂姆很严肃地谈过一次话，我对他说，他不能仅仅是作为一个单打独斗的运动员来表现自己。当然，他要真正领会我这些话的含义，还得需要一些时间。”

在训练中，罗斯科普夫教练有时候会说一些讥讽、挖苦的话，有意识地强烈刺激、激励蒂姆。训练中，他更多的是针对蒂姆的竞技状态和身体素质，有时候还会在训练中多加一节课。在谈到蒂姆的训练态度时，罗斯科普夫这样说："开始时，他总是会说，'我的血糖下降了，我现在要结束训练！'这是蒂姆的标准语，血糖下降！血糖下降！血糖下降！我都听腻了。"

罗斯科普夫教练前往哥讷尔时已经三十一岁了，身体中也潜藏着因长期运动训练留下的伤病，他说："蒂姆从我的身上看到了，一个人是怎样在一次伤病之后又继续前进的。"

以前的偶像罗斯科普夫先生现在是球馆里站在蒂姆面前的活生生的榜样。

我肯定不是一位训练最刻苦的人，也不是一位为了提高竞技状态而在训练的数量上过于追求的人。但罗西[1]与我相比，完全是另外一种类型。他总是走在前面，喜欢发表意见，喜欢主导大家。我则相反，是内向的、克制的。即便是在今天，在球队会议上，我还是会说：你们要按自己的想法去打比赛。我从来不会走到教练面前说，你要让我们这样或那样去打。教练怎样安排，我们就应该怎样去打。

在酒店的餐厅里，我们的餐桌上现在放上了一份味道与世界各地几乎无异的三明治，现在谈论的话题至少应该更加"开胃"，更加有吸引力了。

"蒂姆，一个喜欢抱怨的人！"这是当时的德国国家队主教练、现在是德国乒乓球协会负责人的迪尔克·史梅尔芬尼格先生，2000 年在不来梅（Bremen）举行的欧洲乒乓球锦标赛上对他说的一句话。

"我还能记得你在不来梅的比赛，你总是在不停地摇头，肩头也耷拉下来了。给我的感觉，好像是一个向下的螺旋线，在这个螺旋线里，你的诉苦、抱怨在加深。当时到底发生了什么？我想知道。"我问蒂姆，因为作为记者，我当时也在不来梅欧锦赛的现场。

1　蒂姆对罗斯科普夫的昵称。

蒂姆首先看了看我，然后两手交叉放在桌上说了起来，连呼吸都显得有些许沉重："是的，有时候我在比赛中的抱怨情绪相当厉害，我自己也很清楚这一点。人很容易养成抱怨的习惯，而要去除这种习惯又非常难。相对而言，以前我抱怨的时候更多，现在已经好多了。"他悻悻地笑着。

在此之后，蒂姆讲了自己是怎么产生以及战胜这种抱怨情绪的。

为什么有时候会不满意而产生抱怨情绪，蒂姆谈到了一个设身处地可以理解的理由，即一个在长期打球过程中困扰着他的生理问题：汗手。比起其他运动员来，蒂姆在比赛中会更多地走到球网前，将手心在球桌上擦干净。因为汗手已经影响到他握紧球拍了。

"你的手到底有什么问题呢？"我问。

代替回答，蒂姆面对我在桌上伸开了他的左手，让我摸，让我自己体会。

睿智的、善于点评的陪同者：蒂姆的第一个国家队教练、原德国乒乓球联合会（DTTB）负责人、后担任德国奥林匹克体育联合会（DOSB）竞技体育董事的迪尔克·史梅尔芬尼格先生在赛场上给蒂姆支招

手给人的感觉是冰凉和潮湿的，就像上面贴着一层细细的薄膜。

"有时候，我就会觉得反手球没法打了，因为我的食指会在球拍的胶皮上来来回回地滑动。我试过粉笔水，用过冰袋，在训练时我还试着戴过指套，但都无济于事。"

有些困难是没有办法解决的，蒂姆现在又将运动服的袖子往上一捋，把同样是阴凉和潮湿的前臂伸了过来，接着说道："你看见了吧，冷汗，比赛时冷汗会从前臂一直往手上流，持续不断地流，这与心情紧张一点儿关系都没有，是我身体上的一个弱点。中国人就没有这么容易流汗。如果比赛场地太热，我的这个弱点会更加明显地表现出来。"

不过，蒂姆也得到了相应的帮助，这个帮助来自国际乒乓球联合会全体大会。大会做出了改变赛制的决定，在 2001 年举行的世界乒乓球锦标赛上将每局比赛的比分缩减，改二十一分制为十一分制。国际乒联官员们的期望是，通过这一改革使比赛更加紧凑，也更加扣人心弦，使这项体育运动对电视机前的观众来说更加具有吸引力。

"我从来没有真正抱怨过新规则，我只是在努力，尽可能好地去适应新的规则。"蒂姆说。

但实际上，他完全应该为局分的减少而欢呼，他说："二十一分制改成十一分制对我来说简直是太好了，这样，我就会有更多的恢复时间，能够用毛巾来擦干手和手臂上的汗水。"

新的规则、不断上升的自我意识以及娴熟的创新技术，使 2002 年成为蒂姆事业辉煌的一年。

在从事乒乓球事业的同时，蒂姆还在那个时候完成了作为一名职业运动员在法兰克福体育医疗研究所担任社会义工的民事服役工作。这份义工工作岗位是应顶尖运动员们的客观需求专门设置的。

蒂姆在我们吃完了三明治后介绍说："作为一名社会义工，我要在研究所里整理索引卡片，管理好档案，还要干实验室的一些工作，有时候还要去某个地方换个灯泡什么的。与乒乓球不相关的这些工作使我在房屋管理方面的经验和能力得到了提高。下班之前，我还要将我的队友们送到旁边一栋楼里去做按摩。”

当然，一段时间的社会义工并没有影响蒂姆在2002年2月获得第一个国际比赛的冠军。欧洲排名十二强赛在荷兰鹿特丹（Rotterdam）举行，在人们眼中，这一赛事的冠军与欧洲乒乓球锦标赛冠军一样重要。因为，谁能在欧洲十二强赛上获胜，谁就表现出了他球技水平那份特殊的、持续的稳定性。直到2002年，只有三名德国运动员在这个比赛上获胜过，还都是三个在罗马尼亚或在中国成长起来的女运动员：奥尔加·内梅斯（Olga Nemes）[1]、何千红[2]、施婕[3]。

2002年，一位来自沃登瓦尔德的二十岁年轻人赢得了这一比赛的胜利：蒂姆·波尔在决赛中以4∶3战胜了白俄罗斯运动员弗拉基米尔·萨姆索诺夫。没有比用这个胜利作为一年的开局更好的了。

但这还只是一系列捷报中的一个，三月底，欧洲乒乓球锦标赛又在克罗地亚首都萨格勒布（Zagreb）开锣。

在这届欧洲乒乓球锦标赛上，我的感觉一轮比一轮好，单打半决赛上战胜了维尔纳·施拉格后，我就已经相当满足了。我暗自想：不

1　奥尔加·内梅斯，乒乓球运动员。原籍罗马尼亚，1984年在德国生活和打球。她曾五次获得德国冠军，两次获得欧洲团体冠军。

2　何千红，中国“八一”队队员，1991年前往德国打球，1996年与德国丈夫戈奇结婚后，改名为戈奇·千红，并加入德国国籍，目前定居德国。

3　施婕，中国河北省乒乓球队队员。1993年开始代表德国队出战国际大赛。1993年哥德堡世乒赛，施婕在女单比赛中爆冷淘汰中国的乔红。1994年世界杯团体赛，施婕在比赛中击败中国女队的邬娜，帮助德国女队淘汰中国队，取得该届比赛的亚军。施婕曾参加三届奥运会，2006年退役。2012年，施婕任职德国乒乓球女队主教练。

管决赛的结果如何，我都已经获得了前所未有的成功。接下来的比赛，我要与希腊运动员卡林尼科斯·格林卡（Kalinikos Kreanga）[1] 争夺冠军。很多人都在这一赛事中将我视为最有希望获得最终胜利的运动员。很多我认为水平要高过我的人都被淘汰了，如所有来自瑞典的运动员。萨姆索洛夫输给了普利莫拉茨（Primorac）[2]，然后是普利莫拉茨输给了格林卡。

幸运的是，单打决赛前是双打决赛，我与队友佐尔坦·菲耶尔－孔内特（Zoltan Fejer-Konnerth）配对打波兰选手托马茨·克里斯泽维斯基（Tomasz Kriszewski）和鲁契安·布拉泽奇克（Lucjan Blaszczyk）。但是在这场双打比赛中，我却前所未有地感到了紧张不安。我们拿到了赛点球，而且是我发球，可当我将球抛起来的时候，所有的一切一下子显得格外沉重，我甚至开始颤抖，不是一点点，是真正的颤抖，我只能机械地打球。当我们终于得分后，我才感受到了一种难以令人置信的解脱。

祝贺你，蒂姆：在 2002 年克罗地亚萨格勒布举行的欧洲乒乓球锦标赛决赛打完后，希腊运动员卡林尼科斯·格林卡向战胜他的对手表示祝贺

欧洲双打冠军！

好了，我已经有了决赛的感觉，在双打中已经经历了一

1 卡里尼科斯·格林卡，生于罗马尼亚，希腊乒乓球运动员。曾两次获得世界杯男子单打亚军。

2 普里莫拉茨，克罗地亚乒乓球运动员，曾获得过第二十五届奥运会男双亚军、第三十九届世乒赛男双亚军等奖项。

个紧张和不安的过程。在与格林卡的单打决赛中再次拿到赛点球时，我马上意识到：必须注意了，现在是最困难的一分。幸运的是，发球权在我的手上，而对手对我的发球又极不适应。一般而言，我都是发一个侧上旋球到格林卡的正手位，在 3 ∶ 2 领先和 9 ∶ 4 领先时我都是如此发球直接得分。我握有六个赛点球，比赛一旦到了这种时候，应该说，我的注意力会相当集中。当时，我下意识地抬头迅速环顾了一下球馆，我要在头脑里将这个瞬间定格。在输掉两个球之后又取得发球权时，我在内心给自己打气：又掌握了发球权，尽管后续还有机会，但这个赛点球一定会拿下。此外，双打决赛中的巨大成功也使我的内心不那么莫名其妙地激动了。

一般来说，在一场比赛中，如果局数上 3 ∶ 1 领先，我就会想，你一定会再赢一局的；如果比分上 10 ∶ 8 领先，我就想，你一定会再赢一个球。我再一次将球很好地发到了格林卡的正手位，赢得了决赛的最后一个球。

我高兴地喊了出来，欧洲冠军对我来说是如此重要，幸福感一下子涌了上来，好长时间才慢慢归于平静。这种发自内心的满足感、内心的极度平衡和成功感，我更愿意一个人在内心里安静地享受。

蒂姆的胜利引起了德国人的亢奋，在约尔格·罗斯科普夫之后，德国再一次有了乒乓球大师。在人们眼里，这位年仅二十一岁的蒂姆，可谓前途无量。

“有蒂姆这位英雄在，德国乒乓球有望再一次从壁龛里走出来。”《法兰克福汇报》在决赛的第二天这样报道，报道中还总是将他与他的榜样罗斯科普夫放在一起进行比较：“波尔不仅仅是赶上了他的榜样，而且是超过了他的榜样。”

《法兰克福汇报》作如此分析：“自萨格勒布之后，世界乒坛形成了新的等

分享喜悦让幸福加倍：罗德莉娅与蒂姆在2002年克罗地亚萨格勒布举行的欧乒赛上分享成功的喜悦。在该项赛事上，蒂姆不仅获得了男单冠军，还获得了男双冠军（与佐尔坦·菲耶尔－孔内什一起）

级，波尔居最高等级，他甚至可以与中国人平起平坐、平分秋色了。对德国男子乒乓球运动来说，一个真正的黄金时代已经来临。"欧洲乒乓球锦标赛的冠军头衔使蒂姆清醒地认识到，他已经成为一名公众人物。但对于这些，蒂姆的热情始终有限。

对像我这样一个性格内向的人来说，是不太愿意自我表白的，欧洲乒乓球锦标赛过后的第一天我甚至产生了一种莫名的恐怖感。其实，我并不喜欢，也不需要这种纷繁不堪的杂乱局面。那几天，不断会有电台、电视台和报纸的采访，所有的电话几乎都会在同一个时刻响起，包括那些我从来未曾打过交道的媒体，《体育画报》以及各大日报也都在给我打电话……这种极端的局面在之前以及之后我都没有遇到过，感到相当陌生。许多记者几乎都会问到同样一个问题：谁是蒂姆·波尔？他们可能会想，我现在是新的英雄，该赢的都赢了，所有的奖杯都捧回了家。但我自己却完全是另外一种感觉。

在第一阵混乱喧闹的场面过后，我的内心马上趋于平静，十分享受的是：压在我身上的胜利的包袱终于放下来了。

蒂姆就具有这种能力，他能做到在注意力完全集中之后又能很快地自我放松下来。因此，2002 年，他保持住了自己最良好的状态，这也是他事业上升最快的一年。

2002 年，国际上公认最重要的世界级比赛是 10 月 31 日至 11 月 3 日在中国济南举行的世界杯赛。对中国运动员来说，本届世界杯赛的意义也非同寻常。在中国，真正有意义的冠军，集中起来就是“三个”：奥运会冠军、世乒赛冠军、世界杯冠军。现在，世界各大洲的冠军们和世界排名靠前的最优秀的选手都会聚集在世界杯赛上，可谓“乒坛精英荟萃”。世界杯的赛制上没有预赛，小组赛上遇到的可能就是最强的竞争对手。谁要是打算在预赛时只是先热热身，谁就有可能在预赛轮次被淘汰。

预赛上，蒂姆以小组第一出线，三个对手他都拿了下来：获得过世乒赛第三名的中国台北选手蒋澎龙[1]，一年前蒂姆曾在日本大阪世乒赛八分之一决赛上输给了他；还有加拿大选手黄文冠[2]和比利时选手让－米歇尔·塞弗（Jean-

1　蒋澎龙，中国台北乒乓球运动员，属于智能型球员，接、发球控球能力佳，发球前三板抢攻之威力在国际级选手中也算佼佼者。右手执拍，日本式正手直拍快攻打法。

2　黄文冠，中国乒乓球国手，现为加拿大籍运动员。曾获第四十二届世乒赛混双第三名，第十四届世界杯赛男单第三名。他曾在第四十二届世乒赛上，与前中国混双冠军耿丽娟合作，获混双第三名。

Michel Saive）[1]。四分之一决赛上与王励勤相遇，蒂姆以4 ∶ 0的总比分酣畅淋漓地拿下了这位当时的世界单打冠军。接着，蒂姆又以4 ∶ 3险胜克罗地亚选手佐南·普利莫拉茨（Zoran Primorac）后挺进决赛。

决赛上，他遭遇第二位中国人——奥运冠军孔令辉。蒂姆8 ∶ 11先失第一局，接下来的三局他都是险胜：12 ∶ 10、11 ∶ 9、11 ∶ 9。决胜的第五局，蒂姆看起来缺乏自信，怯于发挥自己的优势和实力，尽管以10 ∶ 4领先，但硬是被孔令辉追到了10 ∶ 10。

尽管我已经想到了冠军，但面对球馆里情绪越来越高涨、激昂的中国观众，我突然像麻痹瘫痪了一样，这种失控的感觉我不希望出现，只需要一分了，但我也知道，这一分是不容易得到的。我还从来没有在这种比赛上获胜过，脑袋里竟闪过绝望的念头。

我是没期望来中国比赛的，只是这样一轮一轮地打了下来，我自己都是不断地处在一个接着一个的意外惊喜之中。就连决赛打到赛点球，我都没敢相信自己会拿到冠军。在打赛点球的第一个球时，我的身体似乎都冷冰冰地僵硬了起来。

球馆里，百分之九十五的观众是反对我的，但我相信，百分之五的观众还是向着我的，他们在喊“波尔，加油！”当时的我还无法解释这种现象。现在我当然知道了，中国观众也很高兴，如果自己国家的运动员受到了挑战，这样，比赛会更加紧张，更具观赏价值。

蒂姆的第八个赛点球奏效，13 ∶ 11，终于战胜孔令辉，成为2002年世界杯赛最大的赢家。当时已经不再担任国家青年队教练，而是国家队男队主教

1 让 – 米歇尔·塞弗，比利时职业乒乓球好手。出生于乒乓球世家，父母都是乒乓球国手。塞弗九岁开始练习乒乓球，十一岁开始接受中国籍教练王大勇辅导，十三岁参加国际比赛。1994年获得欧洲乒乓球锦标赛男子单打冠军，曾雄踞世界排名榜第一长达五百一十五天。

大的胜利赢得大的奖杯：2002年，在中国举行的世界杯赛上，蒂姆赢得了他乒乓球生涯中第一个世界级别的冠军

练的伊斯特凡·柯尔帕兴奋地说：“这是迄今为止我见到的最好的波尔！”

送给蒂姆更大赞美的是来自中国队的主教练：“蒂姆·波尔给我们带来的威胁已经超过了以前的瓦尔德内尔以及目前的萨姆索诺夫！”

2003年，世界排名与之相应地出现了一位新的领头人物，第一次有了一位德国人。

蒂姆·波尔，世界排名第一！

蒂姆不仅与埃伯哈德·舒勒（Eberhard Schöner）[1]先生、约尔格·罗斯科普夫先生站在了同一个行列，而且还有了一个超前于他们、独秀于林间、世界排名第一的地位标志。

世界排名第一，蒂姆·波尔通过努力登上了乒乓球事业的顶峰，一年间，他的世界排名从第十三位飞速地向上攀升。这是一个通过计算和图表确定下来，用大量的数据堆起来的顶峰。统计数据是不会骗人的，但话又说回来，难道德国的蒂姆·波尔就不应该成为世界上真正的、最优秀的顶级运动员吗？蒂姆自己是这样说的：“我当时并没有唯我独尊的感觉，我的谦恭品格又占了上风，所有这些都只是一种大的荣誉。我知道，与最好的中国运动员相比，我的稳定性

1 埃伯哈德·舒勒，西德乒乓球运动员，曾在1962年至1972年的世界和欧洲锦标赛上获得过数枚奖牌。他是一名以举止冷静著称的防守型球员，为此他获得了“扑克脸先生”的绰号。他是德国乒乓球历史上的标杆人物。

击掌：乒乓球小粉丝对蒂姆充满崇敬。蒂姆知道，球迷们是他的坚强后盾

和竞技水平都还存在着很大的差距。”

表面上看起来，进军2003年巴黎世界乒乓球锦标赛的一切准备工作皆已就绪，接下来的是，蒂姆要再接再厉，争取一个更大的胜利。

作为本届世乒赛冠军的最热门选手，蒂姆·波尔前往法国。

北京现场，欧亚全明星对抗赛在渐渐逼近。蒂姆现在要与他的欧洲队友们一起去酒店的宴会厅，那里将要举行此项赛事的新闻发布会。会场上已经有包括十几位摄影记者的近四十名记者团队在那里等候他们，政府官员与赞助商们也都坐在了台上。为保证沟通流畅，采用英语和汉语交流，出于对一家主要赞助商——韩国汽车制造集团的感谢，对话时还采用了韩语。

来自欧亚两大洲的乒乓球运动员代表深感荣幸地坐在会场上，彼此间气氛友好，客气有加。当天莅临会场的三位官员都相继发了言，当翻译的最后一个话音结束，不少记者便飞快地跳上前将蒂姆团团围住，照相机的聚光灯照亮了他的脸庞，麦克风前的海绵球几乎顶到了他的下颚。蒂姆现在似乎要扮演中国主教练的角色了，因为记者们都想从他的嘴里知道，他认为目前最具实力的中国球员是谁？也认为，中国会选派哪一位乒乓球选手去伦敦奥林匹克运动会？

选择谁？蒂姆正好经过了几场大赛，每一次大赛都有一个表现特别突出的新面孔中国选手，他不无机敏地回答说："中国选手总在变化，但总有一个会处在巅峰状态。"记者群中，蒂姆像一个单枪匹马的斗士。这个回答显然不能满足记者们的要求，到底该带谁去伦敦奥运会呢？

蒂姆又说："王浩、马龙或张继科，团体赛上马琳会特别强大。不过现在都还为时过早，一切皆有可能。"

蒂姆"中国主教练"的角色还没有扮演结束，发布会的工作人员就将他拉到了隔壁的房间。看见房间里堆着的一摞乒乓球木板拍，蒂姆深深地吸了一口气，他知道，不把这些球板签完，是不允许离开这个房间的。不过在签名上，他俨然已经是一位行家里手了。

蒂姆扫了一眼这堆球拍，估摸着签字需要的时间。

"我都已经签完了。"维尔纳·施拉格对蒂姆说道，并友好地在蒂姆的臂上击了一拳。

"那我们也把它们都签完吧。"蒂姆喃喃自语，没有丝毫的厌烦和急躁情绪。

在中国的欧亚对抗赛上蒂姆还会打出更多精彩的相持球，或者说还要为更多的球迷签名吗？

蒂姆拿起笔开始在球拍上签名，不用怀疑，其中一定有好几块是属于那些"乒乓包"购买者的。

第四章

香酥的北京烤鸭

认识中国，热爱中国

我很少见到蒂姆脸上呈现出如此没有耐心的神情。

“快点儿！快点儿！”他边敲我的房门边着急地喊道。

是有一项突发性的工作要做，还是因为乒乓球界又有一个紧急的约见，或者……其实都不是，只是他对一种特别可口的美食产生的食欲使然！

蒂姆对中国的倾慕在很大程度上也因为他的胃，今天晚上，蒂姆约我一道去品尝他最喜爱吃的一道中国美食——北京烤鸭，而且只有我们两个人，他更加感到高兴。

“如果与一群人同去，一只烤鸭推过来，每个人都得分到，到自己盘子里就只有那么一点点了。今天我们两人要享受一整只大烤鸭。”走向电梯的时候，他兴奋地对我这样说。

他已经找到了一家餐馆，并且相信，那里的烤鸭一定不会令他失望。

“如此有把握，你说的这些话真令我期待和好奇。”我对蒂姆说。

一辆出租车将我们送到了餐馆门前，餐馆的大门装修得像一座寺庙的入口。三位服务员异口同声地向我们表示欢迎：“您好！”

蒂姆会意地咧着嘴笑了笑，然后建议我们在餐馆靠后的一个角落找一张桌子坐下。天花板上明亮的灯光投射在金色的墙纸上，近处一眼喷泉发出汩汩的流水声，使这里显得更加宁静。

“这里算是我们俩的小天地了。”蒂姆高兴地说。

餐桌位置的选择也映射了蒂姆生活的一个方面，就这个话题，我们来中国之前就已经有过议论。在德国杜塞尔多夫市，我与蒂姆曾有过一次约见，在这个城市的乒乓球德甲俱乐部，他已经效力好几年了。见面的地方，他当时选的是一家美国咖啡连锁店。到了见面地点后，我就很想知道，他为什么会选这样一个缺少创意的地方。

“你一会儿就会明白的，为什么我愿意来这里。”他向我承诺，并把我带到了二楼。

楼上靠后的角落里放着一个大沙发，沙发上堆着厚厚的沙发垫，沙发前是一个有着宽大屏幕的全天候家庭影院。通过一个全景式的、从地板直至天花板的整块落地玻璃幕墙，人能够清清楚楚地看到杜塞尔多夫市购物大街，看到大街上熙熙攘攘的人群：忙忙碌碌的、闲逛游荡的、约会的、打电话的、做手势的、交头接耳的、摩肩接踵的……

“你知道，我生性羞怯，陌生人盯着我，我会感到很不自在。虽然在杜塞尔多夫，认识我的人并不是很多，但我还是担心有人会认出我来。我还不能一下子对你完全解释清楚，为什么我会存有这种心态。”蒂姆向我解释。

被观察者，不想被观察。

因此，这里是最理想的位置了。只不过，他对这里优点的估计也不尽然，小小的咖啡馆在此期间已经是人头攒动了。

蒂姆在北京选的这个餐馆，位置就有这么点儿孤寂、隐蔽，能挡住投射过来的、令蒂姆不舒服的外来目光。桌子摆在角落，由墙板围了起来，一扇窗户朝着一条僻静的胡同。蒂姆面对墙壁，只有他转过身来，外人才有可能认出他来。

“一个典型的‘蒂姆位置’！”我发现了这个位置的特殊性并说出了我的判断。

“是的！”蒂姆予以证实。

“在中国被人注视，你也会感到不自在吗？”我又问。

“当然，在世界各地都是如此。我也不知道为什么心理会被外来的目光所干扰。”说话间，他耸了耸肩。

“我这个人恰恰喜欢独处，因此也不太热衷于参加大型的社交活动。”

“这么说，参加大型欢迎会、招待会，对你而言并不是一种真正的享受？”我随机问道。

“大部分场合都谈不上享受。一个小小的谈话，都会令我相当紧张。如果我要在一个晚上上百次地回答同一个问题，那就太消耗我的精力了，因为，我还要努力地做到笑容可掬、认真友好地对待每一个向我提问的人。当然，如果活动中有很多运动员参加，那情况就不同了。我可以与其他运动员聊聊天，了解其他运动项目的现状，能很快找到属于自己的平台。”

作为餐前饮食，蒂姆点了饺子——中国式的汤饺，还要了一壶茉莉花茶。由于蒂姆说的是中文，作为答谢，女服务员报以开心的微笑。

“你的汉语水平还不错嘛！你是什么时候开始学习汉语的？”我问他。

“是从 2010 年年底开始的。很长时间我都没有那种所谓‘有所失落’的感觉，即除了乒乓球外，其他事情干得很少，特别是那些我热衷干的事——如自己动手在家里干点技术性的活儿，看看电影什么的。”

“你没有参加过自己感兴趣的教育培训，也没有学过一个令你好奇的专业，难道在这方面你就没有感觉到有所失落吗？”

“应该说，我一直都没有这种失落感。但最近我有了需求，想干点乒乓球以外的事了，这事也还得与我的未来目标联系在一起。学习汉语就是我未来目标的需要，它现在是我接受教育培训的一种方式。”

“在汉语学习中，你喜欢什么呢？”

“汉语和汉字我觉得都十分有趣。学习汉字也是课程之一，孔子学院是不教拼音文字的。我的汉语老师是一位女士，对乒乓球运动了解得不多，她对我说，当她告诉在中国的父母亲，自己是蒂姆·波尔的汉语老师时，他们都难以置信。她的父母亲认为，能给我上课，对他们女儿来说是一种莫大的荣耀。”

“你的汉语学习进行得如何？我又该如何想象你的学习生活？”

“学习汉语确实很有意思。我很幸运的是，我经常能听到汉语，因此也大致知道一些，这个词应该怎么发音，什么是这种音调式语言中绝对需要的。如果我正好没有比赛或其他要履行的职责，我在杜塞尔多夫一个星期会上五次课，每次课三到四个小时。一个星期约二十个小时。”

“看来，你对中国还确实是当真了。那现在得给我讲一讲，中国对你的意义之所在了。”我提出了要求。

刚开始接触中国时，我需要一定的时间去适应，逐渐适应在那里的生活，包括中国人、中国饮食以及所有冲着我涌过来的感觉和印象。现在我可以这样说：我已经真正地爱上中国了，中国已经成了我的中国。

如果问我到底喜欢什么。

首先，我特别喜欢的是中国人的热情好客，喜欢他们这种发自内心的情感。如果有一位中国运动员到德国去打球，参加德国的甲级联赛，那他就会像被丢在了冷水里一样。当然，有时候也会有俱乐部的人去看看他，问问他，但基本上他都得自己管理自己。但外国运动员在中国就不同，我自己就有切身体会。

2005 年，我第一次参加中国乒乓球超级联赛，更确切地说，只是想尝试一下，想看看中超是怎么运作的。我为广东宝玛仕乒乓球俱乐部一共打了三场球。因为中国的乒超联赛在我们德甲的夏季停赛间歇期间举行，完全不会影响我接下来在德甲赛季正常地为我的俱乐部继续比赛，相当于在中国客串了一把。

2006 年，我在中国逗留了两个月。我相信，还没有一位欧洲球员在中国乒超联赛上打过这么长的时间。但是，至少我要待这么长时间，只有这样才能更好地了解自己，看看大强度的中国训练对我产生的效果。打中超联赛很少是为了钱，而是想找到一个有一支好的训练球队的俱乐部。在此之前，我也听说过几个不太靠谱的中国乒超俱乐部的历史，这些俱乐部的球员们，一个星期会有五个晚上在外面玩乐、狂欢。通过我们在德国的中国教练刘李乒，我找到了在杭州的一家俱乐部——浙江海宁鸿翔俱乐部。

蒂姆正在讲述中国人好客这个话题的时候，餐馆女服务员走了过来，为我们端来了热乎乎的毛巾盘，并用夹钳将毛巾递到我们手上。

在杭州，我有一位“贴身管家”，只要我有需求，他随叫随到。他照顾我的一切，安排我的所有活动。球队的队员们也总是尽量多地与我进行交流，感觉他们对我的照顾非常周到。在浙江海宁鸿翔俱乐部一同效力的队友还有李平[1]、谭瑞午、李虎[2]。在外地比赛每次就餐时，他们都会问我想吃什么，是否还应该为我点这、点那。他们确实为我做了所有，使我感受到了热情和舒适。在那里，他们对我表示出来的尊重，大大地超过了一个中国球员在德国打球所能得到的尊重。

可能有人会说：你说得好听，你的球打得好，他们当然会对你友好啦。这话也不对，这是一个心态问题、性情问题。即便在我的球打得不好的时候，我还是能感觉到他们的这种心态和性情。有人可能会这样想，我一定有很大的压力：既然是欧洲最好的选手来中国打球，

1 李平，中国乒乓球运动员，1997 年进入天津队，后进入国家队。2009 年横滨世乒赛，李平与曹臻合作，获得混合双打冠军。2014 年，李平从国家队退役。2015 年，他开始代表卡塔尔队出赛。

2 李虎，中国乒乓球运动员。2002 年入选中国国家队，2003 年摘得世界青年锦标赛男团和男单桂冠，并在 2004 年国际乒联青年巡回赛总决赛中摘得男团及男单冠军。2010 年转投新加坡国家队，2012 年和 2013 年，李虎与高宁合作连续两届夺得国际乒联职业巡回赛总决赛男双冠军。

就有为俱乐部赢球的义务，不然，你来这里干吗呢？其实也不是这样。我的中国队友、教练和领导，在我发挥得不理想时仍然对我说：不要紧，你不要有压力，只要努力打出自己的水平就行了。

热气腾腾的餐前饮食已经端到了桌上，蒂姆在我的盘子里倒上了一“池塘”的酱油，饺子要在“池塘”里“洗过澡”，味道才会更好。他用筷子夹上一个饺子开始吃了起来，边吃还边啧啧称赞：“太美味了！饺子也是我很喜欢吃的一种中国美食！”

如果是煎饺，下部会有一层栗色的、油煎过的硬表皮，这样，咬起来味道更加浓烈，比只是蒸出来的蒸饺要好吃一些。饺子皮里包着丰盛的饺子馅，饺子馅由猪肉、大葱组合而成，厨师还不吝啬地加了不少大蒜。蒂姆很快吃完了三个饺子。

“大口大口地吃饺子太对我的胃口了，我甚至可以早、中、晚三餐都吃饺子。总而言之，我喜欢中国的饮食，即便是早餐也可以吃味道很重的炒面条。”他兴奋地看着我说道。

“Hao chi（好吃）！”面对服务员征询的目光，蒂姆用汉语作了回答。

朴实的、入乡随俗的餐前饮食，其味道当然也都通过茶水得到了些许中和。就喝而言，蒂姆又给我讲了一些他在中国乒超联赛中经历的趣事。

有一种十分滑稽的现象，我都觉得好笑，等级在中国扮演的角色比在德国重要多了，这种等级观还是从孔夫子那里继承下来的。孩子从属于父母，年轻人从属于老年人，学生从属于老师，运动员从属于教练员……这个从属原则当然有它积极的一面，但我还是认为，运动员的从属只能是在教练员的权威被表明是正确的时候。

当时，我效力的杭州俱乐部球队突然处在了降级的边缘，俱乐部领导采取了在我们德国足球联赛上才有可能采取的措施：在赛季

一下子成了队友：蒂姆与马琳有过多次交锋，2011 年夏季，他俩在中超联赛上共同效力于浙商银行俱乐部球队

“波尔，加油！”：蒂姆的签名卡如此之大

在中国成为关注的焦点：有无数的问题等待着蒂姆回答，中国人对他的新奇感没有止境

赛间还有象征幸运的吉祥物

外籍"中国人"：蒂姆是参加中国超级联赛的第一个欧洲人，2011年他第三次与中国乒乓球俱乐部签下合同

进行期间临时解雇教练。而新教练，在我看来，就是一位只会在队员面前表现权力、爱耍威风的人。对待我这位外来客，他也是一视同仁。

一次比赛局间休息，我走到他的面前，听取他的指点。当时，球馆特别热，我的汗水正如流水一般地往下直淌，也渐渐地感到口渴。"Water please（请拿水来）！"我叫我的那位"贴身管家"，他也同时担任着现场的翻译。可这位教练却突然转向他，大声咆哮起来，并用手指着他的耳朵。那意思肯定是：要注意听，不准喝水！"贴身管家"不得不站住了。在这个赛局的休息期间，我没有喝到一口水，只得口干舌燥地打完这一回合。这位教练搞得完全是老一套，开始我还有点儿发怵，直到后来我才发觉，队友们完全不把他当回事儿。

现在还不算晚，刚过六点半，餐馆的食客也越来越多了。客人们特别喜欢那种带旋转玻璃台板的大圆桌，不同的菜肴搁在玻璃台板上慢慢地旋转，在每一位食客的面前经过。

在2006年代表浙江海宁鸿翔俱乐部参加中国乒超联赛的两个月里，我还认识了一些完全另类的事物，如我们俱乐部会将很多主场比赛权卖掉。这样一来，主场比赛就不在杭州举行，而是改在外地，比如，在购买了我们主场比赛权的公司或赞助商所在地。这在中国很普遍，通过这种方式，整个国家都有可能看到最高水平的乒乓球赛事。

在前往比赛所在地的途中，我又一次感受到，中国人是多么热爱乒乓球。在汽车上、火车上、飞机上，甚至在吃饭的时候，教练员和运动员们几乎整个时间都在讨论乒乓球。从我能听懂的“乒乓球专业汉语”的只言片语中，或者从他们口中说出来的球员名字中，我知道，他们肯定不是在聊其他的内容。

尽管如此，这种旅行对我来说还是非常紧张的，因为我们往往要到很偏远的地方去，比如去内蒙古一个偏远城市。首先是杭州到北京的两个小时飞机行程，在北京机场坐上一个小时车去北京火车站，其间在街边后院一个汤菜馆里吃饭，以丰富在火车站长达四个小时无所事事的等候时间，然后再乘十三个小时的夜间火车。火车上四个人一个包厢，或运动员或教练员，教练员晚上睡觉可是鼾声如雷。

当我坐在火车上时不时向窗外瞧的时候，那感觉就像置身于电影《指环王》的情节里，外面是一望无际、辽阔且风景单调的大地。

到达目的地后，从火车站向球馆出发，一公里长的街道上都有警察护送，每一个十字路口的交通都被管控起来了。到达球馆，当地人盛宴款待我们，递上来的首先是白酒，出于礼貌，我也得抿上一小口。

蒂姆所在的中国球队：杭州浙商乒乓球俱乐部队员肖像，中超联赛会吸引数千名观众。有时候俱乐部会出卖自己的主场比赛权，转战外地，如内蒙古。每一场比赛都是一个重大的媒体事件，队员肖像后面是作为赞助商的大型企业

在第二故乡相遇：蒂姆与王皓在中超联赛上相遇。穿上红黄球衣，蒂姆根本就看不出是一个外国人

白酒的味太冲、太刺激，“en Klare！[1]”，我们黑森州人会这样说。

有五千名观众来球馆观看这场比赛，球馆里热浪滚滚，连台空调都没有。在这场与一位陌生中国对手的比赛中，我一生中第一次有了被观众喝倒彩的经历。这位对手的发球完全违规，我几乎都要绝望了。球向我螺旋般地飞转过来，我无法判断来球的旋转方向，只能碰运气地接球，要么接球下网，要么飞出一米多高。我当时压力确实挺大的，一方面按比赛计划我必须赢下这场球，另一方面，在外地打球，面对的不是主场观众，气氛也完全不同。但不管怎样，我有一种被对方欺骗的感觉。我们的教练也要求我向裁判申诉。作为抗议，我将对手发过来的球直接向观众看台打了过去，我已经完全厌烦了，观众也因此第一次向我喝起了倒彩。不过，看来观众的反应给我的对手带来的压力更大，尽管他继续在违反规则地发球，但也出现了很多简单的失误，第五局 11 ： 9，我还是赢得了最后的胜利。

烤鸭推过来了，场面显得十分隆重：戴着白色高帽的厨师推着车，厨师的眼睛一直没有离开那只闪耀着红褐色光彩的烤全鸭，两只鸭脚像两根向上伸着的天线。接下来，表演开始：厨师手拿一把大刀，首先在鸭的胸口剖开了一条长长的口子，然后灵巧地将鸭皮切成一小块一小块的，再将这小块小块的鸭皮放到铺满一层的玉兰片上。接下来，开始分割鸭胸脯肉。厨师手上的刀像自己在飞动滑行一般，一来一回，动作熟练而且优雅。

“就像我们打乒乓球，看上去厨师的动作很简单，但简单的动作要完成好，一方面依赖好的食材，另一方面也得经过大量严格的训练。”蒂姆说出了他的感觉。

这时，另一位女服务员又端上来其他配料，这样，一只鸭子就变成真正的

1　德国黑森州方言，原意为“清澈”，当地人称烈性酒为“清澈”的酒。

可以入口的“北京烤鸭”了：一个木头容器，上面放有纸一样薄的薄片饼。一盘葱丝，一盘黄瓜条和一碗颜色呈褐色的、稠稠的甜面酱。女服务员热情地给我们解释每一种配料，请我们品尝。

蒂姆用手中的筷子高高地举起一块鸭皮，从下往上看着鸭皮的下部，满意的眼光似乎在表达：瞧！这里厨师的烹调手艺真是精良！

“鸭皮上没有脂肪！”他说。

在烹调中，厨师用了很长时间，直到脂肪被煎烤出来，剩下的就只是松脆的鸭皮和无脂肪的鸭肉了。

“有时候鸭肉中还会剩有很多脂肪，但最好的烤鸭鸭皮是不肥厚的。”边说蒂姆边拿起一块薄片饼放到自己的盘子里，浇上一满汤匙的甜面酱，又取过一块鸭皮以及黄瓜条和葱丝，然后将它们卷在了一起，美美地咬上了一口。他知道，作为吃烤鸭的行家，他的眼光是信得过的：“太鲜嫩了！”

稠稠的褐色甜面酱赋予了烤鸭别具一格的特色。要评价甜面酱的口味的话，它就像是将糖、酱油、蒜以及各种各样的调料都调拌在一起做出来的。一匙甜面酱就是一匙异国风味。

2008 年北京奥运会期间，北京烤鸭几乎成了蒂姆的一道基本营养餐。

“在奥运村，烤架上转动的烤鸭就像是中国式的 Döner——土耳其旋转烤肉。”

为了对付经常想吃烤鸭的欲望，蒂姆还定期去他寻摸到的杜塞尔多夫市一家能做正宗北京烤鸭的餐馆。在那里，蒂姆也碰到了许多渴望在这里品尝家乡口味的中国人。

餐馆里邻桌传来一阵笑声，那是围坐圆桌的一群人，看样子是商务人士，风度高雅的着装表明了他们的身份，同桌的还有几位女士。圆桌上的玻璃转盘一刻也没有停下来过，食客们从不同的方向夹取蔬菜、鸭肉和鱼。

“这种吃法很合我意，一张大桌子，每个人都点菜，一起享用，不限于吃自己盘中的菜，我很欣赏这种合群的生活方式。”

“难道这与你内向、羞怯的性格不相矛盾吗？”我问道。

他摇摇头，又说了下去：

如果我与一个友好的球队外出，就会感到很受尊重、很享受，就会摆脱我那羞怯的性格。与很多人围坐在一起吃饭，我在中国就能很成功地做到这一点。每一次来中国我都会感觉到，为了善待自己的客人，中国人是多么诚心诚意、尽心尽力。

经常有这种大的宴会，按照惯例，先是主人长篇大论的开场白，然后进入特殊的仪式：频频举杯庆贺。中国运动员当中很多人能喝酒，还热衷斗酒，这已经不是什么秘密了，教练员也在一起喝。一旦席间情绪高涨、热火朝天，大家就会一起举杯。运动员举杯走到教练员身边，感谢教练员的培养，接着教练员又会举杯走到经理身边，经理又会举杯走到赞助商的身边。大家相互举杯祝贺，然后一饮而尽。开始是红酒、啤酒，接下来就是白酒。自己要喝时，先向你举杯，邀你共饮。一杯接着一杯，很多人在席间就已经醉得不省人事了，有的人还不得不撤到卫生间去。中国人喝酒的节奏相当紧凑，还经常玩些喝酒的游戏，如掷骰子，谁输了，谁就得将杯中的酒喝完。这样海喝，可不像我们在德国那么闲适惬意，根据心情一口一口慢慢地品尝。我喜欢旁观中国朋友喝酒的场面，十分火爆而且有趣。

不管怎样，蒂姆正在逐渐成为一位热心推崇中国生活方式的民间大使，对中国，他已经形成了自己的看法。这是他与中国人交往后铭刻在心的一种看法，更是一种非政治性的看法。

当中国在德国体育界成为一个大的辩论主题时，他也觉得没有必要一定要表明自己的态度。

戴上面罩：与德国击剑运动员、北京奥运会击剑冠军、熟悉中国的布丽塔·海德曼女士交换各自的运动器械

早在北京奥运会之前，德国体育界就爆发了一场大的政治辩论：你是怎么看待中国的？这可是一个十分敏感、棘手的问题。

两个针锋相对的观点在德国击剑运动员布丽塔·海德曼（Britta Heidemann）[1]女士和伊姆克·杜普莉策（Imke Duplitzer）[2]女士之间展开。布丽塔·海德曼女士在中国完成了研究中国区域科学的学业和实习，她的观点是：北京奥运会能够帮助中国进一步开放和发展，在宣传上进行抗议示威只会起到相反的作用。伊姆克·杜普莉策女士则站在另一边，她的观点是，要求公开讨论人权问题，要抵制北京奥运会开幕式。

在这个问题上，蒂姆引人注目地选择了克制。这种克制，对一个除海德曼女士外比几乎所有其他德国奥运代表团成员都更了解中国的运动员来说，无论如何都是引人注目的。

“人们完全会这样认为，我的内心是向着中国的。”蒂姆说。

“那么，你对北京奥运会开幕式有何体验呢？”我问他，并对他简述了我个人的感受：“我当时作为记者坐在国家体育场的第二排，觉得开幕式开场数百人参加的击鼓表演，令人不适。”

“有时候是我们反应过度了。”蒂姆在反驳我的观点。

---

1 布丽塔·海德曼，德国女子击剑运动员，中文名小月。2004 年雅典奥运会上获得女子重剑团体银牌，2008 年北京奥运会上获得女子重剑个人金牌，是欧洲、奥运会和世界击剑冠军，也是世界上第一个同时获得三项头衔的击剑选手。布丽塔·海德曼拥有汉学学位，普通话很流利，并且经常作为政治、经济和文化代表团的成员来中国，视中国为第二故乡。2011 年，她被选为“中欧青少年交流年”的特别大使。

2 伊姆克·杜普莉策，德国女子击剑运动员。多次获得世界杯赛女子个人重剑的冠军和团体奖牌。曾获 2004 年雅典奥运会团体银牌，2008 年北京奥运会女子重剑个人第五名。

当然，击鼓表演的声音很大，令人感到喧闹和压力。但在中国，只要是大的庆祝活动，经常会有击鼓表演。我不知道击鼓是不是隐含着其他文化寓意，但不管怎样，给人的印象是深刻难忘的，产生的应该是一种震撼的感觉。这个开幕式在世界上没有其他国家能够完成，如此严明的纪律，如此众多的团队。我宁可相信，中国人的目的是要向全世界彰显：他们的开幕式表演是无与伦比的！北京奥运会开幕式给我留下了很好的印象，相比之下，悉尼奥运会和雅典奥运会的开幕式就没有多大意思了。

中国内部各大城市的竞争也十分激烈，互相之间都在赶超。例如，北京举办了奥运会，上海就举办了2010年的世博会。

关于奥运会，并没有世界范围内的大讨论，我相信，这在当时只是一个非同寻常的德国现象而已。德国人正好在责备人、批评人方面很认真。中国是存在一些值得批评的地方，但很多德国人却看不到中国已经取得的进步和发展。我觉得德国政府的一些做法也不完全是真诚的，尽管在帮助别的国家，但大多还只是出于德国自己的利益。他们与中国进行批评性对话的程度，也只是以不危及两国间经济合作为前提。

蒂姆不希望被双方对立的观点所伤。事实上，无数的中国人完全不带政治倾向地为奥运会的成功举办而感到自豪。

在过去的几年里，我深深地感到，中国发生了很大的改变。今天的中国人有更多的可能摆脱贫困，很多人的生活水平大大提高。我第一次到中国时，酒店的每个走廊上都坐着两个服务员，就这样坐在那里，干等着，等着工作来找他们。现在，很多人都可以自己决定自己的路，多劳者就可以多得。

我知道，中国还有很多不尽如人意的地方。举一个例子：有一次，一辆运狗的车从我身边驶过，车上的狗是如此拥挤地站在一起，狗头被挤压得不得不歪在一边。作为一个热爱动物的人，这个镜头在我眼前多少天都挥之不去，我也不愿意向我的夫人讲起这次路遇。

但我坚信，中国的形势一定会越来越好。

有一个事件令蒂姆十分感慨：访问中国四川省成都市。

2008 年，一场突如其来的大地震夺去了这个省近七万人的生命。一年之后，蒂姆随同中国乒乓球协会代表团访问了地震灾区。

我在成都的所见所闻可以说是我一生中最为沉重的一段经历。

我们分坐两辆大巴前往，一辆车上是运动员，国家队主教练和国

一场有意义的比赛：2009 年，蒂姆与中国乒乓球队一道访问了中国四川地震灾区。同行的还有多次获得世界冠军的中国运动员王励勤（后排左一）

梁也坐在这辆车上，另一辆车上则是随行的记者和摄影、摄像团队。巴士车颠簸行驶在应急修建的简易公路和卵石路上，这条通往灾区的公路是几个星期前临时开辟出来的。第一批抵达灾区的人，如中国时任总理温家宝，都是用直升机送过去的。

很多城区都被泥土掩埋，从立在地上的断壁残垣人们能够看出，这里曾经是一栋高层楼房，但现在只能看到两层。到处都是废墟，所有建筑都毁坏了，没有什么还能保持原样。我第一次感到了震惊。在当地，我们默哀一分钟。这是一种佛教式的祈祷仪式，人人都怀着深切的悲痛。

在成都，我们打了一场表演赛，横拍与直拍对阵。中国乒协经常举办这种表演活动，他们知道，这是国家队应尽的义务。我们还访问了一所学校，学校的孩子们都是地震中幸存的遗孤。尽管经历了可怕

扶着一位外国人的手臂：尽管在地震灾害中失去了亲人，失去了家园，但灾区儿童表现出来的亲近和信心给蒂姆留下了深刻的印象。右边站立着的是中国乒乓球队主教练刘国梁先生

的地震，但他们的脸上仍然挂着天真的笑容。从他们的笑脸上我读到了：一切都过去了，生活还在继续。我们见到了约两百个孩子，孩子们十分亲切可爱，我们手拉着手。孩子们拉着我的手，就好像在寻找一点点温暖。

对我来说，这是一段刻骨铭心的经历。在我们给孩子们带来欢乐和友情的那一刻，我深深地感觉到，随同中国乒乓球队的这一灾区之行是十分值得的。

餐馆里，第二道鸭菜开始上桌了，这是我们吃的烤鸭剩下的部分，用各种色彩的蔬菜烩在了一起。有时候厨师还会用鸭的内脏做成鸭汤，好在这道汤菜我们特意回避了。服务员端来一小碗米饭，放在了餐桌的一角，倒像是一个只为填饱肚子没有什么食用特色的副餐。

中国的米饭也像中国的乒乓球和自行车一样富有神奇色彩。

数十年前，中国对外面的世界还不是那么感兴趣，外面的世界对中国也感觉陌生，也因此产生了很多传奇和奥秘。奥秘可以说是当时中国的一个特别出口产品类别。同样，蒂姆与中国之间也有一份“不可告人”的奥秘。

在北京的国家乒乓球训练中心，有专事模仿蒂姆技术的运动员，以帮助国家队队员备战，迎战这位欧洲最强大的竞争对手，可称之为真正的“蒂姆替身”。蒂姆不允许在北京训练，以防止中国乒乓球训练的奥秘泄露。在北京的训练馆里悬挂着蒂姆的多幅照片，像早期美国西部地区“被通缉者”的布告。

这样做到底意味着什么呢？

“他们是怎样模仿我的技术的？在 2011 年卡塔尔举办的国际乒乓球公开赛上，我算是见识到了。”蒂姆热情地为我们斟上茶后，接着说道。

半决赛时，我与张继科相遇，为此，我先去训练馆做热身训练，而旁边的球台上，许昕[1]与张继科[2]也正在热身练球。许昕本来是直拍选手，但现在却横握球拍，采用完全与我一样的打法：我的发球、我的反手弧圈球，也像我那样直着脊背、撅着屁股，尽可能地模仿我的所有动作。由于场景滑稽，我马上笑了出来，他们两人也对着我笑了起来，看起来，他们模仿得十分开心。

很可能，他们在训练中也是这样，肯定还会更认真一些。他们会将陈玘[3]、郝帅[4]以及其他左手握拍的运动员叫过来，模仿我的发球和反手拉球。如果张继科觉得对我的发球还吃不准，陈玘就有可能去模仿我的发球，陪张继科练上一个小时的接发球。

我也听说过有一份所谓“黑名单”，我的名字应该也在上面。只要是上了“黑名单”的人，就不允许在北京国家乒乓球训练中心练球。有一次，我还真突破了他们的这条戒律。

那是2006年我在中国打乒超联赛期间。当时，我所在的球队必须赶到北京的一所大学球队去。其间突然出现的一幕是，我们的车要进入中国国家训练中心。其他运动员在车上提醒我，赶快低下头来，不要被门口的保安人员看见。我当时还弄不明白，以为他们在开玩笑。

---

1 许昕，中国乒乓球运动员。世乒赛男双冠军，国际乒联职业巡回赛总决赛男单冠军，也是第二位卫冕总决赛男单冠军的选手。2013年，获世界杯男单冠军。2015年，获苏州世乒赛混双、男双冠军。2016年，获得里约奥运会乒乓球男团冠军。2017年5月，获杜塞尔多夫世乒赛男双冠军及男单季军。

2 张继科，中国乒乓球运动员，世界冠军，奥运冠军。2009年，在世界杯团体赛上获得首个世界冠军，2011年获得鹿特丹世乒赛男单冠军。获得2012年世界乒乓球团体锦标赛冠军，八月，获伦敦奥运会男子单打冠军，实现了世锦赛、世界杯、奥运会三项个人冠军的大满贯。2013年巴黎世乒赛男单冠军，2014年德国乒乓球世界杯男单冠军。2016年里约热内卢奥运会上获得男子单打亚军和团体冠军。

3 陈玘，中国乒乓球运动员。2003年韩国乒乓球公开赛男单亚军、男双冠军。2004年雅典奥运会男双冠军。2006年斯洛文尼亚乒乓球公开赛男单亚军。2013年11月，陈玘正式出任江苏乒乓球男队主教练。

4 郝帅，中国乒乓球运动员。2007年克罗地亚公开赛男单冠军，2008年中国乒乓球公开赛男单冠军，2009年国际乒联首站巡回赛斯洛文尼亚站男单冠军，2010年团体世界杯冠军。2012年中国苏州公开赛，郝帅战胜萨姆索诺夫、波尔、许昕和王励勤，获得该赛季首个男单冠军。

但不管是真是假，反正，我们的车子顺利经过了有士兵看守的门卫，进入了训练中心大楼里的男队训练馆，并且进行了训练。不过在那里，我没有看到我的照片。

在中国进餐也不是完全没有饭后点心或水果的。作为北京烤鸭完整套餐的享受，服务员又端上来我们开始吃的那种小的面食饺子。现在端上来的是一种煎饺，里面包着甜酱。

“怎么样？”蒂姆高高地挑起眉头问我，急切地期待着我是否也在分享他对餐后可口甜点的一份醉心和痴迷。

“确实好吃，你并没有言过其实。”我赶快证实。

毋庸置疑，坐在我对面的是一个在饮食上很讲究的人，美味佳肴是蒂姆的一大爱好。

“但我必须相当严格地控制自己的饮食，保证自己作为一名真正的专业运动员的生活方式。”蒂姆说。

蒂姆的爷爷奶奶在奥登瓦尔德有一个面包甜饼店，蒂姆很喜欢吃那里的蛋糕，特别是覆盖了一层果脯的苹果蛋糕。

对蒂姆来说，一个完美的星期六下午是：留在霍赫斯特自己的家中，摆上一块苹果蛋糕和一杯咖啡，与妻子一起在电视机前看他钟爱的波鲁西亚多特蒙德足球队赢得胜利。这是一种十分知足的幸福。

对此，他的朋友克里斯蒂安·吕里格说：“中国围绕着他个人的那些热闹风光场面更使他认识到了德国宁静生活的价值。虽然在中国，五花八门的各类印象能让他兴奋不已，但他最心仪的地方，还是再次回到奥登瓦尔德自己的家中。”

在他的家里，蒂姆建了一个小小的家庭影院，有像模像样的影院座椅和一个大银幕。

看电影是他的一大爱好。他最喜欢的三部影片是：《指环王》《阿凡达》《肖申克的救赎》。站在家中客厅向外看，是视野开阔的霍赫斯特乡村和周围连绵起伏的山丘。

“我完全不需要出去度假，这里就有足够新鲜的森林空气。”蒂姆说，“我其实是一个相当忠诚稳定的人。”

这并不是蒂姆的个人标榜，从他生活的中心点乒乓球事业以及他个人的家庭生活来看都可以作如是说。

谈到家庭生活，人们尽可以在乒乓球圈子里做一个小小的问卷调查，在蒂姆与他妻子相识的过程中，到底是谁主动？是胆怯害羞的蒂姆，还是罗德莉娅？大多数人肯定都会猜错。

“是我主动，确实如此！”蒂姆十分肯定地对我说，像在大型比赛中获胜后那样赞许地点了点头。

在哥内尔乒乓球俱乐部打球时，我经常会在比赛前去理个发。在理发店里，我见到了德莉，那是1999年。那个时候，她还是一个才工作一年的理发店学徒工，我当时十八岁。她来自菲律宾，充满异国情调的外貌深深地吸引了我。她浑身散发出一股可爱的魅力，十分自然。对我来说挺合适的是，她与乒乓球没有半点儿瓜葛。所以，我们俩相识的过程是很正常的，我的乒乓球职业完全没有为我加分。当然，要想博得德莉的芳心也不是一件容易的事，对我还是一个不小的挑战。可以这样说，如果我不主动，这桩美事就不可能成，我当时确实冒着风险。

在理发店邂逅罗德莉娅后，蒂姆马上就告诉了朋友克里斯蒂安·吕里格，说他在理发店里认识了一位女孩，很想经常见到她。吕里格建议他说，经常去理发就是了。可是，与蒂姆想经常见到德莉的心情相比，他头发生长的速度可是太慢太慢了。

在理发店里我问德莉，是否愿意晚上与我们一道出去。我的邀请当然是间接的，因为理发店里还有其他几个女孩，直接问她，会显得十分唐突和无礼。因此，我更多地像是在问理发店里所有的女孩子。

我们约好，理发店的女孩子们和我们乒乓球队的男孩子们，一起去跳舞。我喝了点儿酒壮了壮胆，然后开始向德莉发起小小的进攻。直到我们真正在一起，又经过了差不多半年的时间。开始，我们只是经常一起出去吃吃饭。我当然希望这一层关系能更进一步。因此，2000 年，我主动邀请她到不来梅观看欧洲乒乓球锦标赛。

去不来梅之前，我又去理发店问了她："你来吗？"

可就在我与扬·奥维·瓦尔德内尔比赛的时候，德莉真的来到了赛场。可以说，在这次比赛过后，我俩才真正牵手走到了一起。

之后，他们俩的恋爱关系才得以确定并正式发展起来。

年轻的波尔：蒂姆与妻子罗德莉娅。他们于 1999 年相识，2003 年喜结良缘

关于怪僻的体育运动项目乒乓球，约尔格·阿道夫（Jörg Adolph）拍摄了一部富有温情的获奖文献纪录片：《小、快、控制之外》。这部纪录片中有这样一个镜头：德莉将比赛后的蒂姆从赛场上接到身边，安慰他，照顾他。当时的蒂姆确实需要鼓励，他以 2 ∶ 3 的比分输了球，在第三轮就结束了全部比赛。比赛中，蒂姆不在状态，缺乏斗志

昂扬的表现。

“我一个球都打不上去。”蒂姆当时说。

不过，如果它属于蒂姆爱情故事中的一个浪漫片段的话，他今天又会怎样去看这场球呢？

如果有人问罗德莉娅，你们之间的关系是怎样开始的，她会笑着回答：“正是如此，就像蒂姆说的那样，他没有乱说。”

如果有人问她，你喜欢蒂姆的什么，她会说：“我觉得他很好，很能干，非常真诚可信，从不伪装。尽管他出了名，但还是那么讲礼貌，那么亲切友好，从来不会高傲自大。”

不过，说德莉与乒乓球毫不相干也不全对，德莉说：“我们学校也举行过一场乒乓球比赛，我参加了并取得了胜利，还捧回了一座奖杯，今天我仍保存着它。”

对蒂姆来说，建立起与罗德莉娅的关系是顺理成章的事。这是他第一次在自己不熟悉的世界里，在他的家庭、学校和乒乓球领域之外独自付诸行动，其态度自始至终也与他在其他领域的表现完全一样：非常专注。

还有一件事我想弄明白，于是又问蒂姆：“你的发型曾发生过一次变化，染成了淡黄色，这是德莉的主意吗？”

“我的头发曾染过一次淡黄色，还有一次金色，有时候还特意做成一绺一绺的。但是，这种发型试验，德莉不再赞成。我已经尽情地享受过了发型上的变化，不再会有做那种夸张、古怪发型的愿望了。”

2002 年，蒂姆与罗德莉娅搬进了霍赫斯特他们共同的公寓，但是积极主动地将彼此之间的婚姻关系固定下来，蒂姆当时还是没有做到。

“有一次，我用银箔纸做了一个指环。”德莉说，她将这个指环作为赞成深化他们之间关系的一个象征。

他们俩在马尔代夫旅游时登记结婚，自 2003 年 12 月 31 日起，正式结为夫妻。

我认为，德莉会永远忠诚于我。她经常告诉我她的一些想法，对我的乒乓球事业也很有帮助。有时候我会担心错过什么，如果我放弃了一些训练或比赛的话。在一个小小的伤病之后，我有时候会太快地重新投入训练。每当这个时候，德莉总会告诫我："你还需要休息，不要练得太多。"她是在保护我，以避免更大的伤病。

当然，对她来说也并不容易，因为我经常旅行在外。以前，她经常与我同行，自从我们养了一条狗和一只猫后，她会更多地待在家里。当然，还有另外一个问题，德莉很害怕坐飞机，不仅仅自己怕坐飞机，还担心我坐飞机。所以，每一次飞机起飞前和降落后，包括在转机期间，我都会给她打电话报平安，哪怕是在德国的深夜时分。对她来说，这个电话是特别重要的。

2006年，我要去中国参加乒乓球超级联赛。由于我不希望两个人有两个月时间的分离，于是她与我在中国一起住了三个星期。回去的时候，考虑到她一人坐飞机时的心理障碍，我又与她同机飞回德国，然后再坐下一个航班返回中国。

蒂姆平静地、耐心地说着德莉不能坐飞机这一事实，平淡的口气就像在说有人不能吃苹果酱一样。

"这对我来说，不是什么负担，我很愿意照顾她。"蒂姆说。

衣冠楚楚：蒂姆与夫人罗德莉娅一起在德国"年度体育人物评选会"盛会上。2005年至2010年间，蒂姆两次获得第三名，连续三次获得第二名

我们吃了不少，桌子上所剩无几，蒂姆还让服务员将两个没吃完的甜煎饺包好，说："留在这

里太可惜了！”

是在德国餐馆，还是在中国餐馆？从他的行为举止中完全看不出有什么大的区别。蒂姆的汉语水平应付餐馆里点菜、问候之类的对话已经足够了，诸如对厨房里的工作人员说声“好吃！”，离开时说声“再见！”，也完全没有问题。

“在中国，只有一次真正意义上的、语言上的误解，即我要的是一杯冷牛奶，送上来的却是一杯白开水。”蒂姆诙谐地补充了一句。

离开餐馆，再次经过水流潺潺的喷水池，三个服务员并排地背着手站在门边，齐声对我们叫道：“再见！”一声、两声，直到我们身后的大门关上。

我们又站在大街上了，招招手招呼着出租车。

“太完美了！”蒂姆在出租车里热情洋溢地赞美着刚刚吃过的晚餐，“我真的非常喜欢吃，只是要注意，不要因此而发胖。”

他表现得如此知足，像在讲述他在德国家乡霍赫斯特的生活，讲述看过的一场电影或者是一次惬意的散步。中国如此强烈地唤起了他的雄心和志气，拓宽了他的视野：尝试未曾尝试过的佳肴，与陌生人交谈，学习陌生的语言和书写那晦涩难认的象形文字。

在中国，蒂姆·波尔尽情地享受着、满足着他的好奇。

第五章

欧亚对抗赛

获胜，但不是不惜一切代价

第二天下午，即将到达比赛场馆时，我们见到了几幅自豪且生硬地悬挂在街头的大型广告宣传画，画面上是今晚和明晚欧亚全明星乒乓球对抗赛的十位主角。广告画的制作者有一个小小的疏忽，将蒂姆反手拉弧圈的球拍放到了右手上。大概中国人相信，蒂姆右手握球拍也一样会打得十分出色吧。

欧亚全明星对抗赛的第一天，两大洲都派出了自己最优秀的乒乓球选手。由于一个国家只允许派一位选手，故只有一位中国选手参赛，不然的话，欧洲队根本就没有赢的机会。自 2009 年举办这项赛事以来，蒂姆每次都参加了，尽管这是一个与世界排名积分没有半点儿关系的比赛。

“与亚洲选手的较量对我来说都很有价值，每一次比赛的收获比起平时训练多个单元都要大得多。”蒂姆说。

欧亚全明星对抗赛的主办方选择了一个紧凑的、漂亮的比赛场地，整个球馆里只放上一张球台，球台的上方是一个由聚光灯组成的光环，像一个拳击台。确实也是，一场激烈的决斗就要在这里举行。三个观众看台呈三面环绕着球台，敞开的一面是主席台。

当蒂姆走进体育馆，马上就有“盯梢者”跟了上来——这是一个录制小组。他们与蒂姆同步前进，端着相机，一会儿在前，一会儿在后，又是蹲下，又是站立，匆匆忙忙，拍个不停。

“中国希望能更多地了解你。”我对蒂姆说。

“这里的情形还算好的，”蒂姆说，“2005 年，我与克里斯蒂安·吕里格一起来中国的时候，中国中央电视台的一位工作人员还给了他一台小型摄像机，交给他一个任务：摄像，尽可能地拍，最好是拍下波尔平时的生活，如在酒店房间里、在途中或在吃饭的时候。克里斯蒂安也拍了一些，但都只是一些英语对话的镜头。一如既往，只要是刻意按指令要求行事，如面对镜头，我的动作就会显得笨拙、不自然。”

北京的体育馆里，摄像机现在对准了蒂姆的脚，他正在作赛前准备——穿鞋。

“这鞋相当奢侈！”蒂姆边穿边说。

他的鞋子有适合他个人特点的个性化鞋底，厂家根据他脚的压力专门设计了一个减震层和一个鞋垫。

“为了这双鞋，我特意飞去日本，生产厂家用高速摄影机拍了一个试验片，以便了解我的脚步动作以及脚掌与地板之间逐渐接触的过程及特点。整个测试下来，我全身的肌肉都是酸疼的。”

比赛场的挡板后为欧洲球队预留了一排黑色的塑料椅子，我在寻找座位的时候，蒂姆在绕着球台一圈圈地跑。两个十分钟的赛前对练后，对抗赛就会正式开始。馆内的观众也越来越多，预计今晚会来八百人。马尔代夫大使拉帝夫先生也在坡度很大的看台上摇着他那顶黑色的帽子向我和蒂姆致意。

突然间，球馆暗了下来，然后是频闪的霹雳灯光，扬声器传出的乒乓球“乒乒乓乓”欢快的碰撞声清脆响亮地在体育馆内回荡。接着音乐声响起，十二位年轻女孩开始在台上跳舞。女孩的手上没有举着啦啦队常用的流苏花簇，而是挥舞着乒乓球拍，舞蹈中甚至还设计了正手拉弧圈球的乒乓球动作。中国在表明，乒乓球也是可以作为舞台娱乐节目这样“秀”上一把的。

然后主办方负责人宣布欧亚全明星对抗赛正式开始。

作为关键人物，蒂姆于2003年5月前往巴黎，参加了在那里举行的世界乒乓球锦标赛，这也是乒乓球小球改大球后的第一次世乒赛。为了降低一点点乒乓球飞行的速度，使电视机前观众能更清楚地追逐球的来回运动轨迹，国际乒乓球联合会决定将球的直径由原来的三十八毫米扩大到四十毫米。对蒂姆来说，两毫米的改变并不重要，重要的是，人们对他怀有更大的期望。

德国的《时代》周刊一般是不会报道体育消息的，除非这个消息讲述的是特别奇特的体育事件或者该事件已经为联邦政府所关注。但在2003年5月，《时代》周刊却在《一个不爱张扬的人》的大标题下，写下了关于蒂姆的这样一段文字："'电视德国——喜欢坐在电视机旁的德国人'，期待着一名他们最喜爱的、新的体育明星。"

在回答"你是否觉得自己是一个明星"这一问题时，蒂姆还是用他惯用的冷静语气说道："我不是什么明星，就是一名好的乒乓球运动员，如一名掌握了熟练技术的好的职业面包师。"这是他当时在霍赫斯特一家"老爷咖啡店"里对采访他的记者说的话。

"很有可能，蒂姆·波尔几天后就会成为世界冠军。"《时代》周刊如此报道。乐观的媒体还刊登了一幅大大的蒂姆肖像照片，那刻意渲染出来的气氛，好像世乒赛已经结束、蒂姆已经凯旋似的。

巴黎世乒赛的比赛进入第二轮，在这一轮中，蒂姆·波尔遭遇中国一八岁的小将邱贻可[1]。

1 邱贻可，中国乒乓球运动员，2003年入选国家一队。因2003年巴黎世乒赛上淘汰世界排名第一的德国名将蒂姆·波尔而名声大振。2005年上海世乒赛及2007年萨格勒布世乒赛上，邱贻可与曹臻合作，夺得混双铜牌。2009年世界杯男子团体比赛，邱贻可与队友张继科、马龙和许昕夺得本届比赛的冠军，成为中国国家乒乓球历史上第一百位世界冠军。2013年末，邱贻可从国家队退役，担任教练。

为两大洲较量热身：艾德里安·克里桑和蒂姆，弗拉基米尔·萨姆索诺夫和蒂亚戈·阿波罗尼亚在欧亚对抗赛赛前练球

欧亚对抗（1）：蒂姆的第一场单打，对阵日本选手水谷隼

欧亚对抗（2）：赛间休息时与彼得·萨尔茨教练在一起

欧亚对抗（3）：与张继科步入赛场

欧亚对抗（4）：欧洲队的成员们紧张地期待着比赛开始（自上：按摩师吉姆、弗里德哈德·托伊菲尔、维尔纳·施拉格、艾德里安·克里桑、彼得·萨尔茨）

乒乓舞蹈：中国人乐于对乒乓球活动进行大型策划、组织和艺术加工，有时候甚至有啦啦队。对此，蒂姆报以会心的笑容

中国队发球：如果欧洲队与亚洲队还要继续对抗的话，蒂姆就必须战胜他的中国对手张继科，在三天前的德国公开赛决赛赛场上，蒂姆已经输给了他

事后关注：蒂姆对克里德哈德·托伊菲尔讲述在北京欧亚对抗赛中得到的激励和启示

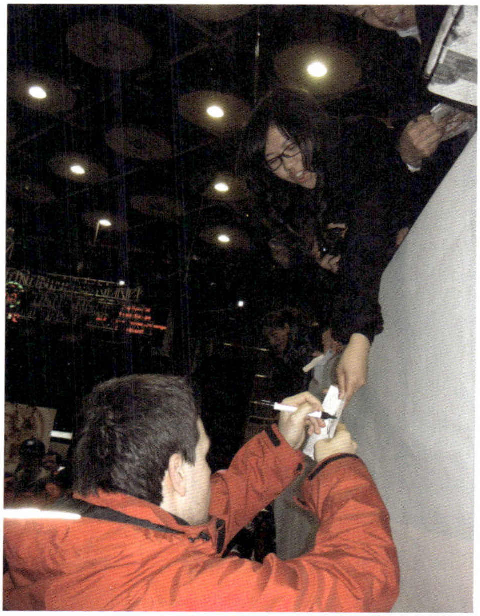

“蒂姆·波尔”：只有为所有等候在球馆里的球迷签完名后，蒂姆才能离开

邱贻可的有利条件在于，中国教练针对他在世乒赛上的对手做了最充分的准备。当时的德国国家队主教练迪尔克·史梅尔芬尼格就说：“中国队已经封闭训练了好几个月，而这几个月正是我们打德甲联赛、欧锦赛以及其他各类比赛的时候。我们在国内外征战，中国运动员则在家里积极备战，认真研究我们的队员。”

德国教练组在世乒赛之前只注意到邱贻可一次。

“对我来说，那天不是一个好日子，但对邱贻可来说，却是超水平发挥的一天。”蒂姆今天在总结时这样说。

比赛开始，一如期望的那样，蒂姆先声夺人，赢了头两局：11 ∶ 3、11 ∶ 7。但这一领先的绝对优势却没有稳定地保持下去。邱贻可连续扳回三局。比赛还在继续，第六局蒂姆以 10 ∶ 6 领先，但他的中国对手并没有示弱，又连续扳回 6 分，将世界排名第一的蒂姆淘汰出局。

“真没想到会是这样一个结果。”比赛结束后，蒂姆这样说道。

“我的体力有问题，平时身体素质训练做得不够。”德国《南德意志报》引述了蒂姆说的这句话，并补充写道：“这是一个正确的分析，站在世乒赛球台边的蒂姆表现得苍白、无力、动作仓促，注意力也不集中。”

《法兰克福汇报》的报道是：“对波尔乒乓球事业感兴趣的新群体，在电视媒体上观看了年轻英雄在世乒赛上长时间的比赛之后，确实感到了失望。失望的结果是代价，即新的偶像为他新获得的盛名必须付出的代价。”

从巴黎回来的路上，教练海姆特·哈姆培尔开车，副驾驶座上是蒂姆的父亲，蒂姆与夫人罗德莉娅坐在后面。

后座上不断会传出折磨人的问话：“你认为，原因在哪里？是训练得太多，还是训练得太少？”蒂姆想从教练哈姆培尔那里知道原因。

“也可能是我早晨起来得太早。”蒂姆唠唠叨叨的，哈姆培尔开始只是在听。

“不知道他在胡说些什么，我还从未见过他这个样子。”哈姆培尔说。他也认为，身体素质的薄弱现在已经成为蒂姆失败最重要的原因。

“蒂姆的身体不在状态，经受不了如此漫长的赛季。比赛中，他感到了疲劳，身心不稳定，第一次失去了镇定，失去了控制。”在比赛决定性的关头，蒂姆感到了害怕。教练是这样认为的。

唉！我也感到伤心。当时，在乒乓球内部的一个小圈子里，我多次诉苦过、抱怨过。我想，可能会得到一个解决的办法，所以，从巴黎回来的一路上我都在向哈姆培尔教练提问。世乒赛正好在德甲赛季结束后举行，对一个长时间神经处于刺激状态的人来说，休整的时间确实是太短了。中国运动员表现得好，也因为他们拒绝了世乒赛之前的所有比赛活动，做了相当充分的准备。外界对我的期望过高也确实是一个问题，我还没有完全稳定在世界一流的水平上，在此之前取得的成功还只能说是一个乒坛后起之秀的成功。

巴黎世乒赛的失利是一个拐点，陡峭向上的成功曲线急转直下，它还可能继续带来失败，颇令人痛心疾首。

没有任何一次失败像巴黎的失败那样，令性格本来十分平静的蒂姆内心处在极度的不平衡当中，原因也在于来自社会方方面面的反响。

《时代》周刊的德洛里格（Drollig）先生在专栏《生活之友》中自我解嘲，他写道：“谁都没有想到会是这样一个失败的结局，我们也没有：当《时代》周刊的读者星期四早晨吃早餐的时候，在他们希望读到一个世界冠军波尔的时候，波尔已经在单打比赛中被淘汰出局了。吃晚餐的时候，双打也被淘汰了。不过，援引黑森州足球教练德拉戈斯拉夫·斯蒂潘诺维奇（Dragoslav Stepanovic）先生安慰的话：‘生活还得继续。’”

来自其他方面的声音则更加尖锐。

当时的德国队教练迪尔克·史梅尔芬尼格就说：“蒂姆不是懒，是超出了自己的承受能力，什么都得去做。他必须学会分清主次，学会放弃，要少参加一些公关应酬，少参加一些奖金赛和表演赛。”

这样的批评，蒂姆还听到了很多。

在淘汰出局两天后，他与其多年的朋友，也是他的媒体顾问伯恩哈德·史密腾贝舍（Bernhard Schmittenbecher）先生共同撰写了一份新闻声明，文中这样写道：

“在巴黎世乒赛上提前被淘汰，对我个人来说是深感失望的。但是，对部分十分严厉且无根据的指责和批评，我也同样感到失望。正是这些人，在此之前的几个月里还对我曾经取得的成功感到洋洋得意。

“来自不同方面的指责，如我最近经常客串电视访谈节目，这些都是缺乏根据的。是的，在巴黎世乒赛，我没有上乘表现，身体处于一种令人忧虑的、不

朋友（3）：蒂姆与他的新闻顾问伯恩哈德·史密腾贝舍先生建立了良好的互信关系，他俩合作已经超过十五年

可靠的状态。但是，重要的原因还在于，乒乓球事业是由多层面的、形形色色的活动组成的，而对这些活动我都负有合同条款上以及情感上的义务，因而也导致我的身心没有机会得到很好的恢复。但我不能容许正好在我失败的当口，使我信赖的团队——不仅仅是我的家庭，特别是我的私人教练、我的俱乐部以及我最亲密的顾问，在不公正的方式下受到不正确的、不合适的抨击。"

这段新闻声明是蒂姆战胜了自己沉着冷静的性格，为求公正而写的。

《南德意志报》对此报道说："听起来好像不够自信，如果蒂姆·波尔继续这样下去，那他就还是一个蹲在角落、上不了大舞台的小孩，他所从事的体育项目也会是这样。"

今天我还是这样认为，我当时已经尽可能好地做了准备。那些对我的指责，如批评我只是为追求钱而去参加各种表演赛、奖金赛，我认为是极不公正的。我当时与迪尔克·史梅尔芬尼格教练就这个问题讨论过几次，他也感觉到有些记者的评论对我是不公正的。这些记者给我留下的印象是，他们很少设身处地看问题。当然，人的生活会伴随着批评。现在我也觉得，以前我看问题也不太全面，对有些事太往心里去了。

巴黎世乒赛使我获得了很好的经验，知道了乒坛生涯中会遇到各种甚至是沉重的打击。虽然在世乒赛的第二轮我被淘汰了，但我认为，球输了，但我并没有做错什么。不过，通过这一事件，我也确实体会到，如果一个“名人”做得不好，就有可能要面对“法庭”。今天，面对此类事情我完全是另外一种心态，也不会再产生那样的感觉了，即我的所作所为一定要让方方面面都高兴，要对每一个人负责。

巴黎世乒赛已经远去。蒂姆说：“在此之后，邱贻可的球也再没有那样强势过，我也再没有输给过他。”

一年后，在莱比锡举行的德国乒乓球公开赛上，蒂姆在半决赛上战胜了邱贻可，也算是报了“一箭之仇”。

2003年世界乒乓球锦标赛结束后，蒂姆自己也发生了一些改变。在自己的商务问题上，他重新选择了经纪人——汉斯·威廉·格博。在德国乒乓球领域，格博先生可能是商务方面最有经验的人了。

汉斯·威廉·格博先生1936年出生，为德国国家乒乓球队前队员，担任过德国乒乓球协会和欧洲乒乓球联合会主席。在德国体育界，格博先生完全能任意挑选一个职位，不过，在被诊断出患有丙型肝炎并做了肝移植手术之后，他就从一线退了下来。但他不愿意告别乒乓球，比起其他体育项目和经贸活动，他最心仪的还是乒乓球运动。

事业沉浮（1）：如果比赛进行得不顺利，蒂姆也会怨恨自己

事业沉浮（2）：相反，如果比赛结果如愿以偿，如代表杜塞尔多夫波鲁西亚俱乐部球队在2010年德国乒乓球锦标赛决赛上战胜了奥克森豪森（Achsenhausen）俱乐部球队时，蒂姆兴奋得竟在球台上手舞足蹈起来

在德国欧宝（Opel）汽车集团，格博先生作为公司董事成立了一个体育基金会，施特菲·格拉芙（Steffi Graf）[1]和弗兰西斯卡·范·阿尔姆西克（Franziska van Almsick）[2]都是该基金会的成员。在1989年多特蒙德举行的世界乒乓球锦标赛上，格博与乌利·霍内斯（Uli Hoeneß）[3]一道，建立了欧宝汽车集团与拜仁慕尼黑足球俱乐部之间的合作关系，之后又与西尔维奥·贝卢斯科尼

1　全名：施特菲·玛丽亚·格拉芙，德国女子网球运动员。德国体育史上最佳女子网球传奇，单打最高世界排名第一，网球史上至今唯一的年度金满贯得主，国际网球名人堂成员。

2　弗兰西斯卡·范·阿尔姆西克，德国女子游泳运动员。曾在四届奥运会上夺得十枚奖牌，遗憾的是，始终没能夺得一枚金牌。

3　当时的德国拜仁慕尼黑足球俱乐部总经理。

（Silvio Berlusconi）[1] 先生一起达成了欧宝汽车集团与 AC 米兰足球俱乐部之间的广告协议。

体育基金会使格博先生与蒂姆在吕塞尔斯海姆（Rüsselsheim）市的欧宝汽车集团总部第一次走到了一起。蒂姆参加了该汽车集团的企业体育代表队，获得企业赞助的一辆汽车和两万马克的年薪。

“马格达莱娜・布里泽斯卡（Magdalena Brzeska）[2]、弗兰西斯卡・范・阿尔姆西克当时都在场，蒂姆迈进了体育名流的世界。”格博先生说。

蒂姆当时十六岁，与格博素不相识。

格博回忆说：“在这样一个大型工业企业的派对活动中，来回走动的都是西

良师益友：德国乒乓球协会荣誉主席汉斯・威廉・格博先生为蒂姆在事业上遇到的所有问题提供咨询和帮助

1 西尔维奥・贝卢斯科尼，意大利政治家和知名企业家，AC 米兰足球俱乐部的实际领导人和名誉主席。

2 马格达莱娜・布里泽斯卡，德国著名艺术体操运动员。

装革履、着装考究的社会名流，多多少少会使人感到拘束。但是，一位年轻人大胆主动向我走了过来，认真地看着我自我介绍说‘我是蒂姆·波尔’，这场面我一直记忆犹新。从他的行为举止上，我那个时候就觉得，这是一个有内涵的年轻人。”

格博的指导是商务上的，作为顾问和良师，他很有经验。他要帮助年轻的蒂姆走上一条强势的、富有独立人格的道路。

格博风趣地说：“当时，我还跟他开了一个玩笑，问他会不会自己烧水泡茶喝。”

格博不想改变他，应该说，在刺眼的聚光灯照射下，在甚嚣尘上的舆论面前，他要保护蒂姆。

“为了乒乓球，蒂姆以他认真可靠的信誉、正派诚实的品格以及始终如一的竞技水平在努力。”格博先生当时是这样说的，那是2003年的秋季。

多年后，他还是这样说：“蒂姆基本上不需要表面上的所谓社会认可，他根本就没有形成这样一种虚荣心，从来就没有炫耀过自己或贬低过他人。他是一个十分诚实正派的人，不追潮流不跟‘风’，是一个有自己头脑、有独立见解的人。”

两个人能走到一起，那是因为他们有着共同的价值观，有着能作为运动员榜样的，诸如在比赛中要求公正、讲究竞技水平和重视行为态度的良好品质。蒂姆现在仍受聘于运动员器官捐赠及儿童器官移植支持协会，这个协会就是格博先生

蒂姆与德国田径运动员、女子跳高两米零六德国纪录保持者阿莉娅娜·弗里德里希（ariane friedrich）女士一样，加入了运动员器官捐赠协会，受聘于儿童器官移植支持协会并为其承担义务

一手创建的。格博先生在德国运动员基金会上为尖子运动员们撰写了道德行为准则，在他看来，蒂姆可以作为一个体育大使，他完全满足这些道德要求。格博先生还说：'我观看了蒂姆的很多场德甲比赛，他的方式方法，包括在输球以后的行为表现，都给我留下了深刻的印象。他还能令人难以置信地、平静地、友好地对待遇到他的那些小球迷。"

格博先生毫不介意作这种大的比较，他说："弗兰茨·贝肯鲍尔先生在为球迷签名的时候也是十分专注地看着球迷。蒂姆看人的目光是热情的，这是体现一个人道德水平的、很特别的一个瞬间。"

欧亚全明星对抗赛第一个上场的欧洲球员是葡萄牙选手蒂亚戈·阿波罗尼亚，他要迎战韩国的削球手朱世赫（Joo Se Hyuk）[1]。

比赛的"前奏"并不简单，两位运动员要通过一个用霓虹灯装饰的大门走向中心球场，一阵阵节奏强劲的吉他音乐在给他俩壮胆。蒂姆安排在第四场，还有时间适应球馆的气氛和环境。馆内还有些空位，1990 年北京亚运会的柔道比赛就是在这个体育馆进行的。

"乒乓球在大城市的开展越来越难了，从球票的价格上就能够分析出来，"蒂姆对我说，"以前，中国与国际联队的比赛，最高票价可达一百美元一张。有钱人才看得起。"

在中国，乒乓球运动现在也已经渐渐远离了它原有的大众体育属性。这一次，平均票价折算后大概才六点五欧元，最高票价也才四十一欧元。即便这样，球馆都还没有坐满。针对这一现象，我们都认为，在北京，乒乓球运动已经遭遇到其他体育运动项目的激烈竞争。

但是，大型的乒乓球活动还是应该在首都北京开展。北京不仅仅是中国乒乓球运动的中心，同时也是世界乒乓球运动的中心。不然的话，瑞典的扬·奥

1 朱世赫，韩国乒乓球运动员。在 2003 年第四十七届世乒赛上先后击败了庄智渊、马琳和格林卡等众多著名选手，获得男单亚军。2014 年仁川亚运会获得一枚银牌和一枚铜牌。2022 年 2 月，朱世赫宣布结束 24 年的运动员生涯。

维·瓦尔德内尔先生怎么会特别在北京开一家餐馆呢？

这家餐馆就叫“W”，老瓦，简单明了。菜单上列有瑞典菜，如瑞典特色的炸肉丸子。这是北京的一家瑞典“乒乓球大使馆”，地点就设在大使馆区，“大使馆”的老板瓦尔德内尔有时候也会来光顾一下，检查一切是否井井有条。

瓦尔德内尔2004年开了这家餐馆，同年，他参加雅典奥运会，再一次经历了他乒乓球的春天。时年三十八岁，第三次参加奥运会，他的登场在当时就引起了很大的轰动。

不幸的是，蒂姆不是在雅典奥运会的看台上欣赏这一轰动事件，此时的他是当事人，正站在乒乓球台的另一头，要与老将瓦尔德内尔争夺男子单打的半决赛权。

瑞典国王和王后在球馆观战，瓦尔德内尔则在场上与岁月的流逝抗争。看上去，流逝的似乎只是几天的光阴，赛场上的瓦尔德内尔不见老态，动作还是那样熟练灵活，吼叫着用正手拉出旋转强烈的弧圈球，反手大角度地打出令人瞠目结舌的斜线球。一场高水平比赛打满五局才告结束。

第二次参加奥运会、第一次被视为“奥运奖牌候选人”的蒂姆，奥运进程就此止步，1∶4，他败在了瓦尔德内尔的拍下。

球馆里风太大，空调机抽风抽得太厉害，我很难适应这种室内空气条件。瓦蒂的发球大多是半长的，一旦接好了这个球，打起来后就有可能得分，但如果接发球不理想，在相持过程中就会百分之百地输掉这个球。在这场比赛中，我拉的球几乎每个都出界七八厘米。可他却能很好地适应这个条件，因为他善于打风险球，总是在寻求最快的得分机会。在我与瓦蒂比赛之前，他在与马林的比赛中就表现出了令人印象深刻的竞技水平，大家都将他视为最有希望摘得金牌的运动员。瓦蒂在雅典的球打得非常好，包括与我的较量，相当具有攻击性，

奥运会入场券：参加奥运会是一个运动员最大的愿望，但在2004年雅典奥运会上，蒂姆并不满足于只是当一名参与者

见证实力：蒂姆在雅典奥运会上感受到了瑞典运动员瓦尔德内尔不可思议的实力，只能止步于四分之一决赛

很少出现简单的失误。我当时的接发球也没有像今天这样，即有反手将对方的发球在台面上反攻过去的可能性。

不过，瑞典的瓦尔德内尔最终也没有拿到奖牌，在半决赛中同样以 1 ∶ 4 的比分输给了韩国的柳承敏[1]，在铜牌之争中又以 1 ∶ 4 同样的比分输给了王励勤。柳承敏是男子单打的最后赢家。对中国人来说，奥运会男子单打金牌的旁落是继 2003 年奥地利维纳·施拉格夺得巴黎世乒赛冠军以来又一次深感沮丧的事件。

2005 年，世界乒乓球单打锦标赛在相距十年之后再一次回到了神奇的乒乓球王国——中国，举办地在上海。

1　柳承敏，韩国乒乓球运动员，2004 年 9 月世界排名第二。2002 年获得亚运会男子双打冠军，混合双打、男子团体亚军，2004 年雅典奥运会上击败中国球员王皓夺得乒乓球男子单打金牌。2017 年，柳承敏正式退役，现任韩国乒协主席、国际奥林匹克委员会委员、国际奥林匹克委员会运动员委员会副主席。

上海是中国最现代化的一座大都市。对这届单打世乒赛，蒂姆的期望很高，希望能拿到单打金牌，但一个星期以后，他却是带着一块银牌和一个“特别奖”离开这个港口城市的。当然，这个“特别奖”不是用球台上的得分多少来衡量的。

再次与世乒赛邂逅，中国人表现出来的欣喜之情大得不可能再大了，试问，你何时何地见过如此隆重的开幕式呢？

盛大开幕式在东方明珠广场举行，背景是上海最著名的地标建筑——四百六十八米高的“东方明珠塔”。开幕式上，塔上明珠一般的圆球在灯光下的照射下像一个巨大的乒乓球。历届乒乓球比赛中摘取了桂冠的世界冠军们都相继登上开幕式庆祝舞台，款款地从流光溢彩的舞台台阶上走下。像刚刚过去的中国春节，绚丽壮观的团团焰火映红了黄浦江的上空。

这还不够。开幕式后，中国人还邀请了乒坛人士出席大型晚宴派对。晚宴大厅离开幕式现场仅三百米之遥。一路上有身穿白色衬衣和裙装的少年儿童们手摇着红色的鲜花夹道欢迎，一个紧挨着一个地站在路边，应该有数百名之多。

晚宴大厅巨大的冠状吊灯下摆满了丰盛的自助餐。不过，令人深感遗憾的是，当来自欧洲的客人们才刚刚端起第二杯饮料，打算在宴会大厅里继续享受快乐时光的时候，一位先生却走到麦克风前说了一句令人十分扫兴的话：

“谢谢大家的光临，晚宴活动到此结束。”可当时才二十一点三十分。

在中国，不仅仅排场阔气的大型活动场面能够表明乒乓球运动的地位，有时候一个街景也很能说明问题。大巴将运动员们、各乒协的代表们以及记者们从晚宴大厅送回酒店，途中堵车的时候，一位出租车司机看见大巴上坐着的是刚刚参加完世乒赛开幕式的嘉宾们，兴奋地将手脱离方向盘，对着大巴上的专业嘉宾们做了一个技术很标准的发球动作。大巴上的运动员马上回了一个接发球动作，出租车司机又高兴地拉了一个弧圈球……街道上不无滑稽地上演了一幕诙谐有趣的乒乓球对打哑剧。

比赛场上，只要是中国运动员出场，观众们的情绪就会高涨起来。中国人背负着必须成功的压力。在一年前的卡塔尔团体世乒赛上，中国人很有把握地包揽了全部冠军，现在则要在单打世乒赛上继续拿下单打和双打的金牌。如果有人问，除了韩国队以外，中国队夺冠的最大挑战者来自哪一个国家队，标准答案应该是：德国队。2004 年的多哈团体世乒赛上，德国队在联邦教练伊斯特凡·柯尔帕的带领下，夺得了自 1969 年以后的第一次团体比赛第二名，而这个第二名比三十五年前的含金量更高，因为 1969 年中国队缺席了在德国慕尼黑举行的那届比赛。

在男子双打比赛中，两位德国运动员——蒂姆·波尔和克里斯蒂安·许斯（Christian Süß）[1] 过关斩将，一轮轮地打了下去。中国人已经很熟悉蒂姆了，现在又要认识年仅十九岁的克里斯蒂安·许斯。作为一名情绪冲动型的运动员，许斯一头火红色头发使人会很快联想到德国的另外一名著名网球运动员。

在半决赛中，蒂姆和许斯挑战来头不小的奥运会双打冠军马琳和陈玘。蒂姆打得很凶，许斯也发挥出色。最后两个球：第一个相持球时，许斯将球攻到了茫然不知所措的马琳的肚子上，马琳付之一笑。接下来又得一分，两位德国小将在上万名观众的面前，以 4 ∶ 1 的优异战绩赢得胜利挺进决赛。新任男队主教练理查德·普劳泽[2] 先生简直无法控制自己的情绪，十分冲动地面对许斯鞠了一躬。

“这是迄今为止我乒坛生涯中打得最成功的一场球。”许斯当时对前来采访的一大群记者说。

很明显，这场比赛的胜利给大会组织者们留下了深刻的印象，在颁奖仪式

1 克里斯蒂安·许斯，德国乒乓球运动员。许斯 2004 年首次随德国队获得世乒赛男子团体亚军，与队友波尔搭档，于 2005 年在上海世乒赛双打比赛中获得亚军。2008 年奥运会乒乓球男子团体比赛中，许斯与队友波尔、奥恰洛夫一同为德国队夺得该届比赛的亚军。

2 理查德·普劳泽，德国乒乓球运动员。1993 年世界乒乓球锦标赛上携手斯特芬·费茨纳、彼得·弗兰茨、奥利弗·阿尔克、约尔格·罗斯科普夫为德国队赢得了铜牌。1999 年至 2010 年担任德国男队主教练。自 2015 年 8 月担任德国乒乓球联合会（DTTB）体育总监。

的彩排中，他们已经将德国国旗放在了第一名的位置，并奏响了德国国歌。

决赛。这也是蒂姆一年前多哈团体世乒赛后第二次站在了决赛的赛场上，不过，这一天一开始就令人伤心泪目。蒂姆早晨醒来发烧，高达三十九摄氏度。比赛进行期间，已经感染的炎症在不断地、越来越多地消耗着他的体能。

“我伤心地流下了眼泪，当时的感觉是完全不能打决赛了。”蒂姆说。

体力不支的蒂姆一步步地走向球台，带着如此虚弱的身体要与孔令辉和王皓[1]争夺双打冠军简直是不可能的。当天球馆爆满，观众高涨的热情强烈刺激着两位激动的德国小将。蒂姆和许斯先声夺人，赢了第一局，令人心醉的半决赛场景还会再次出现吗？

第一局失利，孔令辉和王皓及时改变了战术，他们找到了对手比赛中的漏洞，不再让蒂姆·波尔和克里斯蒂安·许斯继续站在近台用短而又急的小球不断得分，这也是他们战胜马琳和陈玘的战术。来自新加坡的裁判员此时也对德国球员态度不佳，在第二局一开始就连续判克里斯蒂安·许斯两个发球犯规。最后蒂姆和许斯以1 ： 4输掉了这场比赛，两位德国运动员还是只能称自己为世界亚军。

决赛没有使蒂姆的身体状况有所好转，在前往新闻发布会的途中，他无力地晕倒了，一刻钟以后才又重新站立起来。

“在上海，我们获得了极大的乐趣。”蒂姆事后这样说，“这可能是我们一生中最精彩的一次比赛。”

不管怎样，对德国男子乒乓球来说，它是自1989年约尔格·罗斯科普夫和施特芬·费兹纳尔在德国多特蒙德威斯特法伦馆举行的世乒赛上获得双打冠军

1 王皓，中国乒乓球运动员，2000年进入国家一队。2004年雅典奥运会男单亚军，2008年北京奥运会男单亚军。2008年世界杯男单冠军，2009年世乒赛男单冠军，2010年世界杯男单冠军，2011年世乒赛男单亚军。2012年伦敦奥运会男单亚军，并携手张继科、马龙获得男团冠军。2014年王皓正式宣布退役，2017年起担任中国国家乒乓球队教练。

以来，在非团体世乒赛上赢得的又一个意义重大的胜利。

上海世界乒乓球锦标赛还有一个欧洲人赢得了单打奖牌，即丹麦选手迈克尔·梅兹（Michael Maze）[1]，他获得了单打第三名，这也是欧洲人在本届比赛上获得的唯一一块单打奖牌。

中国人包揽了此项赛事的全部冠军，除了一个“公平竞赛奖”之外。那么，谁又该是“公平竞赛奖”的得主呢？

实际上，这个奖在男单八分之一决赛时就已经基本上确定下来了，这源于蒂姆与中国运动员刘国正比赛时的一个赛点球。

“在与刘国正单打比赛的决胜时刻，我得了分，在场的大多数观众包括裁判员都认为刘国正的最后一个球出界了，我是这场比赛的胜利者。但我自己却提出了异议，告诉裁判：这是一个擦边球。”

当刘国正的球在蒂姆的球台边落了下来，作为一个信号，蒂姆很快向前伸出了右手食指，指出这是一个擦边球。

球场边上，坐着德国国家队男队主教练普劳泽先生。他说：

“裁判已经判蒂姆得分，我已经高兴地跳了起来。我当时也在想：球有可能落在了球台上，好像是一个擦边球，但不能确定，这种球一般很难看到，只能感觉到或者听到。”

在与蒂姆奔波于世界各地已经六年的教练普劳泽眼中，这个瞬间之所以尤为珍贵，不仅仅是因为他伸出食指的这个小动作，而是因为他那根本没有丝毫犹豫的明确态度。普劳泽说：

“可能其他运动员也会承认这是一个擦边球，但开始心理上可能会犹豫，可蒂姆没有。对蒂姆来说，这是理所当然的，即便裁判已经判了，这一分也不该

---

1 迈克尔·梅兹，丹麦乒乓球运动员，也是丹麦乒乓球历史上最杰出的选手。2004 年雅典奥运会梅兹与图格维尔合作夺得男双铜牌。2005 年中国上海世乒赛上，力克中国名将王皓、郝帅获男单铜牌。2016 年，梅兹因为伤患缠身宣布退役，为其十多年的乒坛征战生涯画上句号。

得！蒂姆没有指望会得到什么酬劳和报答。很清楚的一件事，即对方的球擦边，比赛结束，自己被淘汰！”

这个瞬间，使普劳泽教练更好地认识了蒂姆的为人，也更深刻地感受到了蒂姆的个人魅力。普劳泽教练还说：

“这种自我——保持——纯洁的态度就体现在这里。要知道：球馆里有上万名观众，蒂姆又背负着这么多的期望。但最后真正起作用的，还就是他自己那一瞬间的直觉。”

赛点球输掉了，比赛继续，刘国正赢得了比赛的最后胜利，但体育报道却高度赞扬了蒂姆：蒂姆完全可以享受胜利者的荣耀。

为表示对他的敬意，国际乒联授予他以乒乓球历史上四次获得世乒赛男单冠军的理查德·伯格曼（Richard Bergmann）[1]先生名字命名的“理查德·伯格曼公平奖”。在中国观众的眼里，蒂姆的形象又升华了：蒂姆不仅仅是一位战绩卓著的、能够战胜他们球星的运动员，而且还是一位心地诚实、品行端正的运动员。

恪守公平，对我来说是要时时刻刻注意的。在赛场上，我也曾有失公允地得过分，发生在什么地方？什么时候？怎样的一个球？我现在已经记不大清楚了，但难忘的是那种曾经有过的感受——沉重的、令人不快的感受。我不想再有这种感受了，带着这种感受，我无法真正享受胜利。与其自我谴责，还不如承认这一分，甚至输掉这场比赛。

当然，这也是十分令人恼火的情景，偏偏擦边球出现在比赛最关键的时刻。但我觉得，内心的感受永远是最重要的，它超过了任何荣

1 理查德·伯格曼（1919—1970），奥地利和英国男子乒乓球运动员。世界上首位职业乒乓球运动员，也被誉为乒坛历史上最伟大的防守型球员。作为世界乒坛的传奇球员，曾在1936年的布拉格世乒赛上获得铜牌，当时理查德·伯格曼的年龄是十六岁三百四十一天。这位世界乒坛传奇球员曾获得四次世锦赛男子单打冠军、七枚世界乒乓球锦标赛金牌。1982年进入国际犹太体育名人堂。

誉或其他的什么。人总是要去努力克服利己思想的。在遇到有争议的球时，我的第一个念头是：对我有益的是什么？我会尽力地去控制自己，保持自己的纯洁。人也不应该期望得到什么回报，否则，又会陷入另一个怪圈，也会使人感到失望。人要为自己考虑，为自己做。我只能根据自己的体验说，我从中得到的感觉是良好的。

如果这样说，我的妻子有时候就会拉着我开玩笑说：你能成为一名神父。但不管怎样，我总是这样问自己，我为什么打乒乓球？我的回答是：因为我对乒乓球有大爱，而大爱是不能被欺骗的。在《南德意志报》的一次采访中，我就是这样表白的。

在这件事情上，虽然蒂姆不愿意过多地标榜自己的行为，但有一张宣传画却对他的表现予以了充分的肯定。

德国体育援助基金会的宣传画上是这样广而告之的——为自己、为体育事业，也为它的价值："成就、公平、友谊。"宣传画的意义从两个方面体现出来，一个方面是蒂姆紧攥拳头的大照片，旁边是大标题，一个反问句："国家的对手？"另一方面是一行行小的文字说明：

中国的"敌人"吗？不，是中国人最喜爱的对手：这张画的主题被德国体育援助基金会用来为"实力、公平、友谊"活动作宣传

"2005 年，上海世乒赛，中国人崇敬蒂姆·波尔。两千五百万电视观众屏住了呼吸。一个德国人纠正了裁判的误判，将已经判给他的一个赛点球还给了对方。波尔虽然输给了刘国正，但他却

赢得了中国人民的心。”

可以这样说，对比蒂姆的人生态度，他选择了一项非常对路的体育运动。

乒乓球运动中有一种以尊重对方为目的的、约定俗成的、名誉上的习惯，即在一个球裁判没有注意到给予了误判的时候，得分的一方会主动送给对方一分。谁要是没有遵循这个习惯，就会被人瞧不起，就会遭到同行们的质问，甚至名誉扫地。

蒂姆讲了一件在卡塔尔公开赛上发生的“一分球”事件：一位欧洲选手没有主动将这一分球送还给对方，尽管周围的人都觉得这个球要改判。

蒂姆说：“这件事像野火一样一下子在整个比赛场馆蔓延开来。人人似乎都在议论：你看见了吗？他竟默许了那个有争议的球。类比乒乓球，足球比赛中则完全是另外一种态度，足球运动员习惯将责任推给对方。足球场上一个队员哪怕有一点点公正规矩的表示，就会被视为一种了不起的英雄行为。”

乒乓球比赛中，球员会打手势主动请求对方原谅，如果因为一个擦边球或一个擦网球而得分的话。这个手势意味着对自己的幸运表示道歉。在我们国家乒乓球甲级联赛中，如果有人因擦网球得分而鼓起掌来，我们会对此人投之以不愉快的甚至是恼怒的目光。在以前，乒乓球运动的冠军队员们——中国运动员一般是不会主动为因擦网球或擦边球而向对方球员道歉的。

年轻的中国运动员几乎没有长期离开过中国，对国外的礼仪习惯并不了解。我是这样理解的：他们在球台旁很兴奋、好斗，会因一个擦网球或擦边球得分而欢呼。以前，这在中国也是很平常的一种习惯。这样一来，当他们中部分球员活跃在德国甲级联赛上时，在赛场上激发出了令人难以置信的积极性，对方发球失误的当口当然也会按以前的习惯兴奋地举拳庆祝。不过，对于欧洲球员来说，刚开始接触到这种行为，内心的感觉肯定是十分不爽的。

现在中国球员也开始对擦边球有所表示了，举起手或者至少伸出一个指头，更多的是表示礼貌，因为这样做符合国际上通行的礼仪要求。

“不过，这种行为很表面，也似乎有些虚伪。”蒂姆也这样认为，“总的来说，运动员都希望得分，得分了会十分高兴，中国人的表现方式实际上是内心情感的真实流露。”

如果打不出既低又短的球，球会擦网而过吗？如果不是冒很大的风险向球台的边缘方向打去，球会擦边吗？为什么一定要因此而抱歉呢？蒂姆也这样想：“如果某人球路凶猛，思路清晰，球既短又低，思路清晰，他就会打出很多擦网球和擦边球。”当然就会因此而得分，至少会意外得到一些分。

总的来说，蒂姆认为，乒坛球员们之间的交往都是十分友好的。

在世界顶尖水平的球员中间，还没有一个我不愿意走上前去握手的人。当然，我也认识一些运动员，他们总是试图在比赛中刺激对方。例如马琳，尽管我与马琳的关系相当不错。但他在比赛时总爱拖延时间，在我已经摆好姿势，紧张地期待着他发球的时候，他往往会再一次站起来，用手中的球拍扇扇风什么的。以前我总会被他的这些动作激怒，但随着时间的推移，熟悉了这些现象后，慢慢也就习惯了。当然，要想很好地面对这类现象，就需要当天有一份好的心情。我不会这样去议论一个球员，说某某人一般而言心理素质好，自制力强。其实，好的心理素质和自制力很大程度上依赖于这一天的竞技状态，竞技状态是极为重要的。与中国人比赛，我就只能在竞技状态最佳的时候与他们拼上一拼。在我状态极好的那些日子里，不管对手试图如何表现，都无法左右我的注意力。但在另外一些日子里，在我正好有些疲劳和运动过度的时候，即便是对手一个很小很小的挑衅性行为，都会使我的心情难以自制地马上急躁起来。

什么是公正？什么是不公正？这往往是一个看法问题，哪些干扰对方的窍门和花招在可以容忍的范围内，发展到哪种程度就不能容忍了，就是对对手的不尊重了？男队主教练理查德·普劳泽说：“蒂姆对他人的态度与期待他人的态度是一样的，他不是一只抓到了老鼠还要与老鼠再玩上一把的猫。就我的观察，有的运动员每打一个球就要去擦一把汗，有这个必要吗？我根本就无法理解，这些人怎么什么地方都会出汗。”

普劳泽认为，蒂姆在球场上的态度和举止不是完全没有个人想法和要求的，他说：“只不过，蒂姆不是那种爱咋呼的类型，不是那种人还未走进赛场，就会将拳头举过头顶的运动员。”

就这点而言，蒂姆球场上的表现与成功也形成了与一种观点对立的范例，而这种观点以前是被业界普遍认可的。

以前普遍认为：太讲情面的人是赢不了球的。体育运动中，只有那些要得到所有的、付出了所有的、面对对手敢于公开举起拳头大吼大叫的人才会赢得成功——以前看起来似乎就是如此。但蒂姆却给出了另外一个范例，它告诉人们：一个看上去态度温和的、不咄咄逼人的、力行公正竞争的、规矩正派且沉静斯文的人，也是一样能够坐在世界排名第一的交椅上的。

北京欧亚全明星对抗赛上，欧洲队已经 0 ：3 落后了，蒂姆必须为欧洲队赢上一分，不然就没有希望超过亚洲队了，第二天的比赛也就成为一场毫无意义的争斗。日本运动员水谷隼[1]是他的对手。

水谷隼是一位富有魅力的、左手横握球拍的优秀选手，在世界排名表上列前十位。在酒店的饭桌上，他也是欧洲球员们议论的一个话题：你们听说了吗？水谷隼在他们俱乐部申诉了一位国家队教练，他敢于这样做。

1　水谷隼，日本乒乓球运动员。2016 年里约奥运会乒乓球男子单打以 4 比 1 战胜萨姆索诺夫，获得铜牌。2021 年，水谷隼携手伊藤美诚以 4 ：3 战胜许昕和刘诗雯，夺得 2020 年东京奥运会混双冠军，并获得男子团体铜牌。2021 年 8 月，水谷隼宣布退役进军娱乐圈，成为综艺大咖。

蒂姆从包里拿出球拍，面对球拍的每一面胶皮都哈上了一口气，然后用掌心在胶皮上摩擦。这是一个广泛流行的程序，胶皮上不能留下一粒灰尘，而且手感要尽可能地柔和。

运动员手中的球拍在乒乓球中也涉及竞赛的公平，就这一点，蒂姆在比赛前就对我讲述过他的观点。

有些人不太相信，但我打球确实与球拍上的胶皮有关。这些年来，我一直从赞助商日本蝴蝶乒乓球用品公司获得胶皮，这些胶皮在每一个乒乓球商店都能买到：Tenergy 05 号，正反两面都是，一般黑色的胶皮贴在正面，红色的贴在反面。两面胶皮都有一层 2.1 毫米厚的海绵，与胶皮层加在一起的厚度为 3.8 毫米。这样，离规定的 4.0 毫米的总胶皮厚度还留有余地。

我的胶皮都是由蝴蝶牌公司称重计量的，在家里我会再检查一次。正面胶皮约重 73-75 克，反面胶皮约重 70-72 克，包装的重量没有计算在内。最重的是最硬的胶皮，也是速度最快的。胶皮重量是不允许超标的，如果胶皮太重、太硬，则会丧失弹性，弹射效果不理想。

我不会在胶皮上玩什么花样。有这样一种规定，即不允许运动员额外对胶皮进行处理，我乐意遵守这项规定。我当然也知道，不是每一位运动员都是这么想的。

球拍上的胶皮就是那么回事，只要运动员爱钻牛角尖，就可以在胶皮上大做文章。什么样的胶皮？怎样贴上去？这对运动员来说是一门学问，就像滑雪者的滑雪板底部要打蜡一样。只有乒乓球运动员不会让一位陌生人随意动他的球拍，所有的都必须在自己的掌控之下。今天，谁要想在自己的球拍上做点儿手脚，那他得悄悄地私下进行，按理说是不允许的。同样，很多运动员也越来越离不开贴胶皮的胶水。

匈牙利人克兰帕尔·蒂博尔（Tibor klampar）[1]在二十世纪七十年代末开始粘贴球拍。他在即将比赛之前将胶皮粘贴在球拍上，胶水半干，正好将胶皮与球板粘住，胶皮在板上甚至还有点打滑。得到的效果是：胶水溶剂渗透到海绵里，整个胶皮的海绵层会充气膨胀，在球板上会绷得很紧。球拍一接触到球，就会像一个弹射器一样，球的速度和旋转都会得到相应增强。研究表明，新粘的胶皮会使旋转性提高约 10%，接触球后会发出短促清脆的“砰砰砰”声，不少运动员偏爱听这种声音。

克兰帕尔的发现在乒乓球界无疑是一大奇迹，粘贴的层数越多，弹性效果就越好。因此，富有心计的运动员就会在比赛前首先一层层地粘，用毛刷在木板上一层层地刷，耗用的时间甚至比比赛前热身的时间还要长。

乒乓球领域的生产厂家也高兴，可以更多地销售胶皮了，因为粘过一次的胶皮往往就不能再用了。不一定什么时候，陈旧的、干燥的胶水层在胶皮上也会增厚，从而破坏球感，或者球拍的胶皮厚度会超过规定。另外，胶皮在撕下来的时候，粘胶层也容易损坏。

不管怎样，粘贴球拍确实是一个运动员非常重视的一个重要程序。比赛期间，要想找到运动员更衣间，用鼻子嗅嗅就能找到，一定是在胶水气味重的地方。抠下来的胶皮海绵残余部分，更衣室和球馆里到处都能见到，像一个个用旧了的小橡胶球。

使用浓度越高的溶剂，击球产生的效果会越好，以前，运动员们喜爱用的是最简单的、补自行车轮胎时常用的胶水。可后来传出，这种溶剂影响健康，甚至会引发癌症。传言震惊了乒坛，特别是直接用手涂抹的时候风险会更大。要知道，乒乓球一直都是一个十分纯净的体育运动领域。

在国际乒乓球联合会向粘贴胶水宣战之前，当然只是一个很短的阶段，防

1 克兰帕尔·蒂博尔，匈牙利男子乒乓球队运动员，右手横拍弧圈快攻结合反手攻打法，是 1979 年匈牙利队获世乒赛男团冠军的主力。匈牙利队在当年小组赛和决赛中都战胜了由李振恃、梁戈亮、郭跃华等组成的中国队。1971 年，克兰帕尔和约尼尔搭档获世乒赛男双冠军，乒坛生涯中曾获得两枚世界乒乓球锦标赛金牌，他也参加了 1988 年夏季奥林匹克运动会乒乓球比赛。

毒面具甚至都成了乒乓球运动的一种装备。过渡阶段的替代品是带少量溶剂的“绿色胶水”，不过，这种胶水也不是完全无毒。因此，也不再允许运动员关在封闭的房间里粘贴胶皮了。于是，在比赛之前，人们会像赶烟鬼一样地将运动员从球馆里赶出去。在大型比赛的球馆前，主办方会临时搭建一个放有啤酒凳的帐篷，允许运动员们在帐篷里粘贴球拍。之后，粘胶溶剂完全被禁止，2008年北京奥运会后，这一禁令正式生效。

粘贴球拍特别令我伤神、烦恼，每次比赛前，我都得坐上二十分钟粘贴球拍。我真不想知道，运动员坐在那里呼吸的都是些什么空气。不能忘记的还有，胶皮的消耗。每一个比赛日，我都需要两块新胶皮，一块正面、一块反面。一次德甲联赛之后，我想继续用旧胶皮再训练一个星期，但效果完全不能保持一个星期。以前，我一年铁定需要约两百块胶皮，现在已经大大减少。现在我是比赛日两天一换，训练日有时会坚持两个星期。这样一来，胶皮的消耗量最多也只是原来的一半。

由于很多运动员都依赖胶皮粘贴的效果，因此，也会采用其他的处理办法来尝试提高球拍的性能。例如，婴儿油也会导致胶皮膨胀，只要不超过规定的厚度，现在使用的测量仪器也无法确认，但这也是违反规定的。

运动员能非常清楚地听出来，对方的球拍是否经过了处理。如果球已经开始你来我往打了起来，那我就会戒除抱怨、申诉的想法。我不会再如此这般琢磨和纠结：如果对方没有对球拍进行后期处理的话，又怎么能将我的弧圈球反拉起来呢。

胶水粘贴禁令生效后，中国球员一开始并不适应，往往在比赛中出现一些令人难以理解的失误。面对失误我就在想：“嗬！不久前他们还在用这种球狠狠地打你呢。”赛场上，我甚至能够分辨出，对方的失误是因为胶皮失去了作用还是犯了技术性错误，如接球时因球拍角度调整得不对等技术性因素。

北京奥运会几个月后，国际乒乓球公开赛在比利时列日举行。赛场上，我与马龙交手时，他几乎每一个球都下网或者打飞。当然我发挥得也不错，但我的感觉是，这场半决赛的胜利在很大程度上是因为他不适应胶皮而贡献出来的。

决赛时，我却输给了王皓，情形则正好相反。因为我想确定，大家是否都在遵守胶水粘贴禁令，所以每次检查球拍我都随行前往。王皓的球拍当时就不符合要求，胶皮有4.3毫米厚，超过规定0.3毫米。他必须用他的第二个或第三个球拍比赛。遗憾的是，决赛之前，不允许我再与他一起进去检查球拍了。

乒乓球产品公司针对新的规定也作出了相应的改进，以前比赛前现场粘胶皮取得的效果在新生产的胶皮中部分地体现了出来。现在的胶皮粘上后会绷得更紧，速度更快，旋转也更强。蒂姆的日本赞助商蝴蝶牌公司在这方面的研发工作就取得了很大的成功，许多与其他赞助商签约的运动员也都爱用该公司生产的天能基（Tenergy）胶皮。

“世界一流的运动员中，约有90%在使用天能基胶皮。”蒂姆证明了这一说法。

蒂姆今天在北京欧亚对抗赛上的对手水谷隼应该不会违反条约，他也一定配备的是蝴蝶牌产品。

精彩的比赛几乎都出现在双方均具有超群技术水平的运动员之间，两个都是左手握拍的运动员就更引人注目了。看他们比赛，你就能体会到什么是乒乓球运动的美。

他们均在远离球台约二到四米远的地方，拉出技术几近完美的弧圈球，正手、反手，全球台开花。蒂姆发一个短球到水谷隼的正手，水谷隼用推挡将球打向蒂姆正手的远台位置，蒂姆快速奔跑，一个强有力的正手弧圈将球拉了过去，水谷隼又一个正手弧圈反拉回来，进攻与反进攻拉锯式地展开，直到蒂姆一个直线将球强劲地、远远地打到了水谷隼的反手位置。但日本人没有就地用反手击球，而是急忙撤步右移，仍然拉正手弧圈进行防守反击。由于蒂姆事先预料到了这个防守球的落点，迅即将一记漂亮的弧圈球打到了水谷隼的正手空当位置，这个精彩的对攻相持过程才告结束。

看台上，观众礼貌地喝彩，看来在期待蒂姆的胜利，因为大家更期待、更爱看蒂姆与中国球员一决高低，不过，这场较量要在第二天才能看到。

比赛要赢三局才能决出胜负。蒂姆先输第一局，然后扳回两局以 2 ∶ 1 的大比分领先。局间休息时，他接受欧洲教练员的现场指导，欧洲乒乓球联合会将此次北京欧亚对抗赛的教练任务交给了瑞典人彼得·萨尔茨（Peter Sartz）。

彼得·萨尔茨先生是丹麦乒乓球协会的负责人，也是 2009 年斯图加特欧洲乒乓球锦标赛上半决赛战胜蒂姆，最后赢得男单冠军的著名运动员迈克尔·梅兹的教练。迈克尔·梅兹是一个天资聪慧的运动员，也曾战胜过中国运动员，只是经常有伤病的困扰，成绩一直在往后掉。

蒂姆认真倾听着萨尔茨教练的指导，自己什么话也没有说。

赛间休息时，我的状态基本上都是一样的：我什么都不说，只是听，听教练的分析，认为好的，我就会在比赛中用上。我其实是一个十分独立的运动员，比赛过程中叫暂停基本上都是由我自己决定的，一般在我注意力不太集中、不在状态的时候，我就会自己叫暂停。也正因为如此，场外主动叫暂停我就不太乐意。我觉得，只有自己对比赛时的状态和注意力集中的程度有着最真切的感受。在一次乒乓球职业巡回赛上，我对阵中国运动员张继科，大比分上我已经 3 ：1 领先，最后一局也是 10 ：5 处于领先状态。他已经完全烦躁了，开始在失意地、盲目地乱打，幸运的是，两次他竟然都打到了，比分到了 10 ：7。直到这个时候，我的注意力都比较集中，也控制着比赛局势。可就在这个时候，教练叫了暂停，我当时真的十分窝火，不知怎么办才好，意外、困惑、不知所措的我就再也没有打上一个球，从而也输掉了整场比赛。

欧亚对抗赛赛场上的蒂姆以 2 ：1 领先，再赢一局就能取得整场比赛的胜利，他的胜算是很大的。尽管水谷隼也属于世界顶尖级别的运动员，但还没有蒂姆那样的本领：连续战胜三位中国顶尖选手。

让我们再次回望一下蒂姆 2005 年在比利时列日举办的乒乓球世界杯大舞台上的上乘表现吧。

比赛之前我的感觉十分良好，我与教练海姆特甚至在训练中还在开玩笑说："我不知道，是否真能去比利时列日参加世界杯赛，因为，竞技状态看起来似乎不太好。"在小组循环赛阶段，我输给了白俄罗斯老将弗拉基米尔·萨姆索诺夫。但在此之后，我的竞技状态越来越好。可以说，这次世界杯对我来说是一个历史性的转折点。

四分之一决赛时，蒂姆以 4 ：3 淘汰了世界冠军王励勤，二分之一决赛时又以 4 ：3 战胜了世乒赛的亚军马琳，最后决赛时，蒂姆挑战奥运会亚军王皓。在决定胜负的第七局，蒂姆先以 6 ：0 领先，王皓追回 4 分，6 ：4，接着蒂姆又连下四城，将比分拉开，10 ：4，利用第二个赛点球，以 4 ：3 赢得了决赛的最后胜利。就这样，蒂姆连续战胜了三位中国顶尖选手。

赛后，蒂姆躺在了蓝色的球台上，就像躺在一个能令人身心放松的浴盆里。

在球台上享受胜利：蒂姆在 2005 年比利时列日世界杯男单决赛上战胜王皓，这是蒂姆最大的一次胜利

他站起来，荣耀地绕球场一圈，并撕下球拍上的胶皮，飞碟一般地向观众席上甩了过去。

“现在，你成了中国运动员的头号劲敌。”史蒂芬·费茨纳用手机给蒂姆发去了这样一条信息。

中国队主教练刘国梁也表示：“波尔对我们的威胁现在越来越大，他的水平已经与我们旗鼓相当了。”

蒂姆的话语中也洋溢着巨大的喜悦与满足之情：“没有真正令人害怕的对手了，这种感觉真好！”

特别是战胜了马琳，在此之前，蒂姆曾连续八次败在他的拍下。赛后，蒂姆对《南德意志报》的记者说：“马琳一度把我打得晕头转向。”

蒂姆还如此兴奋地描述自己取得胜利后的情景：在他个人举办的小型庆功

在中国运动员只是旁观者时：中国选手王皓（左）和马琳在2005年比利时列日世界杯赛领奖台上让位于蒂姆。四分之一决赛上，蒂姆还战胜了另外一位中国选手王励勤

会上，“我邀请国家队教练理查德·普劳泽先生和我的理疗师，我夫人当时也在场，我们一起在高速公路边上的汉堡王快餐店里吃汉堡包。吃完后，我将快餐店派发的纸糊王冠戴在了头上，实在是太愉快了。”

2005年比利时列日世界杯是我的又一个重要时刻，在这个时刻里，我享受到了百分之百的满足和快乐，这种胜利的感受我永远都无法忘怀：崇高、非凡。可以这样说，在赛后的新闻采访中，即便是记者责骂我、诋毁我，我也是不会在意的。当时的心情就是这样好。这次世界杯赛给我今后事业的发展注入了很大的自信心，因为这一胜利表明：在世界乒坛上，我与中国运动员现在也可以平分秋色了。

根据主教练理查德·普劳泽先生的分析，2005 年，蒂姆的事业进入了第二个阶段，即处于三个阶段中的第二阶段。

理查德·普劳泽先生提出了评价运动员职业生涯的所谓“三阶段论”：运动员会根据个人的天赋、气质和禀性以及当时对手的强弱程度，在三个阶段中分别取得事业上的成功。

第一阶段，运动员年轻、亢奋，会取得事业上的成功。如白俄罗斯运动员弗拉基米尔·萨姆索诺夫，1997 年，才二十一岁的他就成为世乒赛的男单亚军。在第二阶段取得成功的有法国运动员让 – 菲利普·盖亭（Jean-Philippe Gatien）[1]，此时的运动员正处在年轻人的冒险精神和成年人的丰富经验两者之间，盖亭取得了平衡，于 1993 年二十四岁时获得世乒赛男单冠军。成熟但不过熟，是运动员的第三阶段，如奥地利运动员维尔纳·施拉格，三十岁时获得了法国世乒赛冠军头衔。

三个阶段均有优势，均能使竞技水平达到最高峰，因而可以在中国人还没有达到他们可能达到的高度时，取得惊人战绩。

在第一阶段，蒂姆掌握了一种新的、令人刮目相看的技术。在第二阶段，也就是他二十五岁左右，中国人对他开始慢慢适应，做好了应对的准备。他们能够很好地应对蒂姆，更因为中国出现了一代在技术上没有大的薄弱环节的球员。技术上“全面的运动员”统治着乒坛，也宣告了一个新的乒乓球时代的来临。要战胜一位技术全面的对手，蒂姆不能再去寻求对手已经存在的弱点和痛处了，如中国运动员以前经常打的正手短球，现在这一薄弱环节已经不复存在。蒂姆必须在比赛过程中针对对手当时的竞技状态，在不断来回的相持球中即时

1 让 – 菲利普·盖亭，法国乒乓球运动员。1991 年首获世界杯男单银牌。之后获巴塞罗那奥运会银牌，创造了法国选手奥运会最佳成绩。1993 年，成为世乒赛历史上第一位来自法国的男单冠军。一年以后，再获世界杯男单冠军。他与希拉、勒古、埃洛瓦所组成的法国队，曾先后夺得一次世乒赛男团亚军、两次世界杯男团季军。盖亭于 2004 年结束运动员生涯，后进入法国高等经济商业学院学习。但他仍积极参与乒乓球相关活动，于 2006 年创立“乒乓态度”协会。

揣摩，现场寻觅薄弱环节：今天，我该在哪个位置上才有可能突破他们。

普劳泽先生也完全相信，蒂姆的个人素质会使他在第三阶段再一次地强势起来。普劳泽说："蒂姆需要一个自我认识、自我评价并将所有一切再变理顺的时间。从他的父母处，他得到了很多好的启示：不要轻率冒失地做出判断，要多听其他人的意见。但完全做到这些，蒂姆需要的时间比其他人要长一些。"

理查德·普劳泽教练属于十分了解蒂姆的那一类人，在作为国家队教练期间，他与蒂姆建立起了比较密切的私人关系。他的乒乓球生涯在某些地方与蒂姆也十分相似：两人都是左手握拍，都来自黑森州，也都曾在海姆特·哈姆培尔教练手下训练。普劳泽是一位亲切友好、平易近人的人，与蒂姆一样，也很愿意听他人唠叨。现在，蒂姆已经成为普劳泽儿子的教父，他们之间的这种亲密友好关系在普劳泽离开国家队后还一直保持着。

普劳泽先生现在是维尔纳·施拉格创办的奥地利维也纳新的乒乓球训练中心的主教练。从维也纳机场到施拉格的乒乓球训练中心，坐城市高铁也就几分钟时间。可以期望的是，这里将会培养出欧洲最好的、能与中国队抗衡的乒乓球团队。

理查德·普劳泽先生于 2004 年接替伊斯特凡·柯尔帕成为德国乒乓球队主教练，负责主管蒂姆所有的大型赛事，如 2005 年的上海世乒赛以及 2006 年的不来梅团体世乒赛。可惜的是，不来梅世乒赛上的梦幻决赛并没有如愿发生在德国队与中国队之间，半决赛时两个队就提前相遇了。

不来梅世乒赛半决赛，德国队与中国队相遇。一开场，蒂姆 0 ： 2 先输给马琳两局，眼看就要失败。但蒂姆很快在比赛中找回了感觉，在不来梅城市体育馆再次高涨起来的赛场情绪鼓舞下逆转了场上局势，最终以 3 ： 2 战胜了马琳。这可是一个少见的场面，蒂姆在比赛中恣意地向外张扬着自己的情绪，自我激励般地向着对手在球馆喊叫了起来，并举起了自己的拳头，那意思很明确：无论如何，我都要拿下这场比赛。

由于接下来上场的克里斯蒂安·许斯和佐尔坦·菲耶尔－孔内特在单打上都先后失利，为了保证德国队能继续打下去，蒂姆就必须战胜下一个对手王励勤。

这又是一场打满五局的、惊心动魄的比赛：决胜局时蒂姆先以 5 ∶ 3 领先，接着王励勤叫了一个暂停。再次回到球台边的王励勤表现得更加凶狠，打出了许多几乎是不可能接住的好球，即便身体处在劈叉式的状态下，仍能拉出精准且强有力的弧圈球。王励勤的压力有多大，每赢一分都能让蒂姆感觉得到：他的拳头向上高高举起，大声叫喊着鼓舞着自己的斗志，同时两眼又将对手蒂姆死死盯住。如果他输给蒂姆，将意味着中德双方以 2 ∶ 2 打平，比赛将被拖进最后一场。而一旦比赛进入对等决战的态势，面对全场情绪近乎疯狂的德国观众，中国运动员一定会紧张得发抖。在巨大的压力面前，王励勤显得更加顽强、勇敢。如有神助，他一分接一分地赢了下去，直到 11 ∶ 6 比赛结束，终于以胜利者的姿态站在了球台旁。

中国队打进决赛，最后毫无悬念地以 3 ∶ 0 战胜韩国队赢得冠军。

在这场与蒂姆较量的比赛中，王励勤上乘的乒乓球技术几乎是不可能地得到了充分展示。比赛中，蒂姆也拼尽了全力，还战胜了马琳，因此，他晚上对朋友克里斯蒂安·吕里格说："今天，我让上万名观众都兴奋起来了！"

当然，除了团体铜牌，蒂姆在不来梅还获得了一个"安慰奖"——王励勤的球衣，这件球衣现在就挂在霍赫斯特蒂姆的家中。

我喜欢收藏球衣，现在挂在家中的地下室里的已经有孔令辉、瓦尔德内尔、佩尔森、罗斯科普夫的球衣，还有奥运会冠军柳承敏和刘南奎[1]的球衣，有时候我也与对方交换。中国运动员的球衣我已经有马

1 刘南奎，韩国乒乓球运动员，曾以运动员身份参加了三届奥运会，获得一金三铜，他是奥运会历史上第一位获得男子乒乓球单打金牌的选手，也是目前获得奥运会奖牌最多的韩国乒乓球选手。现为韩国男子乒乓球队主教练。

琳的、张继科的和马龙的了。

要知道，得到一件中国运动员的球衣是相当困难的。我听说，卡塔尔乒乓球协会曾询问过中国乒协，希望获得一件中国运动员的球衣放进体育博物馆，但没有实现。运动员不允许将球衣送给他人，在我们这里也一样，因为我们穿过的球衣，国家学生队和青年队还得继续穿着参加国际比赛。在我们用过的东西上，我们一般都用大写字母做上标记。我作为年轻队员时就经常会注意，希望能在球衣上看到“JR”字样，因为有“JR”字样，就一定是我的偶像罗斯科普夫穿过的。

不来梅半决赛的失利，更加激发了蒂姆的积极性，要更多地向中国运动员学习。两个月后的2006年夏季，他前往中国参加中国乒乓球超级联赛。在中国，每次比赛前都要进行数小时的大运动量训练，还得在中国各地奔波。他所在中国俱乐部的女经理对他说：休息日不要进城，最好是在家里放松，等待下一场艰苦的训练。在中国，蒂姆的日程安排有着严格的规定。

在中国吃早餐对我来说比较困难，因此，我从家里带去了麦片每天早晨七点一刻让服务员将牛奶送到我的房间来。

八点半到十一点半是训练时间，十一点半是午餐时间，然后是午休时间。下午还要训练一节，接下来是力量和跑步训练。对我来说，负荷还是很重的。在中国，我经常生病，由于腹泻，有一段时间还只能吃加了醋的米饭。在中国的两个月，我整整瘦下来七公斤。

训练中，每个人完成自己的计划。在德国，个人计划的训练时间大概持续七到十分钟，而我在中国的第一天第一次就要打满十三分钟，而且是三分之二台的正手连续拉，辛苦、疲劳的程度简直令人难以想象，第一个计划打下来，感觉肩都要爆裂似的。加上我来中国前又刚刚度完假，身体根本就不在状态。接下来又是十二到十五分钟的第二个训练单元，人疲劳得简直就要散架。

艰苦的、令人难以承受的训练计划，这大概就是中国超级联赛对我的热烈欢迎吧。发球和接发球训练之后，安排的又是多球训练，要打完满满的一筐球，与第一次来中国时在北京国家乒乓球训练中心一样。这就是中国人的训练标准。

我当然不希望中国人瞧不起我，主动又加了几次自愿训练单元，给中国人的印象应该是，蒂姆真正是在努力。事实上，我提高了，有了在中国的磨炼，德国的训练负荷对我来说就轻而易举了。

两个月艰苦训练的成果，蒂姆在 2006 年 9 月广州举行的中国乒乓球公开赛上得到了。决赛上，他以 4 ∶ 2 战胜王励勤，成为该项赛事的男单冠军。德国新闻通讯社报道说：

“蒂姆 · 波尔在为期三天的乒乓球盛会上，以骄人的战绩达到了自己事业的又一个高峰。”

蒂姆又得到了一个令人刮目相看的冠军头衔，到目前为止，蒂姆独缺的是世界乒乓球锦标赛的单打奖牌了。

2007 年克罗地亚萨格勒布世乒赛之前，在塞尔维亚共和国首都贝尔格莱德举行了欧洲乒乓球锦标赛。对蒂姆而言，这次欧乒赛非同寻常，因为他在该项赛事上第一次赢得了三重冠军：单打冠军、双打冠军、团体冠军。这也是德国队第一次在欧乒赛上捧起团体冠军杯，德国运动员经过数十年的努力，今天终于如愿以偿。

三重冠军的获得是蒂姆进军萨格勒布世乒赛的最好铺垫，不仅如此，蒂姆还抽到了一个上上签，直到半决赛都不会遇到一个中国对手。四分之一决赛，蒂姆的对手是韩国选手、奥运会冠军柳承敏，与他较量，蒂姆还从来没有失过手。

但赛场上发生的情形，却是人们完全没有想到的。

“我打得过于简单，特别是接发球没有什么高招。很多球我都只是接过去完事，缺乏敢冒风险的良好意识。但对方却发挥得非常出色。”

这场比赛的结果用数字表示则是 0 ∶ 4，蒂姆输了。

不过，能参加世乒赛四分之一决赛，也是德国自 1969 年艾伯哈德·许勒在世乒赛上拿到银牌后的最好单打成绩。但这并不能给蒂姆带来好心情。在谈到失去与中国决赛的资格时，教练理查德·普劳泽先生懊恼地自嘲道：

“只能说，其他国家的乒乓球水平也相当不错。”

2007 年，对蒂姆·波尔而言还发生了另外一个重大事件：基于其他的一些原因，他从哥讷尔 TTV 乒乓球俱乐部转会到了波鲁西亚杜塞尔多夫乒乓球俱乐部。蒂姆在哥讷尔 TTV 乒乓球俱乐部效力十二年，也可以这样说，该俱乐部为蒂姆设置了十二年。

转会到杜塞尔多夫对我来说是一件十分困难的事，尽管波鲁西亚杜塞尔多夫俱乐部是欧洲最好的一家乒乓球俱乐部，大家也都很热情地欢迎我。我并不是一个见异思迁的人，做任何事都很忠贞，从一而终。从当学生开始，我的赞助商就一直是日本蝴蝶牌公司，我在哥讷尔 TTV 俱乐部也打了很长时间。但由于一家大的赞助商离开后，哥讷尔 TTV 乒乓球俱乐部要将我再留住的话，在财政上就有些困难。

在与海姆特谈这件事之前，我心里其实是很难过的，他为我付出了这么多。我相信，他私下里也很希望，能有其他的可能性将我留下来。在训练中，我们也不断地在互相暗示、试探着对方的想法。

“好了，你现在何去何从？”海姆特想知道。

我只好对他说，现在看起来，继续留在哥讷尔 TTV 俱乐部打球

战果辉煌的俱乐部球队：海姆特·哈姆培尔、蒂姆、斯洛波丹·格鲁吉克和约尔格·罗斯科普夫所在的哥讷尔 TTV 俱乐部连续两次夺得联赛冠军杯

已经十分困难了。这是一个十分艰难的表白，如骨鲠在喉，难以启齿。

波鲁西亚杜塞尔多夫乒乓球俱乐部给我开出的条件非常优厚，此外，我与 ARAG 保险集团以及集团的领导保尔－奥托·法斯本德（Paul-Otto Faßbender）先生还找到了一家很好的赞助商。

我转会杜塞尔多夫的决定，海姆特教练最后还是理解了。我也在试图安慰自己，对自己说，我转会是自由的，换其他人也会这样做，在哥讷尔 TTV 的这些年里，我也给了俱乐部许多回报。

新的合同允许我可以在杜塞尔多夫训练，也可以继续留在霍赫斯特训练，但我想更多地留在杜塞尔多夫。杜塞尔多夫是一个很有生活品位的城市，并且十分重视体育。城市为我们这些优秀运动员提供了极好的条件，无论如何，我都不想只是作为一名只为比赛去杜塞尔多夫的所谓“雇佣兵”。

蒂姆搬进了杜塞尔多夫市一个二层公寓，但他还是一如既往地有大量的时间住在霍赫斯特。

比赛后晚上坐在一起的时候，蒂姆对我讲起了他生活中最有意义的是什么地方。

“当然，在杜塞尔多夫我享受到了都市生活，但是，”蒂姆话还没说完，先长长地嘘了一口气，“尽管杜塞尔多夫的城市生活给我的感觉确实相当好，但我还是觉得，在一定的时候，我还是要回归自然的。”

“你难道从来没有想过要搬走，在远离自己家乡的地方生活吗？”

“现在我只能在都市生活，但如果当初哥讷尔 TTV 俱乐部有财政上的支付能力，我是绝对不会转会的。”

“你希望守候在哥讷尔 TTV 俱乐部所在的小城镇霍赫斯特，难道大城市里丰富多彩的生活对你就完全没有吸引力吗？”我又问道。

我十分依赖一种信任的感觉。一年中，我总是在世界各地奔波，见过不少大都市。原则上讲，我根本就不需要所谓的城市生活。比起大多数同龄人，大城市我见得够多了。在霍赫斯特，我也从来没有觉得自己是一个小镇青年。当我牵着家犬走进森林散步，一个小时都见不到一个人的时候，我就能不断地感觉到，这才是我真正向往的生活。这种宁静、平和与安逸，在城市里根本就找不到。相比城市里众多的文化活动，我更愿意去高尔夫球场挥上几杆，那里才有我需要的宁静。

蒂姆的生活，在城市里不仅没有发生改变，更确切地说，反而更加证明了他的生活理念以及他生活的需要和愿望。

2007 年转会到杜塞尔多夫后，他就见到了今天的对手水谷隼。水谷隼的生活道路则完全不同，为了更好地学习乒乓球技术，为了剪掉日本的“脐带”，他十四岁就来到了德国。蒂姆与水谷隼很长时间都效力于同一个俱乐部，现在他们也经常交手，几乎都是蒂姆获胜。

这一次，在北京欧亚全明星对抗赛上，蒂姆又以 3 ： 1 取得了胜利。水谷隼的球闪烁着思想的火花，但面对蒂姆，他缺乏令对手致命的最后一击，而中国运动员却能做到这一点，能将蒂姆逼入困境。

蒂姆的胜利对总的结果是十分重要的，欧洲与亚洲的比分现在为 1 ： 3，欧洲还有希望继续前进。当罗马尼亚运动员艾德里安·克里桑单打战胜了中国香港选手唐鹏后，第二天的比赛又全都可以进行了。

日本 NHK 电视台摄制组在第一天比赛结束之后就将蒂姆接走了，他们之前已经约好了一个采访，想了解蒂姆对水谷隼的看法。我们开车去了邻近的一家酒店，日本 NHK 电视台在那里租了一个用于采访的公寓，公寓里架着两个聚光灯。

一个中国人用德语向蒂姆提问："你对水谷隼有什么期望？"

"我期望，我和水谷隼能够一起更多地在赛场上让中国对手感到生气、烦躁和恼怒。"面对摄像机，蒂姆幽默地笑着回答。

日本是亚洲第二大乒乓球强国，有世界上数一数二的乒乓球用品公司，如蝴蝶牌。这个国家还拥有令日本人深感自豪的乒乓球传统，而且一直在期待着能有朝一日重获世界冠军，能像过去直至二十世纪七十年代末获得那样多的荣誉。

在日本，蒂姆有与女乒乓球粉丝最为亲密的相遇，她们甚至比中国的女粉丝还要厉害。在蒂姆一次十六天的日本之行中，有几场球赛要打，而且被安排在一个教室里更衣。蒂姆俊朗的外表：一米八一的个头，体形匀称、身强力壮、一头黑发，十分吸引日本女孩。粉丝们甚至爬上教室门前的一棵大树，要偷看蒂姆更换衣服。

当日本 NHK 电视台摄制组将我们送回居住的酒店时，其他欧洲球员都已经用完餐了，专门为运动员们准备的一个小型自助餐也已经收拾完毕。看来，一位不是中国人的顶尖运动员，有时候也得扮演这样一个吃力不讨好的角色。

不过，在亚洲乒乓球联合会组织者的过问下，厨房工作人员还是特别为蒂姆和我开了小灶。戴着高高的白色帽子的厨师又从厨房的特大冰箱里取出配料，在锅里开始为我们炸鸡块、炒蔬菜，作为饭后甜点，还端来了中国的林茨奶油蛋糕和苹果蛋糕。

“你应该尝一尝。”蒂姆边说边用手中的餐叉指着苹果蛋糕。

“确实好吃，我都想钻到蛋糕里去了！”对蒂姆来说，一天结束，没有比这更好的了。

第六章

与中国乒乓球队决战

乒乓球揭示了一个人的什么

在中国，天一黑下来，往往会发生一些离奇的怪事儿。第二天早晨早餐时，还没来得及预订咖啡，蒂姆就给我讲了一则奇闻。

“你知道深夜里我遇到什么事了吗？”蒂姆在餐桌对面向我俯过身体，密谈似地说道：

“大约凌晨一点一刻，有人在敲房门，我正好处于半睡半醒的状态。我赶紧起床走到门后问道：‘哈罗！’随即听到了一个尖声嗲气的女人声音：‘哈罗！马萨西、马萨西[1]？’”说到这里，蒂姆忍不住笑了起来，也在嘲笑门外传来的滑稽的模仿英文语调发出的“Massaschiiii”音调。

“你通过门上的窥视孔看到什么了吗？”我问。

“当然看到了，还不算丑。不过，当我很肯定地说了一句‘No，thank you（不，谢谢）’之后，她就离开了。”

特殊服务？一般人都会这么猜想。蒂姆对我说，这种事时有发生：“我也经历过，一些女性球迷从酒店大堂给我的房间打电话。我一般都会礼貌地说：“我正好现在需要休息。”有时候我也不去接电话。

1 英文 Massage（按摩）的音译。

蒂姆与女球迷。

在德国的杂志或报纸上，几乎每一张蒂姆的大幅肖像照片都会附带一条文字说明：蒂姆在中国被一家女性杂志评选为“最性感男人”，排名甚至还在英国足球明星戴维·贝克汉姆（David Beckham）之前。在备战北京奥运会期间，黑森州广播电台的一位女记者就“最性感的男人”提问蒂姆：“你自己是怎么看待这一评价的？”

蒂姆两眼盯着女记者，向上耸了耸左眉，风趣地回答道：“作为一个女人，您应该比我更加清楚。”

一个幽默的小表示、一个滑稽的小噱头，如同先将一颗石子扔进小小的池塘，然后再注视水面上会怎样慢慢地泛起一圈圈涟漪。

中国的女孩子或妇女性为什么会如此心仪蒂姆，我问过一位能经常接触蒂姆的中国女性——中央电视台（CCTV）体育记者周到，她经常为电视台做节目而采访蒂姆。

周到，三十岁左右，穿着一件带粉红色衣领的黑色西装上衣，项链上晃动着一个玉石材质的大象挂坠。当我向她谈起蒂姆的外表时，她先是长长地扫了我一眼，然后语气坚定地回答道：“他长得很英俊。”

他的英俊外表在中国女性的眼里是怎么形成的呢？她用手抚摸了一下自己的脸颊，接着说道：“他温文尔雅的面部表情是中国女性比较喜欢的，不像有些欧洲男人的脸，太过坚硬、冷酷。”确实，这是一种看法。

在北京，我还问了其他人。中国两大乒乓球杂志之一的《乒乓球》杂志要求采访蒂姆，该杂志派来了两位年轻记者，一男一女，男记者背着照相机。

在酒店的小餐馆里，他们在蒂姆面前作了自我介绍后，我首先提出了约谈，向他们打听蒂姆在中国的大众形象。

“大众形象是波尔多年来取得的巨大成功！”女记者开始说道。

这个我们能够想象得到，但真的就只有这些吗？

“当然不！”年轻的女记者继续娓娓道来：“首先是他赛场上的魅力，只要波尔站在球台旁，就能表现出他专注的、斗志昂扬的、意志坚定的神态。其次还有他对待球迷的友好态度，在为球迷长时间签名时表现出来的耐心。当然，最能吸引中国女球迷的还是他那俊朗的外表和一双大大的眼睛。”

蒂姆就坐在旁边，他瞥了我一眼，面部表情游离于滑稽与尴尬之间。接下来，《乒乓球》杂志的记者就开始向他提一些乒乓球专业方面的问题了。

这个时候，中国乒乓球运动员张继科经过了酒店大堂。已近正午，今晚他与蒂姆有一场较量。马龙、许昕和张继科都属于中国的新一代球员，接替了国家队的前“三强”——马琳、王皓、王励勤。中国队新的“王者”都要比蒂姆年轻七至九岁。张继科并没有长时间地留在酒店大堂。

一大群球迷在大堂等候着他们心仪的球员，手上的塑料袋里都装着供偶像签名的乒乓球体育运动纪念品。像集邮者一样，收藏品都是成套的，希望球员将名字签在这三样东西上：球拍、球、球台。这样，收藏者能对比赛过程留下一个完整的记忆。不过，张继科并没有让多数球迷如愿以偿，手机夹在耳朵与肩膀之间说着话，签了四五个名之后，就快步地向电梯走了过去，让球迷们揣着还没有签完的藏品呆呆地站在那里。下午，张继科再一次下楼，穿过大堂，直接就走进了即将启动的巴士车。

这是欧亚全明星对抗赛的第二天。

对蒂姆来说，张继科确实是一个十分特别的挑战者，这当然不是在刻意贬低水谷隼。几天前，在多特蒙德举行的德国公开赛决赛上，蒂姆就与这位中国对手相遇，未胜一局地输掉了。但话又说回来，既然在德国输了球，那中国不正好是最佳的“复仇”地点吗。

在去比赛球馆的巴士车上，张继科坐在第一排的单人座位上，右手拿着用毛刷涂抹了胶水要贴在球板正面的黑色胶皮，左手拿着手机。蒂姆正在与维尔纳·施拉格、艾德里安·克里桑议论一则乒坛的最新传言：一家乒乓球用品公司向所有乒乓球运动员悬赏，谁要是用该公司生产的球板以及正反两面胶皮赢得了世界冠军，谁就将获得一百万美元的奖金。一举成为百万富翁，这在乒乓球领域还前所未有。到目前为止，国际乒乓球赛的最高奖金也只有六万美元。

一流的乒乓球运动员一般都有一份好的经济收入，能为自己在乒乓球生涯结束之后留下一些积蓄，其收入主要来自赞助商。

“这一悬赏相对而言很高。作为专业乒乓球运动员，我们还真的很幸运，有自己的赞助公司和一个独立的市场。”蒂姆说。

国际奥委会将2008年夏季奥运会的主办权交给了北京，这对乒乓球的发展来说也是一个很好的机遇，它能促使乒乓球运动得到更多人的关注。奥运会的乒乓球冠军产生于神奇的乒乓球大国——中国，不可能有比这更大的奖项了。去球馆的途中，我们的车经过国家体育馆，由于其树枝状建筑支撑结构，它也被称为“鸟巢”。奥运会的开幕式和闭幕式都在“鸟巢”举行，田径比赛以及男子足球决赛也是放在这里的。

此时的蒂姆梦幻般地望着车窗外。

“正在回忆参加2008年奥运会的情景吗？”我问蒂姆。

“是的，这种经历，在人的一生中屈指可数。”他证实着我的问话，并向我讲起了北京奥运会前的备战，讲起了这一最奢侈的、他直到现在仅为一次比赛付出的最昂贵的努力。

在北京奥运会召开前的一年半时间里，我既没有喝一滴酒，也没有尝一块甜食，方方面面都非常注意。我很少食用碳水化合物，完全不吃猪肉，很少吃牛肉，只是有规律地吃一些禽肉类和鱼类。本来我就不怎么喝酒，如果晚上喝了两杯啤酒或红酒，在接下来的两天训练中我都会有不舒适的感觉，会感到无精打采，负担比平时要大得多。

如果我们赢得了一个大的冠军，对于耗尽了体力的我来说，庆功时能喝上一杯小麦啤酒就足够了。我享受胜利的最好方式，是与朋友和家人坐在一个安静的地方。当然，喝上一杯红酒，我也会感到很惬意，但真的不太需要。即使今后不打球了，我也不会成为一个酒鬼。我对妻子德莉说过：如果北京奥运会全部结束，晚上，就让我俩坐在壁炉前美美地喝上一杯红酒。可事实上呢？北京奥运会过去一年多了，我们都还没有机会作如此享受。

奥运会前，蒂姆像拧紧的螺钉一样，固定了自己的饮食营养结构。其他的，也是更重要的，那就是训练了。

如果今天蒂姆谈到自己身体素质训练这个话题时，人们差不多会完全忘记，蒂姆年轻的时候对身体素质的训练不仅没有兴趣，甚至还有些惧怕。对于枯燥的身体素质训练课，他是宁愿错过一节也不愿意特别加上一节的。为此，海姆特·哈姆培尔教练与约尔格·罗斯科普夫教练还特别给他们球队请了一位球员，以便能通过训练使蒂姆拥有健壮的双腿。

在北京奥运会比赛之前，人们尽可以这样比喻：蒂姆已经与他的父亲不相上下了。他的父亲是一位热衷于身体耐力训练的人，直到今天也还是一位骑上自行车能一口气蹬上数公里也不愿停下来的运动强者。

这些年来，乒乓球运动作为一项竞技体育，对身体素质的要求越来越高，运动速度也因此越来越快。它要求运动员的双腿能进行短距离的急速跑动，以及在漫长的比赛中在球台前来来回回跑上数千步而不会感到疲倦。这项竞技体育运动对体能的要求与瓦尔德内尔时代已经有所区别了。今天的教练在教孩子们打乒乓球的时候，很早就开始注意身体素质的训练了。如果蒂姆今天开始学打乒乓球，一定不会像以前那么舒适。在他作为专业运动员的生涯中，他的身体以及他的观念也在与时俱进地不断适应运动负荷。

在参加北京奥运会之前，他强烈地意识到了这一点，决心进一步加强自己的身体素质训练，以弥补与亚洲运动员相比最后的那点儿身体上的不足。

北京奥运会之前，我产生了一种未曾有过的雄心壮志。2007年的圣诞节，我下决心放弃一切，离开妻子和家庭，与我在法兰克福奥林匹克基地认识的体能教练霍尔格·雅里克·欧本奥尔（Holger Yannick Obenauer）先生一起去了西班牙小岛兰萨罗特（Lanzarote）。这也是我唯一的一次为提高体能而安排的自由时间，我希望真正地给自己加加油。以前，我讨厌体能训练，只是在十分勉强地、被动地接受这种训练。

随着时间的推移，我对身体素质训练有了兴趣，既跑步又骑自行车。除了高尔夫、篮球、羽毛球和网球，骑越野单车也成了我比较喜爱的一项体育活动。那段时间确实使我对身体的意识发生了改变。可以想象，即使今后不打乒乓球了，我也还会继续这些体育爱好，因为我不希望我的体重达到九十五公斤。

北京奥运会之前，我也有一个体重目标，即降到七十三公斤，对于身高一米八一的我来说，这个体重是最为理想的。一次度假，如果运动少，可口的食物多，我的体重一下子就会蹿升到八十一公斤。

在兰萨罗特岛，我的健身运动简直是太多了。我一度认为，北京奥运会上获胜的机会就取决于我的身体素质，所以我的身体一定要比他人强悍。我有足够的天赋和感觉。有这种天赋，所有的东西我都能比较快地学会，对乒乓球的特殊理解使我甚至能预见比赛中对方的球路。我欠缺的就是健壮的体格。

在兰萨罗特岛，我每天安排了三节体能训练单元，例如，在跑步机上跑八十公里。对我而言，这完全是一种非同寻常的负荷训练。

在一次强化训练中，我的双腿感到了一种从未有过的疲劳。但尽管如此，训练结束后，我又附加了冷水浴锻炼，以刺激我的肌肉。两个小时以后，我的膝盖就不对劲了。我们住的房间在第三层，膝盖当时疼得我简直就上不了楼。我去看了当地的理疗大夫，进行了按摩治疗，但也不见好转。我疏忽了，总是在要求自己训练，训练再训练，直至到了疼痛的边缘方才罢休。我还总是这样安慰自己，不会有那么糟吧，我的膝盖以前可从来没有出过什么纰漏。但结果并不是这样，从那个时候开始，我的膝盖患上了慢性炎症。到最后，我上楼都只能用一只腿支撑着身体了，膝盖的疼痛也并没有因打针而减轻。

原则上讲，这也是我自己酿成的后果，因为在此之后，我又愚蠢地、过早地开始参加乒乓球比赛活动了。

2008 年 2 月，欧洲十二强赛在法兰克福举行，是主场赛事，我无论如何都很想向家乡人民展示出自己最好的风貌。膝盖上的伤势应该说恢复得还算不错，比赛之前，我还放松地训练了三天。但人算不如天算，一到真正比赛，膝盖很快又疼了起来。我勉为其难地坚持将比赛打完，最后只得了第九名。这是一个令人失望的结果，特别是当大家想到，在此之前的三届欧洲十二强赛上我都赢得了冠军的时候。

其实，我应该放弃这项比赛的。由于该项赛事，我的膝盖又持续疼痛了四个星期，差不多整整三个月没有好好练球。

在此期间，我还加强了躯干和上身的力量训练，我的肌肉更加发达了。我身体中的脂肪只有百分之九，而一个小孩的身体脂肪为百分之二十一。站在镜子前面，我都为自己健硕的体型感到吃惊。

在此之后的一次国家队集训中，队员们在一起玩投掷“医疗球”的训练游戏。迪尔克·史梅尔芬尼格就站在我的旁边，他必须接住我扔过去的球。我当时的爆发力是如此之大，扔过去的球差点就将体型并不瘦弱的迪尔克掀翻在地。

其实，健硕的体型对我乒乓球水平的提高帮助并不是很大，裸着上身打不好球，我也不可能用我满身的肌肉来威慑对手。此外，乒乓球运动的特点对运动员肌肉的发达程度也有一定的限制。我有体会过分强调力量会相应失去一些细腻的感觉。

当我在巴士车上问到蒂姆的健康以及他的伤病时，蒂姆稍稍停顿了一下，他左右转动着他的上身，好像要刻意避开我的问话似的。然后，眼睛盯着身前的座椅说道：“我不太乐意谈这个话题，我也不想将其作为一个借口。事实是，疼痛总是会在一些关键时刻表现出来。”

疼痛使他不得不放弃一些训练单元，2004年雅典奥运会之前，因为疼痛，他几乎不能再进行身体素质训练了。疼痛也使他不得不放弃一些重要比赛，如2008年在中国广州举行的团体世乒赛。2009年，他也因腰脊柱疼痛错过了日本横滨的单打世乒赛。脊背疼是蒂姆事业上罪恶的伴随者。

蒂姆的教练哈姆培尔充分相信：“如果蒂姆有一个强壮的身体，在世界乒坛上，他将是无敌的！”

从十九岁开始我就有了伤病的困扰，我还能清楚地知道，在什么日子里疼痛就会降临。在2000年德甲乒乓球联赛上，我们与弗里肯豪森队打过一场比赛，那场比赛中，我的对手是中国运动员丁松——一位令人难以置信的、超稳健的防守型球员。2002年德甲联赛的一次比赛中，我曾与丁松打了一个有四十八个来回的相持球。要战胜他，我就必须拉出强力旋转的弧圈球，要消耗大量的体力。特别是在对付削球手时，不断拉弧圈球就有脊椎受伤的危险。

2000年，与弗里肯豪森队的丁松比赛的时候，一切都还算顺利，比赛之前、比赛中、比赛后都没有疼痛的感觉。但我第二天睡觉后醒来，就突然感觉到脊背疼痛得难以忍受，身体哪怕向前弯一毫米，疼痛就会如刀刺一般。开车的时候，我的身体几乎不能向前靠近方向盘。

有些人的身体，好像就是专为体育运动打造的，但有些人的身体就完全不是那么一回事。高强度、大运动量的身体负荷训练对我的身体来说就不合适。与其他运动员相比，我的身体更容易超负荷，这与健身训练似乎没有多大关系。在球队里，尽管我的身体素质强过他人，但脊背的疼痛感还是不时会出现。

为解决蒂姆的背疼问题，教练员也绞尽了脑汁。伊斯特凡·柯尔帕建议蒂姆在球台前换一种基本姿势，既能提高身体的灵活性，又可以避免背疼。站在球台前，两只腿不要分得太开，最多一肩宽，也不要整个脚掌落地。这样，背就不会像蜡烛一样笔直僵硬地挺着，会感到松弛一些，在长时间的比赛中产生痉挛的可能性会小一些。他觉得，蒂姆在球台前的身体姿势缺乏放松的阶段。

海姆特·哈姆培尔却不同意这个说法，他认为，大凡优秀的运动员，如蒂姆、王励勤，球台前站位的双腿都是分得很开的，只有这样才能实现正确的击球角度。

哈姆培尔说："是否换另外一种基本姿势就能真正减轻脊背的疼痛，现在还没有得到证实。可能以前就应该对蒂姆进行体操方面的训练，加强背部力量的练习，但这已经是后话了。"

为解决脊背的疼痛问题，我已经尝试了很多方法：打针、有理疗效果的鞋垫、体操康复。在中国打中超联赛的时候，我还试过中医按摩、针灸和拔火罐等传统治疗方法，但一直都没有找到一种真正的解决方案。这也意味着，要消除疼痛，就只有少打球。

少打球对我来说意味着，要开展少而精的乒乓球运动强化训练，放弃一些一般性的技术训练单元，这样来试图保持自己的状态，一般而言，疼痛也就很少发生了。

此外，我还在努力，尽可能多地加强力量训练。我现在在力量训练中使用的是一种电动刺激的运动器械，而不是传统的举重杠铃，这样身体的负重就没有那么大。我也经常做一些保健治疗，比赛时，我每天都做按摩，在杜塞尔多夫乒乓球训练中心也是这样。年轻的时候我总觉得按摩浪费时间。可现在，我却为此投入了大量的时间和金钱。

由于脊背的疼痛出现完全不能打球的现象也是极少的，有时我也是忍着，在疼痛的干扰下坚持比赛。幸运的是，我有很好的、能行之有效地帮助我的医生们。以前是米勒－沃尔法特（Müller-Wohlfahrt）大夫，现在是佩尔（Peil）大夫。当然，我一直都心存恐惧，唯恐疼痛会卷土重来。

深感遗憾的是，这疼痛也是我命中注定：先天性的骨盆错位和敏感的、容易发作的骶髂关节。我的父亲和祖父都有类似的毛病。

我甚至可以这样说：以我自身身体条件而言，乒乓球运动是我选择的一项最不合适的运动类型。

因此，根据蒂姆的身体条件，长时间、大负荷量的艰苦训练肯定是不合适的。他必须采用经济可行的训练方式。毕竟他还想继续打下去，至少要打到2020年的东京奥运会。那个时候，他已经三十九岁了。因此，他要特别合理地安排自己的训练计划，这在中国是难以想象的。

专业性运动一旦达到一定的水平，那么，运动对于运动员的身体来说就可以视为一种毒素，它刺激着身体、折磨着身体，直到将身体推到不再健康的边缘。在乒乓球运动中，我们必须忍受特别的身体负荷：不连贯地急停，一会儿向前、一会儿向后、前冲的弓箭步……运动员往往是在用一种不应该采用的、不健康的身体姿势持续地打球，换句话说，用对身体有保护作用的姿势打球是完全不可能的。因此，一系列动作中很可能就有一个动作会危害到身体。

如果说，弧形的肢体动作才是健康的，那么，人每天应该开展的就是转动方向盘的锻炼和骑自行车。

但是，谁又愿意每天这样做呢？蒂姆的经验怎样才能与德国乒乓球协会在2000年庆祝乒协成立七十五周年纪念文集中给出的一个美妙标题真正地协调起来呢？

这个标题是：一个为了生命的运动。

难道乒乓球运动不是一项可以从儿童到老年数十年持续开展、适合人们整个生命过程的运动吗？

专业文献应该能够给出这个答案。但确实，除了维尔纳·施拉格先生的个人自传《赛点球》（*Matchball*）这本书以外，几乎所有德文版的乒乓球书籍都只注重介绍乒乓球运动的训练、技战术，几乎不谈为什么要打乒乓球以及乒乓球运动的特点等技术以外的话题。

这个答案，人们在美国的书市上能够找到。尽管美国没有出现乒坛名将，但却出版了不少特别出色的关于乒乓球的书籍。

乒乓球运动是否有年龄限制？

美国作家，同时也是业余乒乓球爱好者的杰罗姆·卡尔因（Jerome Charyn）先生在他的《激情削球与魔幻旋转》（*Sizzling Chops & Devilish Spins*）一书中做了回答。卡尔因先生不能理解一位医生，同时也是一位乒坛官员的见解，即应该劝阻老年人打乒乓球。这位乒坛官员的见解是，乒乓球运动容易引起人高度兴奋，脉搏在“8”字形的波形线上，这对所有心脏循环系统负担越来越重的老年人来说都隐藏着风险。而卡尔因先生则认为，打乒乓球会对人的身心产生有益的、积极的效果，如有利于手眼之间的互相配合协调，消除人身心的紧张压力，能使人更加专注，将人带进另外一种意识状态……等等。卡尔因先生说：“人的肉体之外是心灵，是一个神秘的、不可思议的、不会消失的永远存在的陌生区域。”

卡尔因先生继续寻找答案，最终，他见到了一位心脏病专家，同时也是乒乓球运动员的史蒂文·霍罗维茨（Steven Horowitz）先生。霍罗维茨先生告诉他，乒乓球运动对人的心灵、情感是有好处的。因为它涉及比赛和挑战，而这正好是老年人群需要的。

卡尔因先生在书中引用了霍罗维茨先生的解释：“人们没有兴趣去蹬健身房的自行车的踏板，除非他不想去一个什么地方的话。”

人到老年，生活中最大的风险是抑郁、沮丧，要有助于这个问题的解决，就需要有一个任务、一个目标、一个刺激——乒乓球运动。乒乓球比赛虽然也隐含着风险，特别是对那些没有练过球的人。霍罗维茨先生建议老年人在走向球台之前，应做一个详尽的身体检查。他还确定：“比赛有一个象征意义，它能消除老年人心中的烦恼，使人觉得年轻，能增强老年人的社会集体意识。”

因此，比赛时激情昂扬的人一般都是年纪大的人，因为打球是他们在与老年人的抑郁和沮丧作斗争。也可能正因为如此，卡尔因先生的书有着诗意一般的副标题：乒乓球，延年益寿的艺术。

巴士在体育馆门前停了下来，在此期间，张继科已经将胶皮用压胶套粘贴在球板上了。在进体育馆的门前，一位女检查员将蒂姆叫住了，要检查他的包，因为探测器发出了警报声。可就在女检查员要将蒂姆的包拿过去检查的时候，欧洲乒联的一位官员盛气凌人地叫了起来：“Don’t do that! He’s a player!——不要那样！他是参赛运动员！”蒂姆吃了一惊，继续前行。

球台还是如此安静，还像昨晚离开时那样，在运动员面前暖暖地被灯光照耀着。蒂姆又开始了场内短时间地跑步热身，接着与队友与俄罗斯运动员进行

经常出现的情景：蒂姆在中国顶尖运动员面前不得不承认失败。图为中国运动员王皓在 2008 年世界杯决赛场上

基米尔·萨姆索诺夫对练。奥地利运动员维尔纳·施拉格打了几分钟球后就退场了，然后坐在围栏后的黑椅子上观看。蒂姆离开球台走过来，坐在了我的身边，顺手拿起了一瓶供运动员饮用的矿泉水。

我对他说："海姆特·哈姆培尔教练对我说过，他能够从你赛前对练的姿势中和你身体的紧张程度中看出你是否已经作好了准备。"我也关注到了这一点。

听到这里，蒂姆惊讶地竖起眉毛，说道："这一点，教练知道得比我还清楚，我完全没有这方面的意识。我现在就无法告诉你，一会儿比赛起来会出现什么状况。"

蒂姆又是倒数第二个上场，慢慢地，与张继科较量的紧张气氛会加剧。不管比赛结果如何，蒂姆现在就已经知道，这场比赛是十分值得的。因为，与中国运动员打一场球要胜过在家的多个训练单元，他说："能感受到对方带给自己如此大压力的比赛机会并不多，从这些比赛中才能够真正了解到，自己在哪些地方还存在弱点。”

越是少而精、有选择性地进行训练，以便尽可能长时间地延续自己的运动生涯，蒂姆就越是要更多地从比赛中获取经验。对他来说，一场比赛不仅是一个简单的测试、一个只是运用自己已经熟知的球技的机械过程，也是一个对乒乓球技术发展变化不断作出反应的过程。

在中国举行的一次公开赛上，蒂姆与中国香港球员李静[1]相遇。李静是一位他很难预估的直拍选手。

比赛之前，他与教练理查德·普劳泽短暂地思考了对策：怎样才能有效地破解李静有威胁的发球。为什么不能试一下特别的反手接发球技术呢？比赛中，蒂姆一反常态地用球拍将球侧拉了过去。他的这个接球动作，不仅使他的场上对手感到吃惊，不知所措地把蒂姆接过来的第一个球就打出了界，就连场外专事研究蒂姆·波尔的中国国家队的旁观者们也坐不住了，他们开始互相窃窃私语，以至于教练员赶快检查，看架在场外拍摄比赛过程的摄像机是否还在正常运行。

“中国人会认为，蒂姆在这些年里又细心琢磨出了一个新的接发球技术，直到现在才让人意想不到地表现出来。”教练普劳泽说：“事实上，这只是蒂姆杰出创造力的一个即时发挥。”

> 一般比赛中，我事先都不会有什么完整齐备的战术准备，特别是对付中国运动员，我不能固定自己的打法，因为他们在场上技术调整得非常快。比赛中，我的感觉往往是，时刻留意对手当前的打法，自

1 李静，中国乒乓球运动员，1990 年进入中国国家队，1992 年在全国锦标赛中获得了男单第二名。2008 年国际乒联职业巡回赛中国男团亚军，2004 年雅典奥运会男双亚军。后因身体原因退出国家队，现为中国香港女队主教练。

己的打法要随对手的变化而及时变化。此外，还要注意对手当天的竞技状态，要力争打出使对手感到出乎意料的球，出奇才能制胜。例如，王励勤的正手攻球十分强势，强势得有时候连他自己都会认为，对手不敢将第一个接发球打到他的正手位去。掌握了他的这个心态，有时候就要将球正好打到出乎他意料的正手位上。比赛中，人要去细心揣摩，他是否能估计到我回球的落点。这也是我的一个强项：能比较准确地揣摩对手的思路。

欧亚全明星对抗赛又开始了，一场接着一场，但进程并不像欧洲人想象的那样。艾德里安·克里桑输给了韩国的朱世赫，维尔纳·施拉格输给了中国香港选手唐鹏，只有弗拉基米尔·萨姆索诺夫单打战胜了日本的水谷隼。坐在围栏后面的欧洲队显得越来越安静，每个人都像沉湎在重重心事之中。欧洲队已经3 ：5落后了，还剩下最后一个机会：蒂姆必须赢。只有赢了这场球，欧亚两队之间就还没有分出胜负。只见蒂姆起身，在座位后面简单地热了热身，左右压了压腿，空手挥臂做了几个拉弧圈球的动作。

球馆里坐了大约一千名观众，比昨晚多出二百人，但仍有几百个空位。尽管现在要进行的比赛发生在蒂姆与中国队队员之间，也可以说是当今乒坛能够奉献出来的最紧张、最精彩的一场比赛。

“So!”蒂姆嘟了这么一个感叹词，然后手握球拍与张继科站在一起，准备向球台走去。

对蒂姆这样一个沉默少语的人来说，一个小单词的意义会非常之多。“So!”是蒂姆最爱蹦出的一个词，带上不同的音调意义会完全不同，就像汉语发音，同一个音节发出高低不同的四声均有不同的含义。汉语课中最爱举的一个例子是音节“Ma”，如果这个音连续读上五次，即“Ma Ma Ma Ma Ma”，这个句子的意思就有可能是：“麻妈骂马吗？”

蒂姆说，“So！”意思可能是“已经准备好了”或者是“就如此这般……”

或者是“看吧，会发生什么”。在与张继科比赛之前蹦出这个“So”意思很可能就是“看一看，现在会发生什么吧！”声音听起来，似乎不太确定，也不是很坚决，如若不然，其音调会更诚恳、更坚毅，也更深沉。

蒂姆与张继科一起通过霓虹灯门经过主席台走向球台。当馆内大喇叭介绍蒂姆的时候，蒂姆闭着双唇从下到上向观众席看了过去并弯腰鞠躬致意。观众们在欢呼，在鼓掌。他看起来十分礼貌，不像他的对手那样具有自我意识。在大喇叭介绍张继科的时候，张继科点了点头。中国观众对自家队员的欢呼声自然要更加强烈一些。

蒂姆脱掉运动服，站在了球台旁。

开始比赛前的对练，小小的白球在网前飞来飞去。蒂姆身穿蓝色短袖，张继科身穿红色短袖，蓝红辉映，像围绕着球台的彩色光环。赛场周围，架设着电视台的十一台大型摄像机，从各个观察角度对准了球台。中国中央电视台转播过青年队的乒乓球比赛，CCTV-5 体育频道也曾实况转播世乒赛长达六十个小时，观看这一转播的观众比例相当高。2000 年，观看马来西亚吉隆坡团体世乒赛中国队对阵瑞典队决赛的中国观众达九千万。

坐在我与欧洲球员身旁的是来自丹麦的按摩师吉姆（Kim）先生。他低声对我说：“你看他的大腿肌肉。”

他用专业人士的眼光盯住了张继科的大腿——给人印象深刻的腿部肌肉结构。

中国《乒乓世界》杂志曾经报道过，按照父亲的规划，张继科原本是要去踢足球的，因此，他给儿子取名时也是按巴西足球运动员济科（Zico）名字的发音，Zico 的中文发音就是“继科”。但在中国足球队输给他们队之后，作为乒乓球运动员的父亲觉得，踢足球很可能前途不大，然后才教儿子打乒乓球。在练乒乓球的同时，父亲还让他练跳跃、游泳，练爆发力和健身运动。最后，张继科成了中国国家乒乓球队身体最强健的运动员之一，当然，这同时也意味着他是世界上身体最为强健的乒乓球运动员之一。

蒂姆在等待张继科发球，他俯身下蹲，腰胯与球台边缘齐平，还没有哪一个乒乓球运动员采用如此低的站姿。他眉毛上扬，好像这样才能使眼睛睁得更大、看得更清楚一些似的。他额头微皱，又像在玩智力竞猜游戏。

张继科发球，球赛开始，计分开始。开局还算不错，但1 ∶ 1之后，蒂姆连续两个反手弧圈球出界，紧接着，又是两个正手弧圈球失误。打张继科看来十分困难，缺乏“感觉”，即一种正确的接触球的感觉，很快蒂姆以3 ∶ 8落后。

“打疯了！”当张继科打过来的一个弧圈球没有接住，球在身后向围住赛场的挡板滚过去的时候，蒂姆如此叹息一声并垂下了双臂。

第一局以蒂姆的一个发球失误结束：5 ∶ 11。蒂姆错过了在一开始就向张继科施加压力的机会，即没有发挥出自己多变的球路以及攻击性强的打法来震慑住对方。因为，对付中国运动员的一个有效办法是，教练理查德·普劳泽曾经这样分析：“欧洲乒乓球运动员与中国乒乓球运动员比赛，就像拳击台上一个次重量级的运动员与重量级的运动员较量。重量级运动员占优势，因为他有更多的储备和击打的力量。但如果他在比赛中感觉到了阻力，他不能很快将对手击倒的话，那他自己就会先乱了方寸而恐慌起来。”

此时的赛台上，蒂姆有两个对手：张继科和他自己。他在内心告诫自己，不要自暴自弃，在开局不利的情况下一定要再一次把注意力集中到比赛上来。

以前与中国运动员交手，进入比赛时我总是急躁不安，总是嘱咐自己：在比赛中要打出一些特别的球来。可比赛时我往往会处于下风，因找不到自己的节奏而背负压力，从而丢失自己的思路最后输掉比赛。近几年来，我就一直在努力，碰到中国对手也要像碰到其他对手一样，以平常心进入比赛状态，不要在球还没开打，自己的内心就先紧张起来了。

蒂姆的身体语言在与张继科打第二局时也没有得到改善，失误一个球后，他两腿直立，眼睛瞅着地板。身体语言将脑子里要说的话翻译了出来：要寻觅良策，避开对手巨力大的球，摆脱被动局面。

第二局，蒂姆也输了：7 ∶ 11。最后一个球实际上是蒂姆的一个擦边球，但裁判员却判该球出界，张继科得分。

比赛间休息的时候，教练彼得·萨尔茨的任务繁重，他要用语言和姿势将自己的某些意图表达出来，再让蒂姆带进比赛中去。萨尔茨随和地看着蒂姆，好像在说：我知道，你一定能行。场边队友维尔纳·施拉格还叫了一声，他也在失误！意思是希望蒂姆在张继科风头正劲的时候顶住。直到现在，张继科的弧圈球都打得很出色，只要球在球台上一跳起，他就能迅速地拉过去，而且落点刁钻。

第三局一开始，出乎意料的是，场内的观众主动参与进来了。

“波尔，加油！波尔，加油！”的喊声逐渐增多，大概观众们不希望比赛这么快就结束，也可能真的希望波尔能战胜表情冷峻的张继科。一场发生在观众之间的喝彩竞赛声在球馆里此起彼伏地响了起来。

左边看台上的观众在喊：“波尔，加油！波尔，加油！”

右边看台上的观众在喊：“张继科，加油！张继科，加油！”“继科”在他们的喊声中拉长了“继”的音，“科”的尾音都差不多被省略掉了。

蒂姆与张继科，双方对视着，没有一个愿意掉进对方为自己设下的陷阱里，期待准确地判断出对方发球可能给出的、狡诈的旋转。发球，接发球，直接得分，此时的比赛谨慎小心，显得战术意识更强，也更显得不确定、没有把握。双方在斗勇，更在斗智。但只要有一个球来回相持的时间长，双方都拉出了强劲的、炫目的弧圈球，看台上的观众就会像喝了兴奋剂一样忘情地喝起彩来。即便球还在来回相持的过程中，观众们也会兴奋地呐喊，特别是在一个几乎不可能接住的球被挽救过来的时候。球相持的时间越长，观众的呐喊声就越激情昂扬。当然，偶尔一个发球失误，他们也会发出一阵快意的嘘笑声。整个球馆洋溢着热情，充满着勃勃生机，一颗颗乒乓球的心在这里跳得既响亮又剧烈。

观众激昂的情绪在蒂姆的身上产生了效果，他渐渐进入了状态。发球前，他对着球眨了两眼，好像能将球拉到自己身边来一样。

此时，蒂姆紧紧咬住了通常情况下反手强劲的中国对手，开始频频得分。他的身体语言也显示出勇敢顽强的斗争精神，每赢一个球他都要将右手紧紧地攥成拳头。

“他是一个循规蹈矩、文静拘谨的享受者。”教练哈姆培尔曾这样形容过蒂姆，进而又强调：“我必须首先教会他，有时候在赛场上也要将自己的拳头举起来。”

我也认为，在赛场上要自我激励、自我推动，公开展示自己的激情。但我无意因此而挑衅、激怒对方，这对对手是不公平的。我知道，这种向对方举起拳头，并且用一种敌视的目光扫视对方的行为表现，在今天的乒乓球比赛中越来越多地出现，但我不欣赏这种做派。即便比赛中打得不好，没有达到预期的目标，我也能够欣然接受。我做不到，为了达到某个夺冠目标，而成为一个令人讨厌的人。但如果有人在球台边这样做，那是他自己的事。我不是一位传教士，不会也不想试图去改变他人，将他人引向正途。

蒂姆终于找回了一点儿比赛的感觉，第三局以 11 ∶ 5 战胜了张继科。

蒂姆将自己的强势在赛场上表现出来了：落点刁钻的弧圈球，多个连续的、带旋转的、箭一般快速的球，所有的都像是周密规划过一样一气呵成。蒂姆带着满意的神情来到教练身边，喝点儿水，听教练彼得 · 萨尔茨的指导意见。

第四局，蒂姆期望水平有更加出色的发挥，却遇到了对手更加强大的抵抗。张继科的速度加快了，弧圈球拉得更加精准到位。蒂姆很快又以 1 ∶ 5 的比分落后，他心情烦躁地转过身子。他开始出现了一些简单的失误，相持球中不再能够成功地将主导权掌握在自己手中。比分牌显示4 ∶ 7。张继科一记强力弧圈球射向蒂姆，蒂姆急忙作出反应，将球回了过去，但他再也无法摆脱对手旋流般进攻的纠缠。比分打到5 ∶ 10时，对方一个发球，蒂姆接球出界：5 ∶ 11。蒂姆大比分1 ∶ 3输掉了整场比赛。

张继科欢呼胜利，但与他在鹿特丹获得世乒赛冠军时相比，这是一次相对平静的欢呼。蒂姆认可地向他点了点头。

在赛场挡板的后面，蒂姆一屁股坐在了黑色的折叠椅上。

“太差了，简直没有头脑！”蒂姆喃喃自语，更多的是在责备自己，而不是责备其他队友。

“太难了，如果球这么低的话。”其他队员不乏同情地望着他。

胜负未分是不可能的了，亚洲队在这次较量中获胜，最优秀的欧洲球员还是没有改变这个结局。蒂姆很快脱掉了球衣，好像要借此摆脱失败。光着上身的蒂姆在椅子上坐了近两分钟。

“现在你看到了吧，问题出在什么地方。”蒂姆对我说，“如果接发球不好，我就没有机会。”蒂姆又开始客观地分析比赛了。

根据教练们的回忆，在赛场上蒂姆是很少失去他惯有的镇静情绪的。有一次比赛之后，他将一个装水的饮料瓶扔到了一边。那是2006年香港职业巡回赛年终总决赛上，他在四分之一决赛中输给了韩国运动员吴尚垠[1]，他一方面因失败而愤怒，另一方面也因为他的比赛进程在大会介绍其他球台上的比赛时不得不中断而感到愤怒。还有一次情绪失控是在比赛局间休息时，为自己赛场被动的局势在球桌上非同寻常地猛敲球拍，因此吃了一张黄牌。在他整个乒乓球生涯中，吃黄牌的情形是很少的。

因情绪失控、行为过分而受到纪律制裁，在中国球员身上却时有发生。

1　吴尚垠，韩国乒乓球运动员。2001年世乒赛混双决赛银牌获得者。2005年上海世乒赛杀入四强，获得季军。2021年当选为韩国乒乓球男队主教练。

一次，陈玘在球馆将一把椅子踢得老远，因而受到了体力劳动的惩罚，他必须去菜园里摘黄瓜。

张继科小时候受到的惩罚就更多了，如果他没有遵守父亲为他规定的纪律的话。中国乒乓球杂志《乒乓世界》曾报道过张继科的父亲为此深感后悔的话。

“我不应该经常打你。”张继科的父亲说。

“如果你不打我，我怎么能够在这个年龄就参加在世界各地举行的乒乓球比赛呢？”张继科这样回答。

这种对话，离蒂姆宁静安然的霍赫斯特世界，是太遥远、太遥远了。

欧亚乒乓球对抗赛中最后一场单打已经没有什么意义了，亚洲队稳操胜券。在蒂亚戈·阿波罗尼亚与中国台湾球员庄智渊比赛时，大赛组委会就已经开始请蒂姆去球馆的混合区域接受记者们的采访了。蒂姆穿上了训练服，穿过馆内帷幕走进了球馆前厅，六台摄影机和八位记者已经等候在那里。

还未等蒂姆站到贴满赞助商商标的墙板前，第一个问题就提出来了：谁将会是伦敦奥运会的乒乓球冠军？

蒂姆环顾一下四周，轻轻地在地上转动了一下脚尖，然后用流利的英语机智而又风趣地回答道：“我希望，我能在伦敦奥运会上与一位中国运动员争夺冠军。”

记者们希望知道他目前的竞技状态，还想知道他对张继科等中国球员的评价等。最后，记者们问到了“奥恰洛夫兴奋剂事件”以及他在中国食用肉类的情况，蒂姆都平静礼貌地作了回答，并不失时机地表达了他对中国运动员以及对中国的钦佩和尊重。

组委会官员卡尔先生向蒂姆做了一个手势，带着我们离开前厅来到了另外一个房间继续接受采访。一家知名的门户网站在这里搭建了自己的新闻采访中心，三个话筒同时对着蒂姆。除了记者和卡尔先生，房间里还有卡尔的一位女同事，自我介绍名叫阿碧盖尔，一位身穿羊毛衫、一脸“浓墨重彩”的年轻女士。

蒂姆坐了下来，一台小型照相机对准了他，下一轮一问一答开始了。

提问：“你是伦敦奥运会最有希望夺冠的运动员吗？”

回答：“我更多地感觉到，我只是一个猎手。中国运动员应该是最有希望夺冠的，我是一人，而他们是一群。”

提问：“你将年届三十，你觉得自己的体能现状如何？”

回答：“三十岁，在中国就是一位老运动员了，但在欧洲，正是年富力强。”

提问：“请谈谈你的足球生涯。”

回答：“我曾经是一位足球前锋，最爱看的是德国波鲁西亚多特蒙德足球队的球赛。”

问答结束，三人致谢，蒂姆又幽默地补上一句：“我希望 在明年的采访中能用中文回答你们的问题。”

球馆里，阿波罗尼亚与庄智渊的比赛正处于最后的阶段，葡萄牙人大比分领先。他私下已经与对手达成了协议，要给现场观众们一份小小的“餐后甜点”。

他们开始了表演乒乓球放高球的游戏，只见阿波罗尼亚跳到了赛场围栏的外面，将球高高地挑起，球以近乎球馆高度的弧线落到对方的球台上。我们坐在靠边的两个座位上，蒂姆叹息了一声：“唉！这就是欧亚对抗。”

“我认为这很有意思，坐在长凳上近距离地观察你的比赛。”我对蒂姆说：

“不管怎样，我有这样的印象，看到了你的多种表情，有敢于拼搏的、果敢坚决的，还有抱怨的、苦思冥想的……但大多数情况下你都是相当专注的。难道你确实每一次都能做得那么好，能保持住内心的一份平静和专注吗？即便在比赛处于劣势的时候，就像今天晚上在一些相持球中表现出来的那样。”

“并不总是这样，但我可以对你说，在大多数情况下我都能做到。”

“是否有这种戏剧性的失败，促使你的心态做不到平静和专注呢？”

“没有，这是人的自我意识、自知之明。”蒂姆的表达十分肯定，好像我这个提问者应该不言而喻地意识到这一点似的，因为他马上滔滔不绝地又说了起来。

有很多比赛，比分还在0∶0的时候，我就开始有些六神无主起来。在这种情况下，我就会问我自己：你到底在这里干什么？你为什么要如此恼怒你的对手？难道就因为他打得好吗？你完全了解他吗？当然，自我承认这一点，也是相当困难的。这是内心情绪的一种反射、一种自我保护的心理意识，即将一切都推给对手，特别是自己在比赛中不顺利的时候。

我相信，大多数人在比赛中都在顽强地拼搏，都盯着胜利，我也不例外。但多年来，我一直也在努力养成这样一种思维习惯：只要自己满意就够了，结果如何并不重要。难道多得两分或少得两分就能决定你场上打得好或不好吗？相对而言，我不太依赖、看重比赛的结果。这在心理上要比一定要赢的心态简单得多。如果只想取胜的话，人就会平添紧张。比赛中，我总是在试图说服自己：赢得比赛并不是一切，更重要的是，你走出球馆后，自己对球场上的表现感到满意。

不是一味地注重比赛结果，而是无论如何能保护自己不会因输赢而担惊受怕。蒂姆在这方面做得是很好的，理查德·普劳泽教练对这一点予以证明，他说：

“我不知道是否还会有其他乒乓球运动员能够像蒂姆那样如此平静地说，我评价我的比赛不只是在输或赢的结果上，而是在比赛中自己发挥得好与不好的程度上。有这样的心态，蒂姆在赛后就能很快找到内心的平衡，也能够平静地说出，比赛中我已经充分发挥了，但对手比我发挥得更好一些。”

即便是蒂姆·波尔这样一个内心平和、心态平衡的人都还要去努力寻求平和与平衡。这一方面，实际上是中国人无意识地帮助他，因为他们一次又一次地战胜了蒂姆。但这并不是说，有了这种自我平衡的意识以后，蒂姆就会有免疫力地做到不会再激动，不会再度缺失自己力求平和、平衡的原则和方针。情绪的开关不是一关上就一劳永逸地不会再打开了，他有再犯的危险，当自我怨愁像野兽般的大爪抓着他的时候，他的情绪就有可能再次失控。

毕竟乒乓球运动不只是一种简单的身体运动，不只是挥挥臂、动动腿、眼睛追逐着小球就行了。女子与女子、男子与男子、男女混合、男女双打之间的对决，暴露出来的往往是球员个人的素质和特点。有些人在比赛中，即使面在自己十分熟悉的对手面前也会这样想：打起球来，我怎么连自己都不认识了。

乒乓球往往会使人露出马脚，能撕下人伪装的面具。但反过来也能展示和凸显一个人具有的令他人愉悦的性格特点。

这就是乒乓球：你告诉我，你怎样打球；我告诉你，你是谁。

中国的第一个世界冠军容国团就认为：“打乒乓球更多的是用脑，而不是用手。”

中国也有这样的普世格言：沧海横流，方显英雄本色。就是说，越在关键时刻，越能显现一个人的人格特征。乒乓球运动中就有很多这种关键时刻，自从赛制改成十一分后，这种关键时刻就更多了。

乒乓球能告诉你一个球员的虚荣心有多大，能告诉你这个球员的自我意识、恐惧、雄心抱负、好胜心以及他在打球中的快乐程度。从热身时的练球中你就能窥探到一个球员的社会交往能力。因为，如果谁在练球的时候只注意自己如何打，而不考虑与对方配合训练，谁在生活中就很可能也是一位极端的自私者。

乒乓球作为人们闲暇时的一种娱乐活动，已经成为反映娱乐者性格特点的一面镜子，在你来我往“乒乒乓乓”的娱乐中，人们很可能无意识也就加深了对对方的认识。

在德国，乒乓球俱乐部注册的成员有近五十五万三千人，另外还有四百万乒乓球运动的爱好者。乒乓球就这么简单，在自己家中的厨房或客厅的桌子上，用饮料盒、书籍搭成球“网”，人们就可以打起球来了。人们喜欢将乒乓球台摆在车库里，或者像蒂姆家里那样放在从事业余爱好的地下室里。一旦需要场地，如开派对，球桌上就可以摆上丰盛的自助餐。乒乓球在室外也可以开展，学校操场上、露天游泳池边以及公园的草坪上，到处都能见到水泥乒乓球台。谁要是到过一些小型的乒乓球俱乐部，或者见过属于某小型企业的体育代表队，他们很可能就是在一个安置送暖设备的房间里练球，或者在地铁站里、在行政大楼的过道上、在餐馆的后厅里……

乒乓球甚至形成了一种亚文化，如位于德国柏林普伦茨劳尔山（Prenzlauer Berg）的“乓博士（Dr. Pong）”酒馆就举行了乒乓球循环转圈的接力赛。在那里，顾客一只手拿着乒乓球拍，一只手举着啤酒瓶。在这里，游戏、体育、兴趣和“派对”之间的界限消失了。

《乓》实际是一个计算机游戏的名称[1]，乒乓球运动作为这个计算机游戏的蓝本，提供了游戏的基本理念。但从另一方面,《乓》也“册封”了乒乓球，使乒乓球运动的地位和意义更显“高贵”。

有这样一本关于乒乓球文化的书，书名叫作《万事皆乒乓》(*Everything You Know Is Pong*)，作者是罗格·贝讷特（Roger Bennett）和艾利·霍洛维茨（Eli Horowitz)，同样也是在美国出版的。这是一本轻松诙谐的著作，副标题是：“强大的乒乓球是怎样决定我们这个世界的。”作者至少有那么点儿郑重其事地认为：乒乓球是一个沉睡的庞然大物，是一个能上演日常生活中无数戏剧性事件的大舞台，是一种最为理想的闲暇运动。乒乓球运动中，人们能够足够近地相对而立，以观察了解对方，同时又能足够远地相互分开，营造出动人心魄的紧

1 《乓》（英语 Pong），是雅达利（Atari）在 1972 年 11 月 29 日推出的一款模拟乒乓球比赛赢取高分的投币式街机游戏，名称 Pong 取自乒乓球被击打后所发出的声音。

张气氛。作者在书中这样写道：

在乒乓球运动中我们学会了耐心，学会了谦恭和接受。它帮助我们解释，为什么乒乓球能成为一项伴随人一生的体育运动。击球速度快的人可能会在一两个相持球中暂时获胜，但是，要赢得整场比赛，靠的还是智慧。可以说“乒乓”在我们生活的各个层面都有位置。

乒乓球激发情感冲动，能带来儿童般的天真、单纯、快乐、烦恼和惊讶。

美国著名电影演员苏珊·萨兰登（Susan Sarandon）[1]也特别喜爱乒乓球运动。上海举办过一次“中国对抗其余世界”的乒乓球活动，特别邀请了这位奥斯卡获奖女明星，在活动中蒂姆遇见了她。萨兰登女士十分赞赏、钦佩蒂姆，对蒂姆说：“你是我最喜欢的运动员之一。看你打球，尽管很紧张，但很有乐趣。”

但她自己在上海打表演赛时却显得十分紧张。她说：“在众多观众面前打乒乓球，我确实感到十分紧张。”

作为他们之间见面的纪念，萨兰登女士送给了蒂姆一个由托德·奥尔德姆（Todd Oldham）[2]先生特别为她设计的球拍套。在纽约，萨兰登女士还是当地乒乓球俱乐部“SPiN（旋转）”的老板之一。当初，她选择乒乓球时就这样说过：“乒乓球运动速度快，有乐趣，不昂贵，几乎不会使人受伤。”

萨兰登女士还说：“作为一种有利于心灵健康的运动，我认为，乒乓球运动比那些纵横式空格填字游戏还要好。它没有大小区分、年龄界限、性别差异。我觉得，乒乓球的这一优势特别突出，一个纤弱的小姑娘也可以与一位强壮的小伙子同台较量。”

1　苏珊·萨兰登，美国女演员、制作人，毕业于美国天主教大学，获电视剧及英国文学双学士学位。1996 年获第六十八届奥斯卡金像奖最佳女主角奖。在第十四届上海国际电影节上获世界电影杰出贡献奖。

2　托德·奥尔德姆，美国折中派设计师，无障碍设计界一位著名的革新人士。奥尔德姆的设计风格具有超现实主义色彩，原创性强，兼容并蓄地吸收了多民族文化元素。

表演艺术家与乒乓球艺术家相遇：著名女演员、奥斯卡电影奖获得者苏珊·萨兰登女士在上海“中国对抗其余世界”的比赛活动上向蒂姆表示，他是她最喜爱的乒乓球运动员之一。在纽约，苏珊与朋友们一起经营着一家“乒乓吧”

一个老年人有可能战胜一个年轻强壮的小伙子。在这点上，有时候也需要利用到乒乓球运动材料的多样性，如与握长胶粒球拍的对手打球，球就很容易不受控制地飘飞起来，接长胶粒球拍打过来的球就需要一些经验，才不会令人伤神，甚至恼怒。每个人的秉性气质不同，球的风格、技术、战术也会不同，乒乓球的世界就是这样丰富多彩。

球员个人的性格特点有时候也起着决定性的作用，乒乓球比赛中往往会出现这样的场景，一位技术占优势的球员不敌运动才华低，但注意力更加专注、求胜欲望更加强烈的球员。乒坛就有所谓的“练球冠军”和只在比赛时才能够最佳发挥的“比赛冠军”一说。几乎每一个运动员都有这样的比赛记忆，很多平时训练时容易下网或出界的球，在比赛中却令人意外的成功率很高。这就是乒乓球运动中下意识的意识流。

还有什么是在乒乓球运动中不能完全表达的呢。

德国电影导演和制片人宋克·沃特曼（Sönke Wortmann）拍摄的一部反映2006年足球世界杯的纪录影片《德国，一个夏天的童话》（*Deutschland, Ein Sonmermörchen*）中就列举了一个乒乓球的例子：

乒乓球运动也许比所有足球场上的运动场景都能更好地表现德国足球队教练约尔根·克林斯曼（Jürgen Klinsmann）的雄心壮志——克林斯曼像是要将球拍压扁似的紧紧地握住球拍，然后使尽全身的力量击球，好像在对球说，你不要再跳回来了！

乒乓球能将很多东西表现出来，这不仅是针对业余爱好者。蒂姆正借助乒乓球谈到了自己的性格特点。

> 我骨子里就不是一个敢于冒风险的人，在乒乓球运动中就体现出来了，内心对冒风险有抵触。我认为，我属于那种求稳的运动员，这是我的性格特点。我很少干没有计划的事，我试图去预见，我的脑子里总是会想到可能出现的不利局面。

想听听相反的例子吗？

同样作为中国乒乓球运动员挑战者的蒂姆的前任——扬·奥维·瓦尔德内尔先生，与蒂姆的风险意识就完全不同。瓦尔德内尔就喜欢冒风险，他试图挑起风险，诱出风险，但决不屈服于风险。他站在球台前的面部表情就像一个正在专心玩扑克牌游戏的人，像铁板一块，没有变化。

在球馆外，瓦尔德内尔也曾经是一位嗜赌的人，有过赌瘾，曾输掉过五十万欧元。他在接受记者采访时披露过此事，不过，他已经戒赌了。

蒂姆说：“瓦蒂在球台前非常机灵、巧妙，他知道什么时候该冒风险，什么时候不行。如果一切进行得顺利，他就能发挥出最高水平。但从另一个方面看，由于他甘冒风险，敢冒风险，也输掉了不少比赛。”

蒂姆自己则相反，甚至有点儿蔑视风险，他希望成竹在胸，希望能提前评估球台上可能发生的一切，将没有把握的因素排除在外。

> 我的成功，听起来可能会使人感到惊奇，事实上，在大多数比赛中，我都很害怕输球，即便与世界排名表上远远落后于我的球员比赛时也是一样。比赛之前，我基本上都会对赢球持怀疑的不信任态度，总是想到比赛会进行得十分困难。在职业巡回赛上的第一轮我就会产生这样的顾虑。如果有人对我这样说：四分之一决赛前，无论如何你

> 都不会输一局球的。一听到这话，我就会感到十分不安，输球的担心就会一直伴随着我。有人可能会这样想：他已经打熟了，不会在意对手是谁了。事实上，比赛中的每一次比分接近，我的手都会再一次发抖。这种发抖是因为紧张，是因为在一个艰苦的相持球后呼吸急促造成的。因此，比分在 9 ∶ 9 时，我放松不了，在 10 ∶ 9 时手不可能不发抖，我也无法避免这种发抖。

一方面，在这种情形下，蒂姆看上去与其他球员一样，内心会紧张不安。但另一方面，他能达到自己的目标，因为他拥有不同于其他球员的、非凡的专注能力和总揽全局的能力。

> 正因为在比赛的第一轮我就有内在的压力，就考虑到了失败的可能性，故比赛一开始我就能集中注意力，百分之百地认真对待哪怕是弱势对手的每一个球。有些球员在比赛中可能会这样安慰自己：反正我会赢他的，付出百分之八十五的努力就够了。可一旦接下来的比赛进程出乎他的意料，比分竟在交替上升的时候，这些人就会感到十分紧张不安，进而思想会拘谨起来，打法势必会单一且僵化，形成一种模式和框框，进而很快输掉比赛。但按照我的指导思想，这种现象就很少会发生，这种内在的压力就能成为动力，从而帮助我顺利地对付实力较弱的选手。但在对付水平高的球员时，这种谨慎的态度可能会对我的发挥起到一定的限制作用，因为对付强手必须有一种不顾一切的好斗精神。

所谓的“必须超过自己，要设法战胜最好的中国选手，不允许退步，不允许高兴得太早，否则，赛后会自责，会埋怨自己没有尽全力”，这种求胜心切的心理负担正是蒂姆要力图避免的，它会影响心理上的满意度。尽可能地保持一种满意的心态是蒂姆的生活观，也是他的体育观。

在乒乓球运动上，蒂姆也表现出了一种爱思索细节、喜欢"钻牛角尖"的性格特征。

有时候我会问我自己，如果从事另外一种体育运动，我是否也会像狐狸那样机智、精明，是否也能看得如此透彻，是否也能发现一些其他人没有发现的细微之处？这些年来，我掌握了一项专有技术，这是一项教练从来没有向我传授过的技术：攻球技术的诸多细节，如击球前该具备怎样的姿势。有时候毫厘之差，都可能对球的胜负起决定作用。

我相信，不少人在比赛前都不会作如此周密的思考，而是球来了就打。我不会这样，我会事先考虑球的落点，我会权衡不同落点和不同旋转的可能性。对此，我必须对球拍的角度进行不同的调整。很多人都不会这样全面考虑，而是自己对自己说：我现在要发球了，但愿对方接发球打过来的是一个长球，这样，我可以拉一个弧旋。或者，希望对方直接接发球失误。

我能很好地理解乒乓球的物理特性，如为什么球会如此强烈地旋转。我相信，比我观察得更细、理解得更深的球员并不多。比赛中，我会非常注意观察球面上的商标印记，这个观察很早就开始了。我不理解，为什么像我这样观察的运动员很少，有些人的观察可能是无意识的。但我认为，这确实是对付危险发球的一种很好的方法。我能够通过对球面上字迹运动方向的观察，识别出球的旋转方向，然后精准地将球打回去。正因为如此，我很少在接发球时简单地就将球打下网或接球太高，一下子就失去得分的机会。

蒂姆的天赋也体现在这里，他能够在球飞行的过程中特别快地看清楚球在旋转方向。当球疾速地飞过来时，蒂姆的眼睛不再只是追踪球的飞行轨迹，他的目光会从一个点跳到下一个点。

蒂姆的眼睛跳得比一般人要快，这也是通过科学实验得出的一个结论。

德国波鸿鲁尔大学体育医学及营养系与德国阿伦（Aalen）视觉光学研究所联手特别进行了这项研究。蒂姆的所谓“观察动力学能力”、眼肌肉的协调能力都要双倍地高于一般人，即使是与他所在的国家队队友相比，他也要高出百分之二十。

在乒乓球比赛中，这种能力的作用又体现在什么地方呢？科学家们用一个“测量球拍”做了试验，在“测量球拍”接触球的位置上装上传感器。试验表明，蒂姆触球的准确性较国家队其他队员们都要高，触球点在球拍表面的位置分布很小，这说明蒂姆的击球更加精准。

“好眼力、最佳的运动感觉、精确的击球点，这三者在蒂姆的身上紧密地、有机地结合在了一起。”波鸿鲁尔大学格罗特·杰德鲁西（Gernot Jendrusch）博士如此评价蒂姆。

杰德鲁西博士对蒂姆的眼力进行了测试，从而证明蒂姆的眼睛具有超凡的能力。他的眼力使他能够从对方球员的动作中，提前预知球飞行的信息，“提前看到”球的飞行路线，进而能帮助他迅速作出判断，实现最优化的击球。

乒乓球已经变得如此之快，使球员必须在对方挥拍击球之前就要看清楚球将会打向何方。因此，我也愿意将打乒乓球与下棋作一个比较，就像下快棋。在我这里大概是这样一个思路：如果我获得发球权，我就会想，最合适的发球现在是哪一种，然后我会权衡三到四种可能性，即对方的接发球会回到什么位置，会是一种什么样的旋转。然后在思想上调整我的击球角度，寻找一个解决方案，明确下一个球将击向何方。

在比赛的进程中我又会注意到，对方对我打过去的球会做出怎样的反应，他一般会将球回到哪一个位置上。在头脑里，我会试着将进行过的比赛过程像一张图表一样存储起来，从而预判到来球落点的最大可能性。当然，也有这种球员，他们在一定的情形下会打出使你出乎意料的球，对此，我也必须做好应对准备。一场比赛就是这样艰难，我必须精准聚焦。遗憾的是，不是每一场比赛中我都能很好地做到这一点。例如，在德国不伦瑞克（Braunschweig）举行的大众汽车杯赛上战胜马琳的那场决赛，我就十分出色地做到了这一点。在比赛中，几乎所有重要的情形我都事先预料到了。

在我的眼前，比赛就像一本打开了的书。我的胜利不一定全是因为我良好的技战术，一定程度上也是因为我的“先知先觉”。在一定程度上，我清楚对手，例如从他的接发球准备姿势，读懂他是否专注，又是如何专注的。如果他正好很不专注，我就会突然发一个长球或者给他一个快速的接发球。

对于有些球员，我能从他们抛球的瞬间、准备发球时球拍的摆动方式作出判断，他们要发的是一种什么球。是长球还是短球？带什么样的旋转？或者是否相当危险的、不带旋转的“空球”？对方一旦击球，我的判断就会更加集中，某些判断就剔除了，就像一个不断缩小的漏斗。每过一个百分之一秒，起决定性作用的可能性判断就会相应减少。在这点上，很多判断都是无意识产生的，有些也是在失误以后自己才真正意识到的。一旦意识到了，就想马上启动应急方案，运用自己训练过的方法来解救，但一般在这个时候，场上的主动权基本上就已经失去了。往往在第一次接触球时我就有清楚的感觉，这个相持球我会赢还是会输。

因此，对蒂姆来说，不仅比赛中一个球的相持过程很重要，打完一个球后的停顿时间也有它特别的意义。在停顿过程中，他要集中精力思考问题，集中注意力进行盘算、储存，要揣摩并试图把握住对方球员准备发球或准备接发球瞬间表现出来的心境、情绪、状态以及企图。蒂姆希望听到和看到这些，因此他会紧紧地盯住对手，以便自己能有针对性地即时做出调整。

北京乒球馆里的播音员正在预告获胜者颁奖仪式，大部分观众也都还留在馆内。当参加欧亚全明星对抗赛的欧洲明星队员们在大会播音员的呼唤下一个接一个走向台面低一级的领奖台时，全场观众报以热烈友好的掌声和喝彩声。他们接过了鲜花和一家赞助商提供的奖品——数码相机，还有奖杯和奖金支票。接下来上台的是欧亚全明星对抗赛的胜利者们——亚洲球员们登上台面高一级的领奖台，观众们的掌声更加热烈了。他们也获得了鲜花和数码相机，但奖杯更大，支票的金额当然也更高：近六万欧元的奖金将分给参赛的五位选手，教练一定也会分到一些。中国队总教练拍了拍张继科的肩，酬谢似地送给他一个哈哈大笑，奖励他在自家门口没有被他最大的挑战者打败。

蒂姆瞅着旁边的胜利者，礼貌地鼓着掌。在与乒联的代表们和赞助商们拍集体合影照时，蒂姆的表情是最友好的。这种表情使人们能够很快忘记，就在刚才与张继科较量时，站在球台前的他，神态还是那么刚毅和富有斗志。

赛场内外，判若两人。海姆特·哈姆培尔教练对这种非同寻常的现象作了生动的描述："蒂姆是一个可爱的好女婿，但走向球台，就是一座爆发的火山。"

乒乓球改变了蒂姆吗？

看起来是这样的，试想，像蒂姆这样一个内敛的人会在"派对"时跳到桌子上去跳舞吗？但在乒乓球生涯中，他这样做了。

2003 年，欧洲十二强赛在德国萨尔州首府萨尔布吕肯举行。四分之一决赛时，蒂姆已经以局分 0 ： 3 落后于比利时球员让·米歇尔·塞弗，再输一局，他这位上届十二强的卫冕冠军就会被淘汰出局。关键时刻，蒂姆心生一计，让比利时队主动进攻，让他代替自己去撞刀口。接下来 3 ： 3，比分拉平，比赛进入决胜的第七局。4 ： 8，蒂姆落后，接下来又是 8 ： 10，蒂姆必须先打退

胜利的喷泉：杜塞尔多夫波鲁西亚乒乓球俱乐部创造了一个新的标志——获三冠王，即该俱乐部两次在一个赛季里获得德国冠军、德国乒乓球联盟杯冠军以及联赛冠军三个冠军。前排左起：克里斯蒂安·许斯（蒂姆与他搭档在欧洲乒乓球锦标赛上获得了四次双打冠军）、帕特里克·鲍姆、丹尼·海斯特和蒂姆

对方的两个赛点球。几经鏖战，最后蒂姆逆转赛场局势，终于以13∶11获得了最后胜利。

蒂姆那个兴奋、轻松和高兴劲儿一下子爆发出来了。他跳上桌子，站在了上面。蒂姆回忆道：“我不知道为什么会那么激动，我还从未见过其他运动员有如此举动。不过，我很快就又跳下了球台，站在球台上面，人感觉总是不那么舒适的。”

2010年在杜塞尔多夫，蒂姆还真和队友们在乒乓球台上跳过舞，因为他们效力的波鲁西亚杜塞尔多夫俱乐部队获得了三项冠军：杯赛、联赛以及最后的冠军赛。

“实际上，我并不需要如此强烈地、尽情地享受它的感觉。”蒂姆这样说。但从另一个角度来看，蒂姆要使自己平静下来的话，也应该先恣意地宣泄一下。

乒乓球此时就是一个“气门”，如果想发泄发泄的话。

只要蒂姆攥着球拍，越过挡板走进赛场，他的心理就会发生一些变化。蒂姆自己就有这种感觉。

> 比赛之前，我看自己总是这不好、那不好，就像不是自己似的。但一打起比赛来，我一下子就像变了一个人。赛场上，我有着完全不同的自信，看得更加现实。也可以这样说：比赛前我是一个悲观主义者，一进入比赛我就成为一个现实的乐观主义者了。在球台旁我会建立起这种感觉，我是最棒的，给自己以自信。

难道蒂姆是一个有着两个面孔的人吗？实际上，这只是第一眼产生的感觉。理查德·普劳泽教练也是这么看的：“在乒乓球运动中，他的表现更多地发自内心。我觉得，通过乒乓球运动，他找到了一条自我表达的路。有拐角，有边缘，使他的轮廓更加清晰，也更加动人。在球场上，他散发出了一种天才人物具有的特殊气息，特别是当他站在离球台一定距离的地方，拉出没有第二个人能够拉得出来的弧圈球时。”

蒂姆在乒乓球中获得了享受，得到了发展，实现了他的目标，展示了他的雄心壮志，满足了他的自我需求。作为反映人性特点的一面镜子，乒乓球运动强化了蒂姆本身。

其实，这种改变也只是一种表面印象，站在球台前的蒂姆与平时并没有什么两样，只是神情更加专注而已，好像置身于一个目标专一的隧道里。也正因如此，乒乓球运动确实给了蒂姆这么美好的感觉，使他的身心得以纯粹。外在的、表面的，他会发生一些改变，得到另类的感受，但自己的本质仍得以保留。乒乓球帮助他实现了这种可能。

我的心态并没有因乒乓球运动而发生大的改变，甚至觉得，乒乓球与我很好地互补并存。不然，我内心的平静不会那么清楚鲜明地形成。关于乒乓球，我虽然没有冥思苦想那么多，但思考已经进入了心灵的层面。二十岁时，我就在想，乒乓球的胜负取决于一个人的天赋和球感。但随着时间的推移，我的想法越来越接近事实，人要想完成最后的飞跃，一定要具备良好的心理素质。至于我个人，我觉得，通过乒乓球运动，我从根本上变得更加稳重、平和了。我的情绪反应不会那么容易被激怒，面对压力，我的头脑反而会更加清醒。可以这样说，正因为我的乒乓球运动生涯中有如此多的压力，故实际生活中的我更能做到沉着、冷静、镇定。没有乒乓球，我可能不会像现在这样沉着而富有远见，没准儿已经有十多次交通事故记录了。

乒乓球对蒂姆来说是另外一种要素，他完全融入其中，失去了小我，赢得了大我。

“我有专注的才能。不管干什么事，我都不会半途而废。我的个性特点与这项体育运动十分吻合。”蒂姆说。

蒂姆的专注达到了一个特别的意识状态，他自称这种状态为‘聚焦态”。在乒乓球运动上，这个“聚焦态”一方面能够使他精确地对准比赛中的许多细节，如球的旋转、场上对手表现出来的动作等。另一方面，这个“聚焦态”又会使他模糊周围的很多事物，包括现场的观众以及所有可能影响到比赛情绪的外部因素。这种思想上、情绪上专注的强度和深度，在他另外的一些爱好上也体现出来了，如从事潜水运动或者读书的时候。

蒂姆最爱读历史小说，如《圣殿春秋》（*Die Säulen der Erde*），他还喜欢读科幻图书。他很难理解，《指环王》这类好书怎么会有人没有读过。与潜水、阅读不同的是，乒乓球运动对蒂姆起的作用不仅在内心，也在外部。对他来说，乒乓球就像是另外一种语言，表达着他内心的愿望和感受。带着这种愿望，他在比赛中挑战自己、证明自己，使自己的内心得到快乐和满足。

比赛前的某些感受，诸如给自己鼓劲，使自己紧张起来，我不一定完全需要，但比赛时的那种极其专注的情绪，却令我倍感惬意。如果之前的预见在比赛中能得以应验，从而使比赛的主动权掌握在自己手中，这确实是一种很美好的感觉。

在与防守型的削球手比赛时，我的感觉就特别好，例如，与中国削球手侯英超[1]的比赛，是我打得最好的一场球。那是2006年在波兰公开赛上的四分之一决赛，我直下四局完美取胜。还有一次是对付韩国削球手朱世赫。对付削球手时，我有更多的时间思考预判，主动权在我的手上：要么得分，要么丢分。在这种比赛中，我能比较完美地展现我的水平。当扣人心弦的相持球打完以后，球馆的气氛沸腾起来的时候，我会报以会心一笑。

训练中，蒂姆也能“聚焦”，他是这样说的。

如果是一场结果无关紧要的乒乓球友谊赛，他表现出来的那种平静且随和的态度和举止会使人很快忘记，到底站在球台边的哪一位是真正的乒乓球冠军。

2008年11月，蒂姆与德国国家足球队的队员们打乒乓球。首先上场的是海可·威斯特曼（Heiko Westermann）与阿尔勒·弗里德利希（Arne Friedrich）。两个身材宽厚的小伙子配对双打挡住了球台的一端，蒂姆站在离球台稍微远点的另一端。

在这种比赛中，他又是怎样对自己有所克制的呢？

1 侯英超，中国乒乓球运动员，2003年获得亚洲乒乓球锦标赛男子团体冠军。2019年，这位39岁的老将先后战胜刘丁硕、梁靖崑、周启豪、王楚钦等国乒选手，获得全国乒乓球锦标赛男单冠军。

我认为，足球运动员们很钦佩我的球技以及我取得的成就。当然，我也很钦佩他们，包括他们的乒乓球运动水平。在此之前，我还在琢磨，威斯特曼与弗里德利希打球的动作一定很粗犷，防守型的后卫运动员给人的印象总是有些暴躁不羁的。可他俩打起乒乓球来却令人出乎意料，甚至可以与国足队长菲利普·拉姆（Philipp Lahm）相比。与拉姆我也打过球，拉姆确实是一位优秀球员：活跃、机智，眼力好，控制球的能力强。我试图在这种比赛中，将每一个球都合适地送到对方的球台上，让对方能清楚地看见。要努力让对方也在打球中获得乐趣。与他们比赛，每一个球都狠狠地打是没有任何意义的。

“我和我”乐队组合的歌手阿德尔·塔维尔（Adel Tawil）打乒乓球时的行

“你相信，我强大”：蒂姆与“我和我”乐队组合的歌星阿德尔·塔维尔先生打乒乓球。本是左手握拍的蒂姆，在2003年汉诺威“四强对抗赛”中被要求用右手打球。而在中国的一项比赛活动中，蒂姆则被要求像歌星一样一展歌喉

为举止与足球运动员们就完全不同。与足球运动员玩过乒乓球之后，塔维尔带着羞怯、腼腆的神情走近球台，与蒂姆打了几个球。

这是为一个特别活动拍的广告片，在影片中，蒂姆打球，塔维尔唱歌。

有些人害怕与我打球，怕出洋相。我也怕出洋相，如果要我唱歌的话。不过，我还真的在一个大型体育馆内唱过一次歌，当然也是在中国。那是圣诞节前的一个日子，馆内约有五千到六千名观众。主持人突然走到我跟前，请我用英语唱一支歌。一开始我试图谢绝，强调我不会唱歌。主持人又建议我唱德语歌，我只好唱了一首《哦！圣诞树》。别说，大厅里唱歌，声音效果还真是不错。

当蒂姆与冈特·瓦尔拉弗（Günter Wallraff）打乒乓球时，气氛就有些另类了。他们的比赛约在一个特殊的地点：科隆（Köln）司法监狱，瓦尔拉弗先生有时候在那里与囚犯们打打乒乓球。

冈特·瓦尔拉弗先生在司法监狱有一些老熟人，他也经常组织乒乓球比赛活动。在监狱里，人的感觉总归不会那么舒畅、踏实，身后一个门接着一个门，像走在一个城堡里。接下来，我与三十名服刑的囚犯和一名监管官员同时站在了体育馆里。不过，我很快就找到了愉快的感觉，因为我的到来，囚犯们都高兴得像孩子似的。他们一个接一个地与我打乒乓球，都不愿意停下来。突然，我感觉到手机在包里振动，吓得赶紧走了过去，我实际应该将所有的东西都上交的。我问监管官员，我现在应该怎么办。他们只是建议我，悄悄地将手机装好，因为移动电话在这里是每个囚犯都渴望得到的“奢侈品”。

我与冈特·瓦尔拉弗先生也打了一局比赛。他斗志很高，好胜心、虚荣心都很强。他打球的风格十分老套，用的还是“砧板”，即木板上贴两块不含海绵的正胶胶皮。11：6，我赢了这一局，但他仍坚决地认为，这场比赛势均力敌……

自我适应，蒂姆在乒乓球运动中做到了这一点，为了不太引人注目，有时候是一种需要，有时候则是一种必需。蒂姆的父亲讲述了这样一件事：2006年，欧洲十二强赛在丹麦的哥本哈根举行，赛场上，蒂姆急需一位陪练的球员，但一下子找不到人。情急之下，蒂姆请他的父亲上场，父亲可是多年没有摸球拍的人了。

“蒂姆精准地将球打过来，以便我也能接到球。”蒂姆的父亲说。

有一次，蒂姆在夜晚打电话给教练理查德·普劳泽，说好久没有像今天这样训练得如此精疲力尽了。对手的发球使他深感压力，接发球也几乎不能胜任。

“真是奇怪，我又没把中国队的王皓叫过来与你练球。”教练普劳泽感到惊讶地开着玩笑。

朋友（1）：2008年北京奥运会后，蒂姆与篮球明星迪尔克·诺维茨基建立了深厚友谊

实际上，与蒂姆白天对练的是一位在乙级球队打球的队员，也是他的朋友安德烈亚斯·巴尔（Andreas Ball）。

“他们俩一块长大，相互之间十分熟悉，以至于安德烈亚斯的球能够令人无法理解地让蒂姆也感觉到压力。”普劳泽说道。

在普劳泽看来，一位世界排名第一的顶级运动员也是能够与一位在德国排名仅五一的球员很好地在一起训练的，而且“在每一个训练单元，蒂姆都还能做到认真对待，发挥出自己的训练水平”。

蒂姆与德国著名篮球运动员迪尔克·诺维茨基（Dirk Nowitzki）先生建立了深厚的友谊，诺维茨基对乒乓球的热爱使他俩走到了一起。

蒂姆十分关注其他体育运动项目的进展，例如篮球。他读到过关于诺维茨基的故事，也十分喜欢观看 NBA 比赛。

“我通过迪尔克的父母送给他一个乒乓球拍，北京奥运会时他特意来到我的身边向我道谢。”蒂姆说。

以后蒂姆又去了诺维茨基在美国达拉斯的家，这位篮球运动员回德国也来霍赫斯特蒂姆家中回访。相同的阅历把他俩联系在了一起：他们都是各自体育运动项目中的佼佼者，都是国外名气大过国内的名人，都是深受体坛欢迎和器重的运动员。无独有偶，当蒂姆再次超越所有的中国运动员跃居乒乓球世界排名第一的时候，迪尔克·诺维茨基先生与他的达拉斯小牛队在 2011 年 NBA 职业篮球总决赛上也奇迹般地获得了总冠军。

我们俩的生活都从属于体育，回到家里，我们都希望安静，不需要热闹。我们仅有的那点儿闲暇时间，也都希望能与最亲密的家人以及朋友们在一起。我本来就是一个经常在外的人，但听了诺维茨基讲述他的整个日程安排后，还是深感惊讶。如此多的训练、比赛，还要参加那么多的慈善活动，真是不可思议，我可不想像他那样。

诺维茨基在乒乓球运动中的特别发现是小球的旋转，他对此深感兴趣。我们俩在一起打了几局乒乓球比赛，他很快就对旋转有了感觉。他能够摩擦球，甚至能拉出弧圈球。迪尔克是一个极有天赋的人，尽管他人高马大，但打起乒乓球来动作却奇迹般灵活。

我很快发现，我们俩志趣相投，举止行为、感觉、思维都十分相似，相互间十分理解。迪尔克也像我一样，平时十分放松，但在公开

朋友（2）：迪尔克·诺维茨基打乒乓球时良好的球感给蒂姆留下了深刻的印象。这是他俩在法兰克福国际汽车博览会上

场合也有些怯场。进城逛街对他来说十分不易，因为知道他的人太多了。他是一个十分受欢迎的人，认识他我很高兴，我们之间能够很好地交流各自的经验和体会。

人们完全可以想象得到，他们两人相互之间十分理解，是因为他俩在很多地方都十分相似。诺维茨基没有必要在蒂姆面前炫耀自己，他带给蒂姆的是蒂姆认为十分有价值的性格品质。

我不喜欢与夸夸其谈、把蚊子都能说成大象的人在一起，我的内心已经鲜明地形成了一种对和谐、安宁的需求。对我来说，不生气、不怨恨是最重要的。我宁愿避开问题，将怨气自己吞下去，但最好还是忘掉它，让它不再冒出来。同样，我也能很快原谅别人，无论如何，我都不是那种喜欢记仇的人。我特别不愿意得罪别人，但事与愿违，得罪别人的事有时候还是会发生。

有一次，国家队在法兰克福集训，这一天来了好几位培训的教练员，我被安排与一位教练进行“多球”训练。可我俩就是打不起来，很快我就失去了兴趣。训练结束后安排大家做按摩。我走进按摩房，面朝下俯身躺在了按摩床上。我只看见了躺在旁边床上的史必蒂·菲茨勒（Speedy Fetzner），完全没有注意到邻床的其他人。

“这样的‘多球’训练我还从来没有经历过，给我发多球的那个教练就像完全不会打球似的。”我躺在按摩床上对史必蒂诉说着心中的不满。

说到这里，史必蒂突然坐了起来，用惊愕的眼神盯着我，然后用头暗示了一下房间的角落。我这才发现，我埋怨的那位教练现在就躺在那里，他也很快抬起了头。我该说什么好呢？说出的话又收不回来，真是尴尬，我害臊得恨不得钻到床底下去。我不敢再认真地看他一眼，幸好之后我们再也没有见过面。

欧亚全明星对抗赛的颁奖活动已经结束，聚集在一起的运动员们相继离开了领奖台，但还得在球馆绕场一周。运动员们在相互交谈，也在与教练们、乒协的代表们交谈。馆内的第一盏探照灯已经被拆除，第一块广告牌也已经折叠在一起了，以便在下一次活动时使用。没准儿下一次欧亚乒乓球明星们还会在北京的这个场馆里对抗。

蒂姆慢慢地走向他的运动包，收拾好自己的行装。大多数观众涌向出口，气氛有点儿像音乐会散场，加演的曲目正余音袅袅……

此时，一道明亮刺眼的灯光扫过了大厅，照亮了大厅墙壁，墙壁上涂的还是 2008 年北京的那抹奥运会蓝色。

在蒂姆与诺维茨基结识并成为朋友的北京奥林匹克运动会上，一位美国游泳运动员成为奥运会历史上最富成就的获胜者，他遵循的正是教练提出的一个简易的指导原则："敢于梦想！尽你的可能大胆地梦想吧！"这位获得八枚金牌的美国游泳运动员迈克尔·菲尔普斯（Michael Phelps）先生成为这届奥运会上炫目的亮点。

当然，北京奥运会也是蒂姆·波尔终生难忘的赛事。

中国人将会在奥运会上成批地囊括金牌，这在奥运会开幕式之前基本上就已经是板上钉钉的事了。举重，他们会更多地突破最高重量纪录；跳水，他们会在十米跳台上展示优雅的特技飞行动作；体操，他们会亮出更加惊险迷人的高难度动作……但如果在他们的国球乒乓球项目上失败，那将会使中国的整个金牌榜黯然失色，而可能导致这一失败的最大威胁应该就来自德国的蒂姆·波尔。因此，奥运会之前，蒂姆被关注的程度相当高，这是他乒乓球生涯中少有的一个时期。他的新闻顾问伯恩哈德·史密腾贝舍先生根本无法拒绝众多媒体的采访，如此多的记者都想与蒂姆就他在奥运会上的角色进行交谈，就连国际知名媒体，包括《纽约时报》都在向他提问。

由于旷日持久的膝伤和对伤势恢复程度的不确定性，蒂姆的训练受到了影响，当时他就是这样走进北京奥运会赛场的。

"在乒乓球世界里，我当时是一个大的问号。"蒂姆说。

蒂姆也试图使自己成为一个谜，像一个能迷惑人的魔术花招，这实际是中国乒乓球运动员惯用的手段。

北京首都国际机场当时为来自世界各地的运动员们专设了一个大型的站台，各大电视台、报刊也希望能拍下参加奥运会的部分运动员的镜头，如蒂姆·波尔，以至于蒂姆一抵达北京，就陷入一大堆摄影机的重重包围之中。一位敬业的中国摄影记者为了拍下蒂姆的各个侧面，挤着跑在他的前面，面对蒂姆倒退着拍照时甚至摔倒在了自动下行的扶梯上。所幸的是，人与相机都没有损伤。

摔坏。

“乒乓球”这个中国的庞然大物在北京奥运会上自然是被“小化”了的，它被不引人注目地塞进了北京海淀区大学区的建筑群里，一个只能容纳七千五百名观众的体育馆被组委会选作乒乓球的比赛场地。

乒乓球比赛是北京奥运会上第一个球票售罄的赛事项目，说不定已经卖出了双倍多的球票。维尔纳・施拉格甚至私下听到传言，中国人原计划是将乒乓球赛事安排在能容纳四万人的大型体育馆里的。但奥运会组委会没有动摇奥运会的传统，按照惯例将体操和大球的赛事安排在了能容纳一万八千人的大型体育馆里。扩建乒乓球赛场的建议也没有被采纳，因为扩建势必殃及旁边的一座文物保护建筑。

但不管怎样，蒂姆对“小化的乒乓球”还是感到十分惬意，他说：

“不言而喻，大家都梦想在容纳两万名观众的大型场馆里比赛，但大型场馆也有其弊病，作为一名参赛运动员，一进场就会置身于众多观众肃然起敬的目光之中。”

北京奥运会乒乓球比赛开始进行的是团体赛，团体赛挤掉单项比赛男女双打的赛制，旨在给中国以外的国家更多获得奖牌的机会。对蒂姆来说，在北京奥运会上获得他乒乓球生涯中第一块奥运会奖牌的机会是很大的。

由于膝伤，蒂姆还特别放弃了同一年在广州举行的世乒赛，没有蒂姆参加的德国队在该项赛事上只获得了团体第七名。

奥运会乒乓球团体比赛的进程一切都在按预期进行，德国队在胜了三场之后与日本队在半决赛上相遇。半决赛这个概念实际上很迷惑人，胜者进入决赛，但败者还得与另外两个队进行附加赛争夺铜牌。对德国队来说，要么进入决赛，至少稳获银牌，要么回头再打两场悬念迭起的比赛去争夺铜牌，这个压力都落在了参赛运动员的身上。

与日本队较量，德国队还从来没有过如此顺利的开局：蒂姆战胜了水谷隼，迪米特里·奥恰洛夫战胜了韩阳[1]，德国队放心地以 2 ： 0 领先。不过，克里斯蒂安·许斯和奥恰洛夫输掉了双打，接下来，许斯又没有利用好三个赛点球，单打输给了韩阳。比分成为 2 ： 2，被日本队拉平，赢取决定性最后一分的重担落在了蒂姆的肩上。

从世界排名的顺序来看，日本对手岸川圣也[2]的世界排名在第六十三位，蒂姆当时的世界排名超出他五十七位，战胜对手应该不难。他俩在德甲赛场上就十分熟悉。

一如期待的那样，1 ： 0，然后是 2 ： 1，蒂姆先胜两局。不过，岸川圣也气定神闲，扳回一局，将局分打成 2 ： 2 平。蒂姆看起来发挥得相当不错，想怎么打就能怎么打，但岸川圣也在顽强抵抗。

“第五局比赛开始之前，我对自己说，你现在可以表现了，你到底是胜者还是败者。”赛后不久，蒂姆回忆说，“我真不希望有人也像我今天这样，要承受如此巨大的压力。”

蒂姆试图在第五局速战速决，比分在直线上升：2 ： 0、3 ： 1、6 ： 2、7 ： 3、10 ： 5，最后蒂姆获得了五个赛点球。

第一个赛点球他就得分，为他和他所在的德国队至少锁定了北京奥运会团体银牌。

蒂姆和队友们终于迎来了他们乒乓球生涯中感情最为冲动的时刻，许斯、奥恰洛夫和教练普劳泽高喊着兴奋地冲向蒂姆，胜利者的身躯重叠成一座小山。赛场上的第一功臣蒂姆眯上了眼睛，以便能更好地聚焦这激动人心的时刻，留住眼中泛出的泪花。

当时赛场上拍下的整个录像片，被分解成一张张照片，今天仍挂在霍赫斯

1 韩阳，日籍华人，中国乒乓球运动员，2007 年智利公开赛男单冠军、巴西公开赛男单冠军。

2 岸川圣也，日本乒乓球运动员。2003 年获世界青年锦标赛男双冠军，2004 年获日本世界青年锦标赛男双冠军，2011 年获第五十一届世乒赛混双季军。

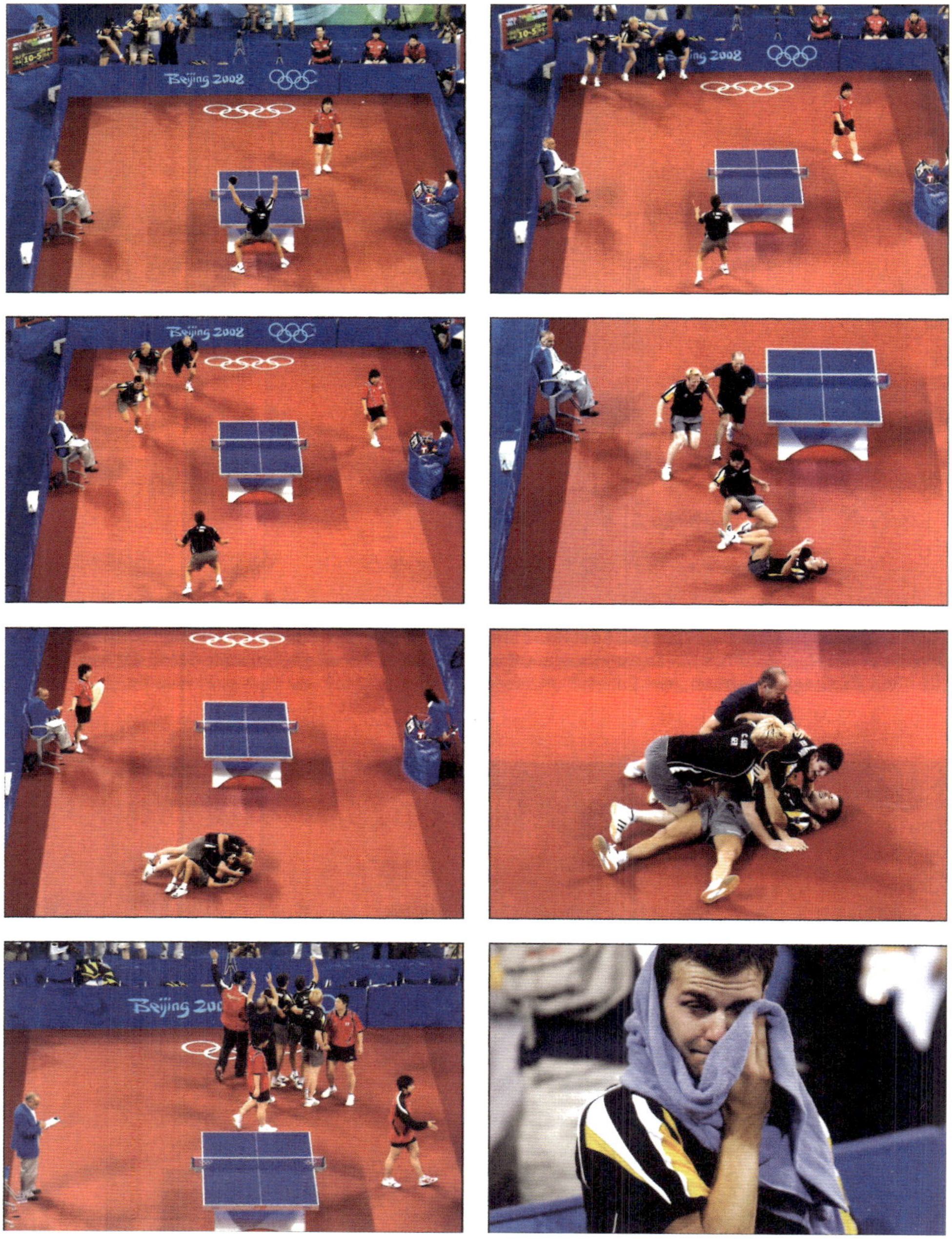

获得银牌的一组画面（八幅）：2008 年北京奥运会上战胜日本队的最后一个球打完后，德国队的队员们再也控制不住自己的情绪了，他们冲进场内抱成一团，兴奋的蒂姆拭去高兴的泪水

满面笑容，银光闪烁：蒂姆、迪米特里·奥恰洛夫和克里斯蒂安·许斯在北京奥运会上高兴地手举获得的银牌

特蒂姆家的地下室里。

直到今天，教练普劳泽仍在为这枚珍贵的银牌深感自豪，特别是为蒂姆感到自豪："在一个需要特别强化训练的体育项目上，一个三个月都没怎么摸球、没有进行强化训练的人，竟然能在北京奥运会上帮助球队获得团体银牌——简直是不可思议，太了不起了！"

继续赢得胜利对德国队来说已经是可望而不可及了。决赛时面对强大的中国队，他们无能为力。整场比赛中，就蒂姆胜了马琳一局，双打时与许斯配对赢了一局，多的胜局就没有了，中国赢得了这枚"志在必得的金牌"——主教练刘国梁是这样称呼这块团体金牌的。

不过，单打金牌这顶"王冠"到现在还没有"拱手相让"。尽管蒂姆赛前训练受到了膝伤的影响，但他仍然被认为是很有希望获得单打金牌的运动员。

但单打的赛程时间安排特别不幸，一开始一场球都没有，接下来的三十二强比赛以及八分之一的决赛，我都要在四个小时之内打完。三十二强这一轮我就打得很艰难：对手是一位从来没有参加过国际性公开赛、大家根本就不熟悉的朝鲜运动员金赫峰，但实力却非常强。我虽然以4：1赢得了胜利，但比分都非常接近，这是我事先没有估计到的。

打完这场比赛，我必须马上赶回奥运村，因为球馆里没有东西吃。赶到运动员食堂，用过餐后又赶回球馆参加下一场比赛，一直在紧追慢赶。这样一来，在与韩国队员吴尚垠的比赛中就打得没头没脑了。的确就是如此！在与我的比赛中，吴尚垠打得很好，完全按照自己的意图打了下来：发球，接发球，以及强劲的最后一板。而我完全不在状态，缺乏将他逼入困境的有效措施，特别是在打法上缺乏变化，以1：4输掉了这场比赛。

还不仅是1：4的比分，我觉得，也因为团体赛赢得银牌的满足感太过强烈。获得团体银牌，人一下子轻松了下来，无疑会使人丧失部分注意力，要想再一次将注意力集中起来就比较困难了。在北京，我当时无法释放的精神上的东西太多了。

在中国人面前，蒂姆竟遗憾地输给了一位韩国球员。最后，马琳战胜王皓，获得了乒乓球历史上最为人重视的一块金牌——在乒乓球神奇王国中国产生的奥运会乒乓球男子单打金牌。男子单打铜牌也在中国，王励勤战胜了瑞典四十二岁的老将于尔根·佩尔森。同样，女子单打的金、银、铜牌也悉数为中国选手获得。

男子单打比赛结束之后，蒂姆还有一个小小的奇遇：

决赛打完之后，为了庆祝一下，我与迪玛去北京街头溜达。首先，我们去了德国大本营，然后去了一家迪斯科舞厅。同行的还有两位为德国电视台工作的中国人。凌晨六点，我们的肚子都饿极了，这个时辰，哪里会有吃的呢？同行的一位中国人建议去一家饮食店，还说，一定不会让我们失望。为了找到这家饮食店，在北京街头，我们又走了将近半个小时。

当我们终于走进这家饮食店时，简直不敢相信自己的眼睛。谁坐在那里？竟是同行马琳和陈玘。饮食店里十分嘈杂，三层楼，每层都坐着大约二百人，他们中的大多数人都已经吃过了早餐。马琳和陈玘一定是早就坐在那里了，桌上还摆着啤酒和早点。一个挂在墙壁上的大电视屏幕上正在滚动播出奥运新闻，当马琳获得冠军的画面在屏幕上出现的时候，整个店里的人都欢呼起来了。大家都知道，奥运会冠军此时就坐在他们中间。

马琳将我们叫到了他的桌边，我们在一起坐了近一个半小时，像参加一个国际性的早餐会。大家都喝了点儿带酒精的饮料，胡乱地聊了很多。马琳是我最熟悉的中国运动员之一，他能说一些英语，也愿意谈一些关于他个人的事，当然，开始也只是“哈罗”“你好吗”地简单打个招呼。他往往会谈一谈国家队队友的一些情况，谁现在的状态好，谁的状态正好不佳。但对我，他总是赞赏有加，总是说“好！好！好！”我们之间相处得不错。

这个早晨，我又有了新的体验：品尝了中国饮食中我从未吃过的鸡爪，而且是在奥运会男子单打冠军的陪同下品尝的这道“美味”，我认真体验了一下。我确实吃过很多普通的中国菜肴，但鸡爪还从未吃过！胶状透明的鸡皮和软骨，可吃的部分不多。这种不值钱的小东西真得借助啤酒才能冲下去，不然真无法下咽。鸡爪的味道第二天还残留在我的嘴里，真有点儿残忍。今天想起来，我还会禁不住哆嗦。

家庭欢迎委员会：蒂姆的母亲古德龙·波尔和父亲沃尔夫冈·波尔在德国法兰克福机场迎接参加北京奥运会归来的儿子。瞧，归途中，银牌变大了

带着这种体验以及闪烁着光芒的奥运会乒乓球团体银牌，蒂姆离开了北京城的繁华喧闹。不过，有一个人，他对蒂姆输给韩国运动员吴尚垠并没有简单地抱不予理会的态度。

教练约尔格·罗斯科普夫直到今天都还在说：“世界上没有哪一个运动员，在过去这些年里像蒂姆那样顽强地比赛。但与韩国吴尚垠的这一场比赛却完全与蒂姆的乒乓球生涯不相称。”

罗斯科普夫本人并没有去北京奥运会，2008 年，对他来说是一个过渡的年份，作为一位还在参赛的运动员同时开始了教练员的工作。他参加了奥运会前在广州举行的团体世乒赛，不过，这是他的最后一次参赛。

罗斯科普夫还说：“我之后看了蒂姆与吴尚垠在北京奥运会上的比赛录像，我只要看三个相持球，我就知道，比赛会向哪个方向发展。这种负面的、消极的身体语言，作为一名顶尖运动员，蒂姆不应该有。他必须在对手面前表现出我一定要赢得这场比赛的精神状态。”

与吴尚垠的比赛录像，现在已经成了罗斯科普夫的直观教具，结合这个录像，他要对蒂姆进行针对性的训练。

罗斯科普夫说：“北京奥运会上与吴尚垠的这场比赛，对蒂姆的乒乓球生涯十分重要。”

蒂姆是具备实力的，但罗斯科普夫还必须通过艰苦的努力来对他进行严格的训练。罗斯科普夫教练认为，百尺竿头，蒂姆若要更进一步，就要尽可能地

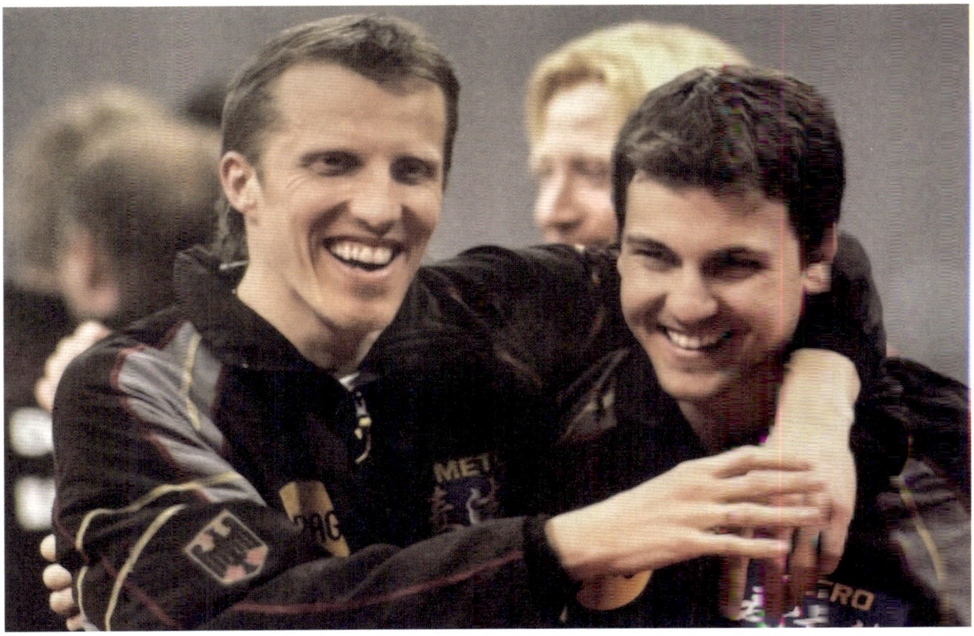

榜样、队友、训练伙伴、教练：约尔格·罗斯科普夫先生的角色随着蒂姆的事业在变换，他们之间的关系也变得越来越亲近

将两者结合起来，即将波尔的运动天赋、观察天赋与罗斯科普夫自己拥有的严于律己、争强好斗的精神结合起来。

“蒂姆不能在与对手打上三到四个球后就表现出紧张的神情。”他必须把攥紧的拳头直向对手举起来，作为一种表示：王者还在！

2010 年，罗斯科普夫正式接替普劳泽成为德国乒乓球男队的主教练，那么，作为主教练的罗斯科普夫先生又该怎样调教这位德国一号、他的接班人呢？

罗斯科普夫说：“我知道，要怎样去督促他，激发他。如果我对他说，你今天必须延长训练五分钟，他不会乐意，但我要说，谁要是在训练比赛中输了球，谁就得加做一项腿部训练，他就会有更加积极努力的表现。”

罗斯科普夫会向蒂姆讲述自己的乒坛生涯，讲述当年不断战胜中国运动员的瑞典人："约尔根·佩尔森先生与扬·奥维·瓦尔德内尔先生都是在身体、心理处于最强势状态时走进每一个欧乒赛、世乒赛和所有奥运会赛场的。在此之前，他们都进行了十分艰苦的训练，因此，他们有资格这样自信地表达：'我付出了这么多，我就是胜者，就是王者。'"

此时，欧亚对抗赛的欧洲队领队在催促大家赶快离开这个观众几乎已经走空了的体育馆，不要耽误了在酒店里的吃饭时间。蒂姆昨晚就已经知道，如果此时抓紧时间回酒店，自助餐上可供选择的品种就会有很多。不过，就在蒂姆要离开球馆的时候，一群中国人又将他留住了。

是男人们的声音、女人们的声音、孩子们的声音："波尔！波尔！"

球馆里还等待着三四十名观众，都希望得到蒂姆的亲笔签名。已经是十点半了。他们弯腰向前越过观众席前的挡板，朝着蒂姆尽可能长地伸展着自己的手臂，以便蒂姆能在他们手中的宣传画、T 恤衫以及球拍上签名。蒂姆在所有伸过来的纪念品上依次签了名才离开球馆。

一路上，他还对我讲了与中国球迷打交道的一些轶事。

这次比赛中遇到的球迷确实表现得十分友好可爱，但我也见过完全不同的情形，因此在中国，我一般都会刻意避开人群集中的地方。

在中国长沙的一次比赛中我就遭遇了行为粗暴、情绪过激的球迷，那是 2007 年，当时我正好在更衣间里粘贴胶皮，当时还允许比赛之前粘贴胶皮。当我将涂抹了胶水的胶皮放在一边的时候，突然，门被撞开了，一个球迷冲了进来。他拍了拍我，然后将一本刊登了我照片的杂志直接伸到了我的鼻子前要我签名，同时还直接将杂志放到了我刚刚涂上了胶水的胶皮上。当然，弄坏了的胶皮只得扔进垃圾桶了，我不得不又重新取出两块新胶皮，我真的十分生气。接着，保安跟了进来，要将他赶出去。尽管如此，我还是为这位球迷签了名，球迷付出了那么多，也该有点儿回报。

接下来的事情更加糟糕。比赛中的最后一个球打完之后，观众一下子撞开球场上的挡板冲进了赛场。七八个中国警察为了保护运动员，将我们围在了中间，就像蚕蛹被封闭在蚕茧里一样。观众们试图拉开警察与我们接触，从而得到签名。在警察的保护下，我们缓缓地向出口移动，一到大门口，我们就必须赶快跑。我真的感到了些许恐惧，因为当时的场面基本失控了。

今天，在我们离开球馆的途中，只有少数球迷还跟随着我们。他们笑着，想与蒂姆再多待一会儿，直到我们走进了停在球馆门前的大巴车，他们的目光才移开。

落座后，蒂姆从包里取出了手机，他说："这几乎已经形成习惯，离开球馆后第一件事是将手机打开，将所有的消息浏览一遍：政治的、技术的、体育的……现在正好在读一条短的体育消息。"

不过，蒂姆还是不得不暂时中断手机的阅读，车窗外，一位年约十六岁的小姑娘正在敲打着车窗。这可不能不予理睬，小姑娘眼中的泪水都快流出来了。她希望得到谁的签名，车里的人也是很容易想到的。

她在向蒂姆招手并摇晃着手中的笔记本，看来，她错过了在球馆索求蒂姆签名的机会。

蒂姆打开车窗，在她的小笔记本上签上名后递给了她。小姑娘脸上洋溢着的幸福笑容是蒂姆从本届欧亚全明星对抗赛上带走的最后一个美好印象。

第七章

在乒坛圣地

乒乓大腕的秘密

大门前的栏杆横着挡住了欲通过的车辆。门卫身穿长长的橄榄绿军大衣，挺直腰板地站在一个小房子前的岗亭里，双眼机警地向外瞅着。他护卫着成功，因为门栏的后面是赫赫有名的中国国家羽毛球队、游泳队和乒乓球队的训练中心。

过一会儿，他是否会将门打开呢？

作为一名记者，要想了解中国顶尖乒乓球运动员对蒂姆·波尔的看法，最好的途径是自己亲自去问。但亲自去问，可没有这么简单！一般的情形是，如果一个记者在场馆想采访一位中国运动员或教练员，想与他们交谈或了解点儿内情的话，他们总会先说自己忙得够呛，不是要去赶车，就是要到总教练那里去，或者是要马上去一个必须要去的地方。有时候干脆就说，我的英语都已经忘光了。

与他们约定采访时间也是如此。一开始他们会说：当然，很高兴，采访多长时间都行。接着又会说：很可能会有接受采访的时间。直到最后回答道：还得再看看。如果中国人如此措词，那就意味着：采访没门儿！

在中国，他们被如此多的照相机、采访本和麦克风包围着，有如此多的媒体想从他们的口里套到哪怕是只言片语。当然，可以理解的是，他们希望不受外界干扰，尽可能地安静一点。以至于外国记者一般都会形成这样一个概念：

只要对方属于中国乒乓球界的一位知名人士，你就不要指望他会回答你提出的问题。

一个最好的对话伙伴应该是孔令辉先生，关于他，蒂姆说过：“他的球打得最漂亮，正手和反手技术都给人以美感，动作灵活，令人叹服。我最喜欢看孔令辉打球。”

乒乓球的世界霸主地位由孔令辉为中国夺回，在 1995 年天津举行的世界乒乓球锦标赛上，他获得了男子单打冠军。2000 年，他又获得了奥运会冠军，这些头衔都还不够，人们还赞誉他为乒乓王国里的“乒乓王子”。他的运动员生涯一直持续到近三十一岁的 2006 年。在此之前，中国国家队队员的乒乓球生涯一般在二十五岁左右就会结束，很多人因此会开始运动生涯的第二个阶段，即在国外继续打球。

孔令辉与其他运动员不同之处还在于，在取得乒坛辉煌业绩之前，就在国外打过一段时间的球。欧洲球员今天必须做的事，他也都身体力行地体验过，即向世界一号球员学习。二十世纪九十年代初，中国将他送到瑞典培训。孔令辉与欧洲球员一样横握球拍，而当时世界上最好的横拍选手就是瑞典人。

在瑞典的那些日子里他十分想家，经常与当地居住的华人接触，每天也都要去中餐馆用餐。

如何在相持球时对付球的速度与旋转，怎样去控制速度与旋转，这都是孔令辉在欧洲留学期间学习的内容。当然，他在欧洲期间学到的也不仅仅是球技，还有欧洲人的行为举止、处事态度。有时候，他会风度翩翩地走过比赛场馆——像一个带着中国式微笑的绅士。中国乒乓球队不愿意放弃他拥有的宝贵经验，让他担任了中国女队的主教练。

开始，我们提出了在这次北京欧亚乒乓球全明星对抗赛比赛场馆采访孔令辉先生的要求。中国乒协友好地回复了一封电子邮件：非常感谢，但孔令辉先生不在比赛场馆。听这口气，采访似乎要泡汤。不过，在我们下榻的酒店大堂里，一位中国乒协的工作人员找到我说：“您不是要采访孔令辉先生吗？安排在后天中午十一点半在中国国家体育运动训练中心，可以吗？”

听到这话，我简直不敢相信自己的耳朵。

果真，到达北京的第三天，一辆小巴士来酒店接我们。他先将我和蒂姆送到一个小商品市场，然后再将我一人送往中国国家乒乓球训练中心。蒂姆想在我与孔令辉交谈的有限时间里逛逛小商品市场，为他自己和家人选购一些物品。

“我有一张在北京的购物清单。”蒂姆对我说。

不需要熟悉当地情况的司机帮助，我们就找到了那个小商品市场。市场上总是有熙熙攘攘的人群，我在想，拥挤的人群正好可以保护蒂姆，不会马上被人们认出来。试想，谁会在忙乱的市场上留意一个转瞬即逝的形象呢？夹克衫、大衣、双肩背包、首饰、电脑游戏、录像带，所有的商品杂乱无章地堆在货摊小小的空间里。不仅如此，还有这么多当地的小商贩、外来的旅游者。

我们走进了小商品市场的第一条狭窄通道，在去“乒乓世界”之前，我还想在这里至少收集一点儿关于北京市场的印象。可没过多久，我忽然间就听到了一个熟悉的声音：

“瞧，波尔！”他还是被认出来了。我瞧瞧蒂姆的眼角，没能忍住一阵窃笑。

“是不是？”蒂姆耸了耸肩，之后又不乏友好地说了一句：“马上又得开始签名了。”

我心里数着，看到底需要多长时间，第一位中国人会站在我们的面前：一秒、两秒、三秒……九秒。周围也有一些外国旅游者，大概是美国人，转身看看我们又继续溜达去了。

此时，我们已经被中国人团团围住了，大多数人是市场上的小商贩们，他们离开自己的摊位围了过来。

“Bor，You are in my heart！”（波尔，你在我的心里！）一位约四十来岁的人平摊着手掌拍着自己的胸脯，用英语这样喊道。

买东西对蒂姆来说暂时已经无法考虑了，他被“粉丝”们层层围堵。而我却不能继续陪着蒂姆，以免错过已经约好的与孔令辉先生在“乒乓世界”——国家体育训练中心采访机会。

“我能让你一个人与这些朋友们在一起吗？”我问蒂姆。蒂姆点点头，一脸笑意。

“那好，祝你愉快！但不要忘了你的购物清单。”我叮嘱了一句。

蒂姆回答：“谢谢你的提醒！我会努力的。”离开市场后，我来到大街上，小巴士车还在那里等着我。

约摸四十五分钟的车程，我来到了坐落在北京天坛附近的中国国家乒乓球训练中心。与天坛比邻似乎特别具有象征意义，类比普通的、尘世间的乒乓球运动，中国国家乒乓球训练中心不就是乒乓球世界的一座“天坛”吗？

小巴士横在了国家训练中心的大门前，等待着来与我接头的中国乒乓球协会工作人员。只有他亲自来接，我们才可能通过这个由穿着橄榄绿军大衣的保安守护着的关卡。

保安人员曾不止一次地用警惕的目光扫视着我们，然后起身离开岗亭，向我们的车子走了过来。接下来，司机与保安之间展开了一场舌战，大概是因为这个地方不让停车。但司机觉得无所谓，也没有将车子开走。保安只好又无奈地、骂骂咧咧地回到了自己的小岗亭，点上一支香烟消气。

几分钟后，有人敲我们的车门。来人大约三十来岁，一副严肃干练的面部表情，围着一条蓝色的围巾。他那副模样，让我们好像来到了一所国际大学的校园。他自我介绍，名叫何濂[1]，在乒协工作。从他写来的邮箱地址中我知道，

1 何濂，曾担任国家体育总局乒羽中心外事部干部、中国乒协国际部部长、中国乒协副秘书长。现任中国乒乓球协会秘书长、中国国家乒乓球队领队。

他也叫 Christian（克里斯蒂安）。他对我表示欢迎，那热情的姿态，好像乒乓球训练中心在专门等我似的。

“我非常高兴，蒂姆是我们的好朋友。”何潇说道。

何潇在澳大利亚待的时间比较长，故英语表达还算流利。接着，他向门卫做了一个手势。门栏杆抬起，我们的车开了进去。

名字就是一把钥匙：蒂姆·波尔的名字打开了本是锁住的大门。

一个左拐、一个右拐，小巴士车最后停在了一栋大的白色楼房前。2010 年，这座大楼整个都翻修一新了，大楼进口处铺着闪闪发亮的瓷砖。第一层是健身房，噢，应该称之为健身大厅。在最保守估计也有一个半手球场大小的大厅上，正在装载最新的健身器材，这些器材分别针对身体不同部位的肌肉锻炼，监视

拉伸是为了胜利：中国乒乓球女队的后起之秀们正在位于北京的国家训练中心力量训练馆的一侧练习身体的柔韧性

屏上显示出一道道健身程序。

只见一群女队员风风火火地跑进了健身大厅，看起来，她们熟知健身器材的用法，根本不用细瞧监视屏上的健身程序，这是一支乒乓球女子后备队伍。十五名女队员坐在大厅地板上，手抓脚尖，身体向前靠近，做拉伸训练。一位教练正舒适地坐在一台扩胸运动健身器的软坐垫上，阅读着最新出版的中国《乒乓世界》杂志。

据悉，约有一百名运动员通过自己的努力被选进了国家乒乓球训练中心，由二十位教练负责他们的日常训练。

乘电梯上行，如果按第五层按钮，就会来到男子乒乓球队。不过，今天中国男队不在训练中心，他们在打选拔赛。欧洲运动员要想时刻保持住自己的竞技状态，就要经常参加俱乐部的、国家队的或个人的一些赛事，而中国人只需要"同室操戈"互相竞技就可以了。电梯里没有第四层，因为汉语中"四"与"死"谐音。电梯最后停在了第三层，这里是摆着二十二张球台的女队训练馆，也是女队主教练孔令辉先生的工作地点。

国家队的女队员们在这里肩负着何等使命，墙上的大幅标语十分清楚地表明了。标语为红底黄字，中国国家色彩。床单一般宽大的横幅上写着醒目的奥运会口号："更快、更高、更强。"另外一幅标语上的口号是："压力、动力、努力！"何潇热情地给我翻译着这些标语和口号。

与健身大厅一样，训练馆里也不会缺少中国国旗。

蒂姆也对我讲述过这些激励人的标语口号，运动员有时候甚至会将一张纸条放在球台旁或者放在装着擦汗毛巾的盒子里，纸条上会写着："你是最优秀的！"或者是"为生存而奋斗！"

其实，我早到了半个小时，但尽管如此，孔令辉还是示意队员们自己训练，然后回过身来紧紧地握住了我的手。

孔令辉身穿一套运动服，运动服颜色的搭配肯定不适合欧洲市场的欣赏习惯：带有紫色和白色的淡黄色，还外加一个金色的图案。孔令辉的头上已经能见到一两根灰白的头发了，自从不再打比赛后，他的脸庞显得略微胖了一些。我们一起走进了旁边的教练员办公室。

人们完全可以想象，就是在这间屋子里，在这结实的桌子旁，坐在围绕着桌子的十二把“老板椅”上，教练员们是如何困难地作出决定，派谁代表中国参加国际比赛。因为谁被提名参赛，谁基本上就可以问鼎金牌了。

孔令辉坐了下来，首先有点儿不好意思地说，自己的英语几乎都忘光了。确实是中国式的礼貌，因为他听到的是英语问话，回答则是用汉语，然后再由何潇先生翻译成英语。

这里有最新一期的《乒乓世界》杂志，看着上面的一张照片，孔令辉笑了笑说：“蒂姆。”

孔令辉的微笑给人一种机敏、智慧的感觉：从他微动的嘴角、浅浅的酒窝、眼睛流露出的温顺性格中，以及这些细节的综合效应中表现了出来。

孔令辉与蒂姆的第一次交锋？是一场失败，确实如此。

“应该是在 1999 年的德国杯赛上。”孔令辉回忆道。

那是 1999 年 11 月 9 日，蒂姆以 21 ∶ 12、16 ∶ 21、21 ∶ 16 战胜了当时效力于德国巴德霍勒夫（Bad Honeff）TTF 俱乐部的孔令辉。

“我们当时主要在备战德甲联赛，并没有认真去准备那场德国杯赛。”言下之意似乎在表示一种歉意，一个赫赫有名的世界冠军竟输给了一个初出茅庐的十八岁小伙子，竟被他那旋转力极强的弧圈球给忽悠了。

“不过，我当时就感觉到，蒂姆在比赛中的感觉特别好。”

孔令辉代表中国人讲述了对蒂姆的看法：“蒂姆是继瑞典扬 · 奥维 · 瓦尔德内尔之后中国运动员最大的对手，他技术全面，发球好，有相当出色的正手技术。”

孔令辉与蒂姆的交锋并不多，他还记得2001年在日本大阪团体世乒赛中曾战胜过蒂姆，在2002年的世界杯单打决赛上曾输给了蒂姆。

“在防守上，蒂姆还存在一些弱点，所以在比赛中，我一直试图集中注意力攻击他的这一弱点。”

我问孔令辉，蒂姆身上是不是也有值得中国人学习的地方呢？虽然他并没有如我期望的那样直接回答我的问题，但他的回答仍使我深感有趣：“专业上，他训练刻苦；生活上，他顾及家庭。我们都知道，他十分照顾妻子，为家庭花了很多时间，这些都是值得我们学习的。”孔令辉说这话是否也因为中国男队正好有一个反例呢？

中国运动员马琳刚刚结束了一场离婚大战，因此，他当时的竞技水平与人们对一个奥运冠军的期望也不太相称。令人深感奇怪的是，在这场离婚事件中，马琳自称自己完全不知道与影视明星张宁益已经正式结婚。他们2004年登记结婚，主管部门已经认可了他们的婚姻，但马琳直到2009年离婚时才知道。

不管怎样，主教练刘国梁公开地要求他尽快解决好个人问题：“我已经给他下达了最后期限，如果他在此之前不解决好个人问题，他的乒乓球生涯就只能结束。”这类似于对美国著名高尔夫球手老虎·伍兹（Tiger Woods）的责备，离婚事件给伍兹的高尔夫球赛也带来了麻烦。刘国梁不得不提出，因为中国顶尖运动员的私人生活也是人们津津乐道的话题。

“他们中很多人的女朋友都是娱乐圈的。”蒂姆曾经这样说过，还有一些是“It-Girls”。所谓“It-Girls”，就是那些吸引公众眼球、媒体上曝光频率高的时尚女性。

蒂姆还说：“马琳的离婚案在媒体上被炒作得很厉害，是一场真正的‘泥巴仗’，他必须为此付出数百万元的补偿费。”

孔令辉又一次谈起了比赛，谈起了蒂姆在乒乓球运动中的个性特点。当我问到蒂姆在哪些方面还需要改进的时候。

“每一届欧洲乒乓球锦标赛，蒂姆都取得了胜利，他统治着整个欧洲乒坛。但在大型比赛中，如奥运会、世乒赛，蒂姆直到现在都还落后于人们对他的期望，特别是与中国运动员或其他亚洲强手较量时。”

从蒂姆的比赛中，他也看到了蒂姆的性格特点。他说：“比赛时，蒂姆的行为举止很有风度，正如人们所说，蒂姆在赛场上是一个绅士。但是，真正在赛场上，运动员还是要去积极揣摩对手的想法，有时候还必须有另外一种态度和表现。”

“蒂姆太过绅士了，是吗？”我问孔令辉。

“是的！”他点点头回答，接着又说，“他的技战术都还要再富攻击性一些，在比赛中，他太像老瓦和萨姆索洛夫了。”他必须更像马琳才行。

这算是一个提示：乒乓球运动怎样才能继续发展。已经退役的孔令辉先生，今天不会再有对付“老瓦”和“老萨”的担忧了。

难道孔令辉先生自己不是也以风度高雅的仪态举止赢得了世界冠军和奥运会冠军吗？他在比赛中不也是一位风度翩翩的绅士吗？

孔令辉说：“我的教练也总是在批评我，告诫我，要求我在这些方面有所突破。当然，从人的性格特征上讲，生活中应该具有一定的绅士风度，但这并不矛盾。比赛中我们要机智灵活，要试图读懂对手的思想，试图去征服对手，战胜对手。只有在这个方面正确地取得了平衡，人才会达到一个更高的水平。”

在孔令辉滔滔不绝讲述的时候，我也没有回避向他打听，常胜的中国乒乓球队到底有什么秘密。

“其实也没有什么秘密。”孔令辉说。

中国开展乒乓球运动的体制很好，国家给予了很大的支持，很多运动员早在六岁时就开始练球了，当然起决定性作用的还是训练。如果真有什么明显区别的话，那就是训练的细致、细节和强度，中国人就是这样训练的。孔令辉的言外之意大概就是如此。

他还说："我们有很多教练员，他们利用录像资料，对技术进行全面分析。在这方面，欧洲的教练员就比较欠缺。我认为，通过这一途径，蒂姆也一定会学到许多有用的东西。"

如果也像孔令辉那样长期分析录像资料，蒂姆有可能获得孔令辉乒坛生涯中赢得的一个个冠军吗？

我后来对蒂姆讲起了孔令辉先生的这番话。对孔令辉的建议，蒂姆却不敢苟同。蒂姆认为，他从比赛中获得的丰富经验比从录像资料中分析出来的知识要宝贵得多。

我既不经常观看自己的比赛录像，也不爱看对手的录像。看了录像分析，人就会只着眼于两到三个方面，思想容易僵化，比赛不会那么自由放松，比赛中，就不会那么多地动脑子分析了。如果我只信赖通过录像分析得出的统计经验，我就不可能那么专注于自己的感觉，而正是这种临场感觉使我得以产生战术，从心理上提前判断出对手会怎样接我的球。在前往比赛球馆的途中，我会问问我的教练，以便了解自己上次与这位对手比赛时的表现，在今天的比赛中我应该注意些什么。对我来说，这就足够了。

我最多只会在这种情况下看看录像资料，即对自己在比赛中的表现不确定的时候。除此之外，我觉得，录像只会使人更加糊涂。我可以举一个例子：在一次联赛上，我的对手是中国球员陈玘。大家都知道，他的反手并不那么强势，这一点我在所有的录像中都看到了。但是，要是相信这些的话，这场球我就会彻头彻尾地输掉。因为，在反手对反手相持球的决斗中我并没有占多大便宜。因此，我必须时时注意改变自己的战术，我的很多技战术确实是在比赛的过程中才会即时产生出来。

再说发球，如果我看了五个小时陈玘的录像资料，可能看到了他的动作在这里或那里存在着问题，能够看到他发球时的旋转。我可以上百次地观看录像，但是，如果在比赛的关键时刻不能聚焦的话，任何分析都是没有用的。我头脑中的概念是，陈玘发球百分之八十五都是上旋，即便有一次没有看清楚，我也会认定他发的是一个上旋球。

放在皮椅子上的双肩背包里，响起了一阵手机铃声，德国人把这种声音称为“电梯音乐”。

我还想从孔令辉那里了解到，在中国的训练馆内，将蒂姆的照片挂出来，定期重复地复制他的技术动作，是不是为了让中国运动员有针对性地作好准备。

“是的，有一张蒂姆的大照片挂在我们的训练馆里，那一面墙贴的全是我们最主要对手的照片，一个照片栏。”他回答后自己也笑了起来。

“其实，蒂姆的技术动作是很难学到的，他的一些打法，包括接触球，与其他人都完全不同。模仿他打球，实际只是一个玩笑。”

我不知道，蒂姆是否能够接受孔令辉的这一说辞。

来这里之前，蒂姆也交给了我一个采访题，他很想从孔令辉那儿知道：他在悉尼奥运会上是怎样顶住了压力，最终以 3 ： 2 战胜瑞典名将扬·奥维·瓦尔德内尔的。

“1996 年，我在美国亚特兰大奥运会的乒乓球决赛上输给了队友刘国梁。因此，在 2000 年澳大利亚悉尼奥运会之前，我作了将近一年的准备。在各个方面，我都作了安排，力图在身体素质、技术水平上使自己处于稳定的强势状态。那场决赛打得也相当艰苦，我的正手发球并不稳定，因此，我也作了些变化，打近网短球。”

当时是一个反手发球。如果人们将乒乓球的发球与接发球理解成一个“提问与回答”游戏的话，那么反手发球就是一个相对容易的提问。针对孔令辉的反手发球，瓦尔德内尔在整个比赛中都没有找到一个相应的聪明答案，因为孔令辉的发球总是不断地在瓦尔德内尔的桌面上变化着落点。乒乓球中细微的变化往往作用是很大的，令对手很难区分。在这次决赛中，孔令辉正是用他多变的反手发球遏制住了对手瓦尔德内尔。

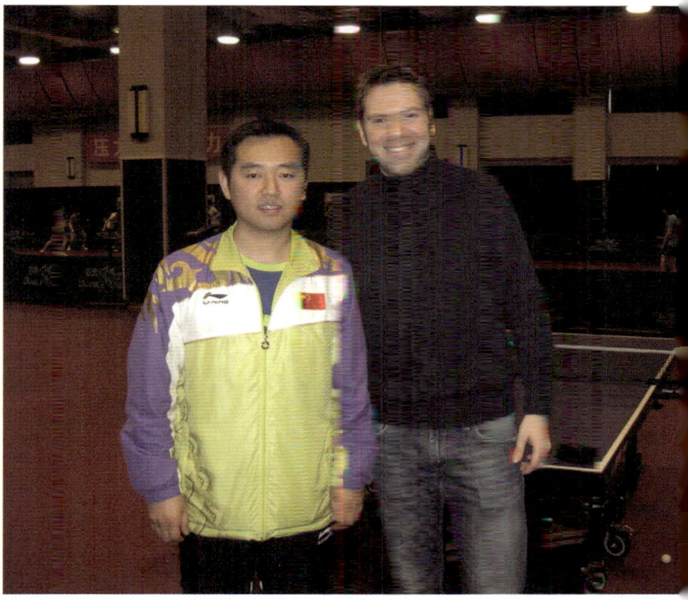

在世界乒坛最神奇的地方：本书作者卡里德-霍·托普菲尔先生与孔令辉先生在中国国家乒乓球队训练中心合影

这场决赛极其扣人心弦。在决胜的第五局，孔令辉一度以10 ： 1领先，但瑞典人一直追到了12 ： 15。此时，教练叫了暂停。

“这个暂停叫得十分及时、非常重要。”孔令辉说，“在此之后，我最终以21 ： 13赢得了最后的胜利，高兴得我当时都差点儿将球衣撕烂了。”

站在奥运会的决赛场上，是很多乒乓球运动员的梦想，蒂姆是否也能实现这一梦想呢？

孔令辉说：“最重要的是，现在就要有一个好的训练和比赛计划。而且，年龄越大，避免出现伤病就显得越发重要。伤病是运动员最大的风险。另外，运动员还要注意在精神上、心态上加以改善。”

精神上、心态上的训练——一个难以捉摸的大黑箱。在这方面，孔令辉给蒂姆又有何建议呢？

“据我所知，一般情况下，蒂姆训练完了都会回家与家人待在一起。但是，他还应该多与其他人交流，听取他人反馈回来的信息，这些都会使他在精神上更加放松。”说这话时，孔令辉看起来更像一个关心人、体贴人的大哥。

“作为中国国家男队最大的竞争对手，我希望蒂姆在今后的世乒赛、奥运会上赢得男子单打的胜利。”孔令辉最后说道。

大约一个小时的采访之后，我与孔令辉先生告别，跟随何潇先生经过了那面挂着冠军群像的墙壁，每一个中国冠军队的集体照都框起来挂在墙上。

此时，球馆里不时传出女孩子们欢快的叫声和“咯咯咯”的笑声，这是国家队女子后备队的队员们正在围绕着球台玩“足球”游戏，不过，踢的可不是足球，而是小小的网球。可不，中国国球的训练也可以如此充满孩子气。

酒店里，蒂姆正手提着几个装得满满的购物袋等着我。

“你还真买了不少东西。”我向蒂姆致以问候。

“是的，在与球迷们长时间的交谈之后。他们知道的确实很多，甚至知道我的妻子是菲律宾人。”蒂姆告诉我，“但即便如此，他们对我买的东西也没有打折。”

当我新奇地窥探购物袋时，他打开袋子，如数家珍地为我介绍了起来：

“几件在家穿的宽松毛衣，我为自己买了一件夹克衫，为妻子买了一套运动服，为父亲买了一顶戴在头上的照明电筒。这样，父亲黑夜里就可以放心地在外跑步了。”

酒店为欧洲乒乓球代表团又准备了一顿小小的自助午餐，我们坐了过去，互相交流着各自的见闻和经验。鉴于刚刚逛了中国的小商品市场，中国的服装成了此时蒂姆的一个话题。

中超联赛上，我曾效力于一家俱乐部，该俱乐部隶属于一家财力雄厚的纺织企业，公司老板对乒乓球的热爱简直无以复加。一天，他用一辆加长的大型轿车把我们从酒店接到了公司。在乒乓球室里，我与他打了一场比赛。当然，不仅是与他一人打球，他还邀请了一帮朋友，与这些朋友我也分别打了几个球。作为这一活动的酬谢，我可以在他公司的服装陈列室里任意挑选我喜欢的服装。主要是套头的毛线衫、T恤衫之类，所有的衣服穿起来都确实不错。

一般而言，我在穿衣上花钱不多，逛杜塞尔多夫国王大道上的名牌店并不是我热衷的事，我不是一个一定要穿名牌服装的人。

有钱的中国运动员，不在市场上买衣服穿。运动员穿的是专门设计的服装，这也是我们有时候感到好笑的一个方面，因为太容易引人注目。王皓就很注重他的服饰，总是穿一身高雅精致的西装，明眼人一看就知道，是花大价钱专门定做的，不是市场上的现成货。在中国很多人爱炫富，很多中国教练员都戴着名表或拥有包金手机。

我自己也有一个怪癖，很多人一定会问我：手机只用一个，你为什么会有三个？我觉得好玩，我对新技术十分感兴趣。

不少中国运动员开着豪华轿车，这些车的价格比在德国本土买还要贵，因为必须进口。马琳开的是保时捷卡宴（Porsche Cayenne），王皓开的是6系的宝马（BMW），运动员和乒协都从中国市场经济中获益。

“我读过关于你的一些介绍，你儿时的愿望是想当一个银行主管，这又是为什么呢？”我问蒂姆。

“因为银行主管的穿戴总是那么整齐挺括，而在我的家庭成员里，上班这口还没有一个人需要穿得如此讲究。总感觉有些特别吧，这是一份体面的工作。”蒂姆如此回答。

“如果你真的成为一名银行工作人员，很可能就只是在德国一般的大众银行工作，而不是在美国高盛投资银行工作了。”我说。

“很有可能。”蒂姆笑了。

我与金钱的关系无论如何与很多中国人是不同的，我有更多的保险意识。我不会用我的存款为每年能挣上百分之十到十五而去冒险。当然，我挣钱很多，但尽管如此，在拿不准的时候，我还是会在超市里购买便宜货。我知道，我两个小时挣的钱甚至抵得上其他人工作两到三个月。尽管我没有对乒乓球生涯会过早结束的恐惧，但我仍担心现在的生活水平什么时候就会得不到保障。因此，我不想过那种极度奢侈的生活，而是要过一种一生中都能保持住的平稳生活。不定什么时候，乒乓球运动生涯就会结束，我就还得找一份工作，还得留一些钱。

我也不是一个“嗜赌”之人，因此，在杜塞尔多夫，我签的合同是不带赢球奖金的。当然，也没有一个俱乐部愿意与我签一份带赢球奖金的合同，那无异于俱乐部在割自己的肉。但从另一个角度讲，如果我感觉到自己是在为钱赢球，很可能赛场上就做不到如此专注了。参加奖金赛则是另外一回事。在德甲比赛中，为了俱乐部和观众，我要保证好的竞技水平，完全不会考虑结算时能赢更多钱的可能性。在训练中，我不会为了五个欧元练球，这行不通，我宁愿捐赠。对失去钱，我没有太大的恐惧感。

蒂姆现在想了解我在中国国家训练中心采访孔令辉的情况，他的好奇都集中在一个简洁的、仅有两个字的问话中：“如何？”

“印象深刻！”我的回答也很简洁，“中国国家训练中心健身大厅里的健身器材林林总总，像森林一样，这种大规模的健身馆我还从未见过，中国人确实什么都想到了。孔令辉向你问好，他预祝你在下一届世乒赛和奥运会上能获得男子单打的奖牌。”

“谢谢！我也很想得到这些奖牌。”蒂姆说。

下一届单打世乒赛在荷兰鹿特丹举行，鹿特丹是蒂姆 2002 年欧洲十二强赛上获得冠军，即赢得他乒乓球生涯中第一块国际性奖牌的福地，现在，他又将在这里迎来下一个机会。

在 2011 年世乒赛前，人们心中有一个大大的问号：以蒂姆目前出色的球技和无与伦比的状态，什么时候会获得世乒赛的单打奖牌呢？

为了准备鹿特丹世乒赛，蒂姆之前也做出了几个决定。

第一，他第一次放弃了德国冠军赛，因为这一赛事对蒂姆来说，很多比赛对手基本上没有什么竞争能力，当然，可爱的球迷还是有不少的。

“对我来说比赛确实太多了，如果都要兼顾的话，我就只会成天在路上奔波，身体负荷会太重。放弃这一赛事，肯定有人会骂我，我自己也感到遗憾和惋惜，但我现在确实无法兼顾。”蒂姆解释说。

拒绝，对蒂姆来说，一直都是一种挑战。

针对鹿特丹世乒赛单打另外的决定还有：不参加双打，将所有的注意力放在单打比赛上。

蒂姆说：“对克里斯蒂安·许斯，我也感到遗憾和惋惜。”作为他的双打伙伴，蒂姆与克里斯蒂安·许斯在 2005 年上海世乒赛上有过激情四射的配合

“我有一种会因小失大的担心，很可能这就是小。因为放弃双打，我的力量会更加强大。”

此外，蒂姆到达鹿特丹后很快发现，这届世乒赛有些不同，比赛场馆没有值得他特别注意的、会干扰比赛的不利条件，比如多余的球台或抽风太厉害的室内空调机等。

“这里没有什么值得我抱怨的地方。”蒂姆说这话时已经毫无悬念地顺利通过了鹿特丹世乒赛的头三轮。

我已经不再公开地抱怨器材或者伤病了，我也没有对任何记者说过世乒赛前我的肩肌纤维已经断裂。我不想一而再、再而三地讨论某

些托词。伤病的历史曾使我感到如此烦躁、疲劳和紧张，我根本就不想再提它了，提也没用。我是这样要求自己的。说实在的，我还没有学会如何与新闻媒体周旋，我的新闻顾问伯恩哈德·史密腾贝舍对我说过，自己是怎样就怎样，不要去伪装。面对记者，我一直在努力真实地分析我的比赛。

当蒂姆在一场比赛后挎上运动包走过鹿特丹阿霍伊（Ahoy）球馆侧道时，尽管那里已经有众多电视台、电台、报纸、杂志和互联网公司的记者们在等着他了，但他却表现出了少有的从容和放松，这可是他以前在任何大赛中都没有出现过的心态。

在以前的世乒赛和奥运会这些大赛中，我其实都承受着很大的压力，比赛日程安排得过于紧凑，从来没有能从容不迫应对所有比赛的感觉。这次在鹿特丹则完全不同，我第一次在如此大的比赛中感觉到时间并不是那么紧张，总是有自由享受的时间。早晨，我能一直睡到九点或九点半，能比平时早一点儿到达比赛场馆，一切都很放松。我的妻子也随我到了鹿特丹，我可以与她悠闲地在一起吃顿晚饭，可以安安静静地粘贴球拍胶皮，还可以轻松地出去遛遛狗。我住的酒店位于郊区，相当安静。

在大型比赛中，我的时间安排也基本上是标准化的。提前两到两个半小时到达比赛场馆，十分钟跑步热身，做几个身体的拉伸和跳跃运动，用以放松腿部肌肉，获得力量。然后练三十到四十分钟的球。接下来的休息时间里我会来试试乒乓球，为比赛选出最圆的球，将球拍交出去接受检查。当球拍还给我后，我会再练上十分钟，大多数情况下是练发球、接发球。打一场小型比赛，从8：8开始计数，以适应比赛气氛，然后再从练习馆走到比赛馆。在裁判呼叫比赛开始之前，我会再系系鞋带，穿好鞋对我来说相当重要。

抽签结果，蒂姆八分之一决赛的对手是老熟人、国家队队友迪米特里·奥恰洛夫，他与这位对手同时效力于波鲁西亚杜塞尔多夫俱乐部，现在还经常一起练球。

“我们确实是很好的朋友，”蒂姆在八分之一决赛的前一天讲述道，“每逢大赛，我们都会在一起备战，这已经形成一个固定程序了。训练结束后，迪马会来到我们家，由我妻子准备好吃的，然后洗桑拿浴恢复身体。他在我们家有自己的一间房，当然，是不需要付房租的。”说到这里，蒂姆笑了起来。

不仅如此，当蒂姆听说奥恰洛夫在第三轮十分轻松地战胜了对手时，也高兴地说道：

“太好了，他是有希望获胜的运动员。”

比赛那天，两人要在球台旁面对面地较量，气氛与平时就不大一样了。例如，取消了在热身馆一同练球的程序。

“我们两人都不约而同地选择了其他的训练伙伴，并在相邻的球台上练球。当时的情景确实显得有些滑稽。”蒂姆说。

同样，他们的这场八分之一决赛也打得十分奇特。奥恰洛夫本属于那种赢了一个球就会大吼一声来为自己鼓劲加油的运动员，但这一次他硬是忍住了，没有像平时比赛那样“Tschoooaaa”“Joooooh”或“Tschoallee”地大叫起来。

“如果对手是自己的好朋友，就不必叫喊，并向朋友举起拳头了。”赛后奥恰洛夫这样说。

当然，蒂姆在比赛中也比平时安静了许多。

与迪玛比赛主要取决于内心的平静，比赛中我基本上都没有表现出过于激动的情绪。打法上我要相当精准，要勤于变化，因为他会给我制造不少压力。要打出令对方意外的球并不容易，毕竟我们之间太熟悉了，他一定事先就知道，我的球会往哪个方向打。与熟人比赛还不能太急或情绪不好，不然，球会显得过于简单，例如，只发一种球。从另一个角度讲，人还要有勇气。即使比赛打到 7 ： 4 时都十分顺利，也并不意味着接下来仍然会顺利。在打法上，要时刻变化，不能只依赖一种招数。

蒂姆第一局先以 1 ： 5 落后，但还是以 11 ： 7 赢了，第二局又是以 11 ： 6 结束。蒂姆先胜了两局，比赛看来大局已定。但第三局蒂姆丢掉了，第四局蒂姆在 10 ： 7 领先的情况下又连丢三分，奥恰洛夫利用蒂姆弱势之时，将大比分扳成了 2 ： 2 平。

蒂姆该如何反应？这是赛场上一个非常典型的能使运动员处于“僵化”状态的境遇，所有微妙的感觉似乎一下子全都失去。因为对丧失比赛控制权的担心，对错失大好机会的恐惧，此时会从头到脚侵袭全身。

在比赛休息间隙，我先是感到非常窝火，对比赛中错失的机会感到窝火。我还注意到，由于患得患失的心态，比赛中球打得过于简单。迪玛是很机智的，他能够超前预感到我的球路。如果我还像前几局那样，总是发一种球，他就一定会找到战胜我的办法。

在短暂的休息间隙里，我又找回了我原本应该有的冷静和沉着。总而言之，我对付这种处境的办法是：努力让比赛更平静地进行。对我来说，这是最行之有效的，即不要让自己处在一种消极的状态中。内心抱怨就是一种消极情绪，如果再表现出来，那就更加糟糕了。因此，我不允许内心自我埋怨，我必须尽快摆脱这种心态。

在比赛休息的过程中，为了能战胜队友迪玛，我又在内心暗暗念叨着自己的指导原则：继续竞争，继续尝试，发挥出最佳水准。

这一简单的、自我勉励的话竟然收到了令人惊讶的效果：后面一局蒂姆竟以 11 ：0 完胜对手，连一个礼节性的得分都没有送给迪玛。

“我总认为，这是毫无意义的，即在 10 ：0 的时候就不认真地随意打球。但我并没有对他特别狠打，我相信，这局球打完以后，迪玛也不会不高兴。”

蒂姆增强了自信，比赛中又开始变化球路。第六局蒂姆以 11 ：8 锁定胜利。蒂姆赢得了这场颇有意义的“友谊”比赛。赛后，他对中央电视台的记者说：“现在我也知道，中国人自己打自己是何种感受了。”在德国记者面前，蒂姆又一次表现出他轻松的神情，笑着说道：“我们仍然是朋友，至少从我的角度来说。”

要赢得第一枚世乒赛单打奖牌，蒂姆即将面临的一个必须完成的任务是在四分之一决赛时战胜一位中国对手，而等待着与他决斗的是陈玘。虽说在中国运动员中，陈玘不算顶尖选手，但这又能说明什么呢？他是奥运会、世乒赛双打的双料冠军，在技术上，也不仅仅是拥有凶狠凌厉的正手攻球。

“他的发球相当出色。我觉得，对付陈玘，只要在控制球上下一定工夫，就会有机会。”蒂姆对这位对手并不陌生。

蒂姆与陈玘在阿霍伊球馆的这场比赛还未正式开始，四分之一决赛中除了蒂姆以外的另一位非中国球员——日本的水谷隼也已经被淘汰，欧洲的最后一线希望寄托在了蒂姆身上。球馆里的气氛渐渐沸腾起来，大屏幕闪现出蒂姆正在等待的镜头。这已经够让现场的八千名观众激动了，大部分观众都已经开始近乎疯狂地欢呼起来。战胜中国人，是蒂姆的使命和任务，但观众并没有让他一个人去面对。为了使自己内心更加平静，蒂姆反复地咀嚼着条形糖。

比赛前十分钟，我会再吃一根糖条，这是一种带干果的条形糖块。一般都是如此，在前一场比赛进行到最后一局时，我总是会使我的血糖含量保持在一个高的水平上。一位营养师曾对我说过，这种糖条对我从事的乒乓球运动特别好。比赛前，我一般还会喝几口矿泉饮料，在比赛中间休息时就只喝几口水了。如果比赛中感觉血糖急剧下降，我就会再补充点儿矿泉饮料，但这种情况很少出现。很多人还吃冻胶之类的东西，但冻胶对我们几乎不起作用，它更适合于从事耐力运动的人。乒乓球是一种比较特别的运动，只有短时间的高负荷，接下来就又会松弛。在大型比赛中，我几乎整天不怎么吃东西，吃了只会增加负担，但吃糖条我一直都感觉不错。当然，训练中也经常咀嚼糖条就不好了。

看起来，蒂姆并不紧张，当播音员公布了比赛的消息时，球馆内顿时欢呼、沸腾起来。蒂姆与陈玘像两位古罗马角斗士，伴随着响亮的音乐声走进了角斗场。在中国最受欢迎的德国人现在又成了在荷兰最受欢迎的德国人了，但这位德国人在场上又会有如何的表现呢?

我是带着微笑走进赛场的，如此亢奋的现场体验确实很少有，全身都起了鸡皮疙瘩。我暗自对自己说：你必须享受这一时光，留住这一时光，将它储存在你头脑的“硬盘”里。人的一生中能经历这样时光的机会并不会很多。我当时根本就没有紧张不安的感觉，我将这种气氛作为一种美好来接受，并试图在一开始就不给自己压力。因此，我也在自己勉励自己：即便没有在本届世乒赛上获得奖牌，我的乒乓球生涯也没有因此而灰暗，也同样是辉煌的。

与陈玘的比赛正式开始，一切都表现出正常的水平，包括蒂姆的努力和紧张以及他的血糖含量。比赛中，蒂姆打得比较顺手，得分总是向着他。面对陈玘本来具有很大威胁的发球，蒂姆在接发球时都能令人惊讶地攻回去。针对对方的弧圈球，蒂姆看来也能先等一等，然后再容易地快速拉回去。

整个球馆里观众的极度兴奋有时候也意味着一种风险因素，蒂姆在此之前就已经意识到了，他说："人不应该将观众们表现出来的亢奋情绪转化到比赛时攻击的力度上来。"

他没有这样做，他的球既有速度又有落点，不断得分。11：5，蒂姆拿下了第一局。

不过，胜利的局面并没有持续展开。第二局一开始，蒂姆就输掉了7分，中国人不断重复凌厉的扣杀，将蒂姆逼到远台。蒂姆在第一局时敢于冒风险打出的球，这一局见得不多。蒂姆没能从败局中走出来，以5：11的比分输掉了第二局。

蒂姆在赛后向场外候着他的记者们讲述赛场情景时，说了一句："幸运的是，我当时还在场。"停顿一会儿后，他给了自己一个名字："小更犬。"

从技术上看，蒂姆在第三局又开始运用第一局的思路，反手攻球打得既大胆又有落点，使陈玘难以招架。如果陈玘拉出令人可怕的正手弧圈球，蒂姆也能有针对性地在球台旁迅速作出反应。作为努力的回报，接下来的两局都是蒂姆获胜：11：6、11：7。

只要再胜一局蒂姆就闯进半决赛了，这样他就能稳获一枚世乒赛铜牌。世乒赛与奥运会不同，第三名并列，无须再相互争夺。第五局一开始又是蒂姆一路领先，2：1，3：1，4：1。这时，中国队的主教练刘国梁做了一个暂停手势。刘国梁先生的暂停是很令对手害怕的，因为暂停后场上的形势就有可能被逆转。刘国梁是一个很出色的战术家，能够恰如其分地给他的队员以指导，这种指导往往决定着比赛的胜负。

暂停结束，蒂姆与陈玘回到球台旁时，比分还停留在4：1。

很快，蒂姆又下两城，5：1，6：1，比分逐渐拉开，现在他只要保持这个差距就行了。时而，蒂姆近台不断地在对方球台上变化着落点，得分；时而，他离开球台一两步远来对付陈玘的弧圈球，刻意放慢击球的速度，得分。在乒乓球比赛中，得分手段不只是大力扣杀，有时候得靠旋转和落点。在球路的变化上，蒂姆掌握得如此娴熟，就像色彩大师在把玩着从淡雅柔和到耀眼高光一系列色阶上的各类色彩。

比赛在继续，7 ∶ 3，8 ∶ 3，9 ∶ 3，10 ∶ 3，蒂姆拿到了赛点球。陈玘一个高抛发球，将球直线发到了蒂姆的正手位，蒂姆猛拉一个弧圈球到陈玘的反手位，陈玘试图再一次给蒂姆制造压力，打出一个压低的反手球，接下来又拉了一个正手弧圈球。蒂姆站在离球台可靠的距离，没有受到这一正一反两个来球的影响，稳稳地将球打了回去，然后看着对手打过来的弧圈球应声下网。

成功了：蒂姆终于弥补了事业上的一个缺憾——2011 年 5 月在荷兰鹿特丹四分之一决赛中战胜中国选手陈玘，获得第一枚世乒赛单打奖牌

成功了！打进了半决赛，蒂姆获得了世乒赛上第一块单打奖牌！蒂姆的右拳在空中挥舞着，整个身躯欢快地跳跃着。整个大厅都在欢腾，妻子罗德莉娅在观众席上也无法抑制住高兴的泪水。

第一块世乒赛单打奖牌，在冲击了七次之后终于如愿以偿。不过，蒂姆并没有被这一胜利冲昏头脑，他还是像前几轮赢球一样轻松自如地接受各路记者的采访，不同的是采访的记者明显增多，提出的问题也更多了。

“世乒赛上单打奖牌的缺憾一直压在我的心头，也有些痛苦。在此之前的世乒赛上，我都没有上乘表现。但这次我打得非常轻松，我相信，打这场比赛时大家已经注意到了我高兴的情绪。我的球相当稳定、坚决。”

稳定、坚决，这是蒂姆对世乒赛上以 4 ：1 战胜中国球员陈玘这场比赛的基本估计。在细节上，蒂姆肯定自己的方面多一些，他说：“我又一次在比赛中针对对手的发球运用了我那锐利的眼神，因此，失误很少。”

还有超然于体育主题，能彰显他愉快心情的一种特别表现：在世乒赛的这些日子里，他根本就没有刮过胡子。对此，他的解释是：“我没有刮胡子，并不是因为我迷信它会给我带来幸运。我只是在想，今天刮了胡子，第二天一定还会有火辣辣的滋味。因此，我没有去动它。还好，我的胡子长得并不是很快。”

蒂姆 4 ：1 的胜利也同时是中国队在本届世乒赛上男子单打的首次失利。在此之前，他们只是在一个一个地将别人淘汰。

作为唯一一位不是中国人的选手，蒂姆最后一天还有比赛。场馆不像前一天那样坐得满满当当，只来了六千五百名观众。部分观众可能压根就没有想到，今天的比赛场上，还会看到除了中国人以外的另外一位世界乒乓球选手的面孔。

是的，德国的蒂姆·波尔还在，他的对手是：张继科。

可谓狭路相逢，这应该是他们俩今年的第四次交锋了：第一次，卡塔尔公开赛半决赛上蒂姆获胜；第二次，德国公开赛决赛上张继科获胜；第三次，北京欧亚全明星对抗赛上张继科获胜。这次与张继科的比赛，蒂姆又开了一个好头，以 11 ：7 赢了第一局。蒂姆的胜局还能延续下去吗？

第二局一开始我就输了两个球。如果我赢了这两个球，张继科很可能会变得不知所措。要想战胜中国运动员，就要先声夺人，让中国人产生自我怀疑、自身动摇的情绪。我今天的球已经有了高水平的发挥，一般而言，很多球他应该都接不到的，如果这样打下去，就会继续得分。但今天与张继科的比赛，我高水平的球并没有奏效。张继科的身体素质、身体的稳定性超出了一般球员，我的速度还显得不够。有些球他能接过来，连我自己都有些吃惊，再加上速度上我差的那百分之一秒，接球就慢了那么一点点。

蒂姆以 5 ： 11 交出了第二局，第三局和第四局也均以 3 ： 11 输掉。张继科打得毫不留情，比起陈玘来，他的球对着蒂姆飞得更快、更有压力。他通过大斜线球不断地将蒂姆逼到死角，也无异于在暗示，在这个极端的角度上是不存在任何反击可能性的。

第五局，蒂姆一开始就以 4 ： 0 领先，希望又回来了。张继科也有可能陷入冥思苦想、一筹莫展的境地，他也是第一次打进世乒赛单打半决赛。但他没有流露出这种情绪，甚至还一连追回了六个球。比分 5 ： 8，蒂姆又落后了。小小的白球在球台上来回十六个回合，蒂姆试图将张继科逼到远台，但张继科快速奔跑并有把握地接住了每一个球。就在突然发现蒂姆步伐出错的当口，他迅速拉出了一个强有力的弧圈球，蒂姆反拉的弧圈球却应声下网——5 ： 9。接下来蒂姆扳回一分，6 ： 9，此时，教练刘国梁叫了暂停。

比赛的暂时中断并没有影响到蒂姆，接下来的球，他打得一个比一个凶。蒂姆用凌厉的扣杀，以敢冒风险的斗志，孤注一掷地打出攻击性极强的反手接发球，使观众们欢欣鼓舞，比分追平，9 ： 9。可张继科的回敬是：一记强劲的反手球，球远远地落在了蒂姆难以企及的正手位，蒂姆的回球无奈应声下网，张继科拿到了赛点。又是一个类似的模式：第一个球就远远地打到了蒂姆的反手位，然后又是一个低低的正手位——张继科赢了，打进了决赛。

张继科兴奋地吼叫了起来，将所有的快乐、能量以及残留在身上的紧张情绪都恣意地发泄出来了，他用拳头捶打着自己的胸脯。蒂姆平静地点头认可，上前握住了张继科的手。

“一开始他有些害怕，但后来就像机器般地进入了角色。”一结束比赛，蒂姆就如此评价，“比赛中，我虽然也打出了不少十分漂亮的球，但他还是能够很好地化解并回敬过来。我很钦佩中国运动员，他们总是能不断地获得成功。不过铜牌的意义也不一般，已经令我十分满意了。”

在球馆的地下厅里，教练理查德·普劳泽在等待着蒂姆。

“佩服！”说着还对着蒂姆鞠了一躬。

“已经可以了，也必须认可这个结果。”这是蒂姆已经习惯了的、比较勉强的回答。

要真正满意，蒂姆还需要时间才能慢慢说服自己。应该说，他并不满足于铜牌。他利用了赢取奖牌的机会，也得到了打进决赛的机会。谁又知道，下一个机会何时才会出现呢？

“我还是非常渴望再进一步的。”他说。

蒂姆还完全沉浸在比赛的紧张气氛中，比平时要强烈多了，因为这毕竟是他第一次站在世乒赛半决赛的赛场上。

打进世界乒乓球锦标赛的半决赛，这个佳绩在德国乒乓球运动的历史列表上意义则更加重大：这是德国乒乓球运动四十二年来的第一块世乒赛单打奖牌。在 1969 年德国慕尼黑举行的世乒赛上，加布里勒·盖斯勒（Gabriele Geißler）为东德获得了一块女单银牌，艾伯哈德·许勒为西德获得了一块男单银牌。这也是中国当时因国内兴起“文化大革命”运动没有参加的最后一届世乒赛。

顺便要提及的是，蒂姆的胜利也可以说是 1969 年世乒赛银牌获得者埃伯哈德·许勒的成功，正是这位许勒先生将蒂姆一家带到乒乓球运动上来的。受许勒先生乒乓球魅力的吸引，蒂姆的父亲才在十三岁那年与朋友一起在仓库里搭建了一个乒乓球台，并将球台油漆成绿色，也正是因为父亲的这分热爱，使蒂姆走上乒乓球之路成为可能。他父亲的乒乓球兴趣也曾持续过一段时间，但真正打乒乓球，还是二十多岁才算开始。

荷兰鹿特丹世乒赛上的这场半决赛对蒂姆来说也是关键的一场比赛，因为他是以十分良好的竞技状态前往赛场的，但又没能如愿打到最后摘下金牌。中国又杀出了一位状态极佳的“黑马”，“梦幻乒乓球”——蒂姆是如此称谓张继科的场上表现的。

如此一来，蒂姆又该怎样去提高、完善自己呢？

半决赛上打出了许多十分典型的、有特点的相持球，一来一往，时间长，强度大，直到张继科要么用他那号称世界乒坛威力最大的反手将球打到令蒂姆根本就够不到的正手位，或者用强悍有力的正手侧旋球打到蒂姆的反手位，而蒂姆想转身换正手压住对方来球时，正手就已经够不到球了。侧旋对蒂姆来说不是什么新技术，强劲发力的弧圈球也不是，但一个大力拧出的侧旋球，他却无法迅速作出调整，角度太刁，旋转也非同寻常。

在训练中我们还从未见过这种大力拧出的侧旋球，这也正是我在这场比赛中面临的、要克服的技术问题。在欧洲，有哪位选手能打出这种水平的球呢？当时还没有有效的办法能将他的这种球用反手压住，就连握拍的方式都有问题，球的旋转太强。如果他将如此强烈旋转的侧旋球向我的反手位打过来，我的手腕就必须特别地向前、向下弯曲，首先要将来球的旋转化解掉。对付这个球，我必须用正手位，因为正手位能更好地把握住球的落点。

我没有任何合适的借口，我已经正常发挥了。当时，我就感觉到与张继科有数量级上的差别，太令人难以置信了，不知道张继科在世乒赛前的半年里是如何将这一新技术开发出来的。他也在意料之外失败过几次，正好是在中国队为世乒赛选将这个阶段。之前他也没有现在这样自信，但在世乒赛的前三个月，几场比赛的胜利增强了他的自信心。如果人具备如此多的自信，在世乒赛上就会有好的感觉。比赛中，他只需要专注于战术的运用，专注于提前预见场上形势，不再只是专注于技术了。一旦进入了这个状态，技术自然而然就发挥出来了。

对张继科的技术水平我表示尊重，但我也不相信，他以后就总能发挥出这个水平。我不会认为，打这以后他会逢赛必胜，即使以后数年，乒坛也不会出现一个只赢不输的人。人要始终保持在如此高的水平上，首先在心理上就很困难，没有人能够做到。张继科的膝盖上绑了一根绷带，这说明以前他的膝盖出现过问题。但像他这样打球的人比赛时是不会顾及自己身体的。当然，膝盖上一个小小的疼痛会在某种程度上限制运动员水平的发挥，运动员会无意识地实施另外的战术，以避开疼痛区域。事实上，每一个顶尖运动员都至少会有那么一点点身体上的毛病。

就我自己而言，现在就要开始努力，使自己的身体更灵活快速一些、再结实健硕一些、再强壮有力一些。张继科目前是世界乒坛上身体最健壮的运动员之一。一个运动员肌肉发达，他的正手定会更加稳健和强势。当然，我说的不是人们看到的那种腱肌肉，而是一身的铁骨膘。在鹿特丹的比赛中，我有些球可能就是输在了身体素质上。

此外，还要看到今天比赛中技术的全面性，这一点在鹿特丹世乒赛上再一次体现出来了。谁的反手技术差，谁就没有机会。如这次比赛中的许昕。与我比赛，许昕表现得还不严重，because我与他一样，也是左手握拍。与许昕比赛，我更愿意自己是右手握拍的选手，这样我就能锁定他的反手。我今后还必须在反手上多下功夫，使之更加稳健，更有压力。另外，我的反手接发球同样也要有强烈的攻击性，像王皓和张继科那样，他俩在接发球的时候就能成功将对手逼入困境。

两位中国人在鹿特丹的决赛中争夺冠军。张继科继续发挥与蒂姆比赛时的强大实力，要么像一堵墙，挡住了王皓迅疾凌厉的扣杀，要么用正手和反手连珠炮似地将球攻到对方的球台上。无论如何，蒂姆不是被最好的一个中国运动员淘汰的，而是被他那个时候最好的中国运动员淘汰的。

张继科成为世界冠军，将志在卫冕的世界冠军王皓拉下了宝座。比赛结束之后，情绪激动的他，撕开了自己的球衣，裸露出上身强健的肌肉群，乍一看，更像一位跆拳道选手。

在鹿特丹世乒赛上蒂姆又得到了一个特别的安慰奖，这是他第二次获得这项由裁判员提名的“理查德·贝格曼公平奖”。只不过，鹿特丹获奖与六年前上海获奖不同，并没有一定的、值得获奖的特别事件发生在蒂姆身上。裁判员们是根据蒂姆在世乒赛上留给他们的总体印象评选出来的。

“他表现出来的总体个人品质是极富榜样力量的，给众多的裁判员留下了十分美好的印象。”德国裁判业务主管官员米夏埃尔·茨威帕（Michael Zwipp）这样评价说：“这不仅仅是因为他会承认比赛中意外出现的擦边球，还肯定了他每次都能按时将球拍送去检查或挑选比赛用球的做法，这些都使人对他充满了信赖感。其他运动员要么是姗姗来迟，要么是干脆不来，即便来了，也会提出一些过分的要求。此外，蒂姆的优势还在于观众的赞许，他能使观众们感觉到，他的成功也应部分地归功于观众，是广大观众在容忍他、鼓励他、推动他，即便在他失败的时候也没有不去同情他。面对观众，蒂姆也同样充满了耐心，如在年轻的球迷粉丝索要签名的时候。”

在之后比赛颁奖的时候，蒂姆一人站在了中国人中间，旁边是马龙、张继科、王皓。蒂姆身穿黄、黑、红三色相间的运动服，中国人身穿的是红色和银色荧光绸缎运动服。中国人的着装看起来更像是宇航服，而不是运动服。

蒂姆与他的三位竞争者的另外一个区别是，尽管他不是站在颁奖台的最高一层，但他是站在台上时间最长的一个，高功率的闪光灯一直围绕着他频频闪烁。对摄影记者们来说，这是一个少见的、怎么拍都拍不够的主题：一个不是中国人的欧洲人，脖子上挂着世乒赛的单打奖牌。上一次，即六年前的上海，

在阿霍伊体育馆领奖台上：蒂姆一人站在中国人中间展示获得的铜牌，从左至右分别是王皓、张继科、马龙

另外一位欧洲人迈克尔·梅兹也站在了世乒赛的领奖台上。

“我感到无比轻松。”世乒赛后的第二天蒂姆高兴地说。

不过，他的胃可轻松不下来，由于世乒赛前对自己有严格的饮食规定和艰苦的训练，赛后，蒂姆自我酬谢似的、痛痛快快地吃了一个“双层奶酪加尖椒肠”的比萨饼。

世乒赛结束后的第二天，报纸上连篇累牍的有关报道也同样使蒂姆深感满意。《南德意志报》写道：“蒂姆没有放弃，他是乒坛的西西弗斯（Sisyphus）[1]。”

《法兰克福汇报》报道称：波尔已经“将他乒乓球生涯中最后一个缺憾去掉了”。

赢得的铜牌更多的是作为蒂姆继续前进的一个希望的象征，《法兰克福汇报》写道：“放弃，对蒂姆来说还言之过早。”

不管怎样，这一块世乒赛奖牌都是无与伦比的。蒂姆将这块奖牌带给了他

1 《荷马史诗》中的传说人物，一个足智多谋、富于机巧、百折不挠、不断将巨石推上山顶的人。

的父母，又要在乒乓球生涯起步的地下室里找一个合适的位置挂起来。

在北京酒店的酒吧里，维尔纳·施拉格现在坐在了我们的桌子上。与弗拉基米尔·萨姆索诺夫一样，这位奥地利人也是蒂姆参加各类赛事最要好的伙伴。两个人都热衷社会上新开发的技术，还没等施拉格订上一杯卡布奇诺咖啡，甚至还没有将平板电脑打开，两个人就已经聊上了当今技术的最新发展。

在一阵“你了解这个吗”和“你已经知道那个吗”这些关于手机和电脑造型、接口以及频率之类的话题之后，蒂姆扫了一眼手表，他想起了已经约好的事：按摩师丹麦人吉姆正在等他。蒂姆的肌肉需要去放松放松，把我与施拉格留在了那里。

这倒是一个很好的机会，我可以与施拉格先生好好聊聊蒂姆和乒乓球了。

“蒂姆这样的水平，在我以前没有过，今后也不会有。”

施拉格先生令人有点意外地说了这样一句开场白，他的比赛成绩毕竟超过了蒂姆，获得过世乒赛的男子单打冠军。施拉格曾讲，他获得的这个冠军，其意义远远超过了获胜所得的荣誉和社会知名度的提高。

“自从成为世界冠军，我对乒乓球运动的一切理解都变得更加透彻，也更加深刻了。”

在成为世界冠军之前，施拉格就是一个乐意闯“灌木丛”的人，越是不明白的事就越能激发起他的新奇感。例如，与电脑有关的一切，拧开、拆除，然后再组装，在乒乓球运动上他也是这样。

“我喜欢乒乓球运动的复杂性，打乒乓球从来就不会使人感到无聊。”施拉格如此评说。

比赛中，当施拉格将球捡起来重新向球台走去，准备将球高高抛起发下一个球的时候，那眯在一起的眼睛、撅起的嘴唇，看上去更像一位走向黑板、要将数学教授出的难题在黑板上演算出来的学生：攻球的角度、触球点、与球台之间所保持的距离、身体重心的移动、腿部动作……他在开动脑筋，他要寻求

一位是世乒赛冠军，另一位是世界排名第一：奥地利运动员维尔纳·施拉格是蒂姆最重要的同路人

变化。

“就连最简单的推挡球都变化莫测。你可以这样挂，也可以那样推，这样、那样……”施拉格边讲边用手示范，一会儿向正前方做快速推挡，一会儿指尖下压朝着左下方，一会儿又上仰朝着左上方。

蒂姆与施拉格，这两位职业乒乓球运动员之间意气相投，性情相似。两人都十分热爱乒乓球事业，更重要的是两人都有自己的理念、独特的思想。乒乓球把他俩联系在了一起，不同的只是，施拉格更愿意表达自己的想法罢了。

“蒂姆只是不太爱说。”施拉洛笑着解释。

施拉格则相反，他愿意努力地用语言来诠释他的比赛，[illegible]他的比赛。例如，他对这种说法就感到不满意，即乒乓球运动只能是一个自我娱乐的运动，不适合在电视上观看。因为乒乓球运动中的一个重要组成部分，如蒂姆·波尔比赛中的品牌得分技术——旋转，电视摄像机的镜头就很难捕捉到。其他的两个组成部分——节奏和落点，电视观众的视觉还勉强能够跟上。一个尽管看起来十分简单的发球，为什么对方的接发球会下网，这在电视中几乎是无法辨认的。

“说比赛中球的旋转看不出来，那没有错，但乒乓球运动还有其他方面的优势。乒乓球吸引人，新的十一分赛制的实施使比赛更加引人入胜，因为它会使观众的情绪随时发生变化。但我认为，不断地对乒乓球运动进行简化是没有必要的。”施拉格这样理解。

乒乓球在欧洲有多么浓烈的氛围，施拉格有亲身体会。2003 年巴黎世乒赛，一万二千名巴黎人将巴黎综合体育馆挤得水泄不通，他一轮一轮地打进了决赛。其实，这位奥地利人当时差点儿被淘汰，在与上届卫冕冠军王励勤比赛的时候，他曾以 2 ： 3 的比分和 6 ： 10 的局分落后，他必须打退对方的四个赛点球。在 7 ： 10 的时候，他选择发了一个危险的长球，但王励勤又是一位左右都能拉出快速弧圈球的优秀选手，施拉格说：“如果王励勤真正拉起弧圈球来，那我就真傻了。”

人们向他欢呼，将他视为敢冒风险的英雄。在风险和保险之间求得了最佳平衡，维尔纳·施拉格因此获得了世乒赛的男子单打冠军。

“乒乓球运动需要对即时出现的各种大的可能性作巧妙处理，在乒乓球比赛中，你是不可能做精确预见和计算的。”

不过，如果没有一种感觉，一种甚至相当特殊的感觉，作为乒乓球战略家的维尔纳·施拉格先生也是不可能成为世界冠军的。

是一种什么样的感觉呢？

“我当时正处在热恋中，”施拉格说，“原则上讲有好处，热恋中的人积极性高。”

是的，热恋的感觉，施拉格第一次带着自己新交的女朋友参加了2003年世乒赛这种大型的比赛活动。晚上，他总是长时间地与女朋友在外面闲逛。

施拉格认为：“运动员不应该在大型比赛中过分地约束自己，平时训练时也不应该在晚上八点钟就上床睡觉。训练期间的时间安排应尽可能与比赛期间的时间安排相适应。”

这是他与情侣在浪漫巴黎共同度过的第一个大型国际比赛，听上去的确是情意绵绵。

在对乒乓球的所有热爱中，施拉格也认为有那么一点点不太公平的地方。他的解释是：“不公平的是，身体的发展与思想的发展并不同步。”

他的思想，即对比赛的理解比起前几年已经高出许多。但是，他的身体却无法跟上思想的要求了。因此，他现在的训练单元已经大大减少。

“你的球技就像一株植物，如果训练跟不上去，相当于你将植物剪短了。虽然它又会长出新的来，但完全是另外一个样子。因此，人们又可以再不时安静地再将它剪短一次。”一个不乏生动的比喻。

施拉格现在每个星期平均只训练两次。谈话间，他耸耸肩，眼睛向窗外望去，就好像乒坛生涯中直到现在最重要的好戏正在窗外上演似的。

确实，他所处的乒乓球时代比蒂姆所处的乒乓球时代要好，可以这么说，蒂姆的“倒霉”在于“生不逢时”。施拉格1972年出生，碰上了他赢得世界冠军的最好时机。这个时候，新一代中国运动员才刚刚冒尖，还没有表现出绝对超强的实力。

“中国人在巴黎世乒赛上学到了很多。”他说道。听上去，好像他是一个不留神悄悄从中国人的身后溜上前去站在了领奖台上似的。

“中国的新一代更强，要读懂他们就更难了。一个没受过心理训练的人，就像一本敞开的书，你完全能读懂他。但中国运动员在干什么，给你的信息就非常少，他们表现出来的只是好的方面。”施拉格说。

赛场上，对手很难真正地揣摩到，马龙、张继科、许昕这些运动员在想什么，他们是否正在抱怨，是否在下一个相持球时敢冒风险，或者他们也已经开始迟疑、犹豫了。

“比赛中，我的技战术会及时作出反应和调整，”施拉格说，“如果对手是一个敢于冒风险的人，我就不会发长球。”

施拉格说，他是伴随着心理训练一直走过来的：“以前我在比赛时会准备两块毛巾，一块湿冷的，一块干燥的。紧张的时候我会用湿毛巾，它会使我脉搏的跳动减慢，像一次深呼吸。”

这是陪他训练了多年的父亲传授的方法。当施拉格“剪掉脐带”不再依赖他的父亲之后，也就不再用这种方法了。

“只是多年之后，当我意识到要开始进行心灵训练的时候，才清楚地知道，我父亲的一些想法超前于他那个时代。”

一个心灵训练师就像一个带着工具箱的手工劳动者：“如果你能有意识地运用你手中的工具，你的工具就是威力无比的。”对他来说，“万能工具”已经成为比赛中要遵循的“沉着冷静”了。

“在我的眼中，比赛已经不再是世界上最重要的了，我不会因一场比赛的胜利或一场失败而失去内心的平静和安宁。我现在努力要去做的是，正确地权衡比赛的意义，在比赛即将结束的最后一个球上，我能做到平静地接受任何可能得到的结果。人不应该只用输和赢来评价一场比赛，不能用数字化思维来简单地将比赛归结为 0 和 1。类似的，乒乓球也有 0.5 和 0.8 的。”

施拉格认为，现在的乒乓球技术与 2003 年时已经大不一样了。他说：

“现在的球更富于攻击性，不讲任何条件，来球就打。如果我今天再观看 2003 年巴黎世乒赛的比赛录像，我就会在每一个相持球中发现未曾抓住的机会。机会、机会，还是机会！”

老一代运动员的理解是，速度和节奏并不是全部，他们试图通过稳定、可靠和落点来得分。而今天的年轻运动员属于“赛前新贴胶皮”长大的一代，打法上更趋简单：发球后直接就是扣杀！

“他们这样做也隐含着灾难性的后果，因为必须时时注意改进他们的球拍以便保持其速度和节奏。我不这样做，新贴的胶皮在感觉上总使人觉得有点儿异样。我的上一块胶皮甚至已经使用了几个星期，用熟悉的胶皮我就有一定的把握，知道球会怎样飞。”

施拉格对新老运动员做了区别，还特别分析了欧洲和亚洲运动员的不同。他说：“首先，在身体素质上我们根本就达不到亚洲运动员的水平。”换句话说，欧洲运动员要与亚洲运动员抗衡，就必须在其他方面做出努力，比如，要加强团结协作。

“如果一个人不具备社会交往的能力，就不会有人愿意与他共同练球。我们欧洲乒乓球运动员是不可能做到每个人只为自己生活的。”

第二点是科学分析，施拉格认为：“我们完全忽视了科学分析这一点。”施拉格就此还叙述了一段轶事。

有一次，他偶然得到了一位中国国家队队员的电脑U盘，发现了很多有意思的内容：有对中国国家队队员与蒂姆比赛的评价，甚至带有战术指导的具体细节，并且提到比赛时要注意些什么，还附带录像片段和圆形的百分比示意图。

施拉格说：“对每一个优秀的欧洲运动员他们都建有数据库，中国人对我们的了解胜过了我们自己。相反，我们对中国人的了解却非常之少。这样一来，我们教练表达的和事实上存在的，就可能会有大的漏洞和差异。”

施拉格希望尽自己的能力来帮助缩小欧洲人与中国人乒乓球之间的差距，在维也纳的史维夏特（Schwechat）区，他成立了“维纳·施拉格乒乓球学院（Werner Schlager Academy）”。不过，这个学院在2016年也关闭了，欧洲又失去了一所旨在与中国乒乓球优势抗衡的重要基地。

施拉格相信，为了掩饰自己的优势，中国人也采用了一些手段，他的观点是：

“我认为，中国人可能会有意地让蒂姆在世界排名表上位居第一。因为，如果中国运动员的优势被打破，乒乓球运动就会有可能引起他们国内以及国际社会更加广泛的关注。”

他的这种说法有依据吗？

“当然有，比如，他们可以对运动员的参赛机会进行分配，不去与蒂姆争取世界排名的积分。当然，真正在比赛场上，他们是不会故意输给蒂姆的。”

施拉格当然最看好蒂姆，认为他是唯一一个今后能经常战胜中国球员的欧洲球员，好过他的那个时代。

施拉格说：“我与蒂姆的最大区别在于一个‘稳’字上，我从来就对自己的‘稳’缺乏信心，但蒂姆能够做到。因此，从一开始我就制订了适合我自己的战略重点。而‘稳’，更多的是蒂姆赛场上的重点。”因为，蒂姆的身体承受力有限。

“蒂姆缺乏一种与自己的身体需要协调在一起的技术路数。”

蒂姆拥有的是什么呢？是乒乓球的人格力量，甚至是最理想的人格力量，但施拉格认为：“蒂姆不应该过于克制自己，从个人气质上讲，他是完美的。我这个人太容易激动，我必须在比赛中将自己激动的情绪降下来。”施拉格说着，并用自己的右手从眼的高度降到了胸的高度，他的左手也正好放在这个高度上。相对而言，蒂姆的个人气质表现得却很适中，不偏不倚。

“蒂姆有着最优化的先决条件，他雄心勃勃，满怀信心，十分自信，理解力强，意识清醒。”

他还相当清楚地评价蒂姆说：他是一个不善于伪装自己的人，在赛场内外，都是最可靠的、最值得信赖的人。

施拉格还说：“有些人本来像一颗安眠药片，却刻意要在赛场上表现出一种令人难以置信的好斗性。我觉得，一个人在赛场上的情绪表现，既不应该太过强烈，也不应该太过漠然。”

如果蒂姆一下子暴怒起来，谁都会感到惊奇的。一般来说，他总是在最大地克制自己的情绪。

施拉格还评价说："蒂姆踢过足球，是一个前锋。"他特意把最后一个词拖得很长。

"前——锋！"这个定位很能说明问题，人们怎么会想到，一个平时如此克制自己的蒂姆是一个在足球场上奋力前冲、积极寻求破门机会的人呢？

"我认为蒂姆是真诚的、不会伪装的可靠之人。"施拉格继续说道："我感到很幸运，他能保持住自己的本色，我很欣赏蒂姆的人格魅力，这个世界变化如此之快，能与他这样的人在一起，我感到十分愉快！"

与施拉格聊了将近三个小时，已是黄昏时分，酒店的窗外已经是朦朦胧胧一片了。欧洲队的队员们正在等候最后一顿集体晚餐，由于各自的返程时间不同，明天一早大家就要各奔东西了。酒店又一次为运动员们进餐专门预订了一个小的单间，油光闪闪的自助餐，有热腾腾的炒面、米饭、西蓝花、烤肉和鱼……蒂姆在等我，正向我招手，他已经为我预留了一个座位。看上去他十分轻松自在，按摩师吉姆帮他松弛了肌腱，他的肢体更加柔软灵活了。

"刚才，我聆听了一个关于乒乓球理论的小型讲座。"我向蒂姆问好。

蒂姆诡秘地笑了一下，打趣地说道："是吗？施拉格嘛，一个哲学家。"

"但不管怎样，有人阐述了一个关于乒乓球运动的完整的世界观，我觉得十分有意思。"我接着说。

"说说看。"蒂姆要求我。我讲述了关于心灵工具箱、观看录像资料和比赛的价值这些话题。

"只依据图表是赢不了球的，真正在比赛中，如果来球与预期的不一样，运动员又如何去运用这一大堆数字和价值判断呢？"蒂姆在这一学术问题上表达了自己对立的立场。

"我知道，你有不同的见解，但施拉格也有他的见解。他还走出了一个滑稽可笑的命题：中国人会有意地将世界排名第一的位置让给你。对此，你怎么认为呢？不过，我必须首先声明的是，施拉格并没有贬低你的意思。他表达的意思是，中国人会清楚地对赛事的参加与否做出计划，而不是说中国人会在比赛中故意放球输给你。相反，对你的乒乓球球技，他一直都是赞扬有加的。”我继续披露施拉格的观点。

回答这个问题之前，蒂姆思考了好一会儿，然后说道：“嗯！我该说什么好呢？我还是比较信赖中国人的，但说他们会这样去支配比赛，我觉得是一种荒诞离奇的想象。”

晚餐时，欧洲代表队的队员们在餐室里分成了两桌，艾德里安·克里桑和蒂亚戈·阿波罗尼亚坐在我们这一桌。带着下一个话题，饭桌上的蒂姆似乎已经提前回到了德国。蒂姆想从克里桑和阿波罗尼亚那里知道，他们在德甲俱乐部里处境如何，下一个赛季将如何继续。

“克里桑，你是一台老掉牙的机器。”蒂姆逗弄着这位罗马尼亚人，令克里桑有些尴尬地环顾了一下众人。

维尔纳·施拉格则与教练员们坐在一起，旁边是教练彼得·萨尔茨和按摩师吉姆。自从施拉格建立乒乓球学院以后，他就不仅仅是一名乒乓球运动员了，而更是一位活跃在乒乓球领域的管理者。

在晚餐后甜点之前，欧洲乒乓球联合会体育主管罗曼·普雷瑟（Roman Plese）先生宣读了第二天一早离开酒店的行程安排。犹如六合彩幸运数字一样，谁分坐哪一班前往机场的巴士车，谁就可以在酒店多睡或少睡几个小时。

蒂姆与我虽然没有抽到头彩，但还算幸运，可以在明天早晨八点半左右离开酒店。

第八章

再见，中国

人生之旅还在继续

第二天一早，留给我们吃早餐的时间并不多，匆匆吃完一块烤面包片和一个月牙形尖角面包，再喝上一杯咖啡和一杯果汁后就得赶紧启程了。蒂姆现在又成了一位行程紧凑、在外出差的旅行者。亚洲乒乓球联合会的工作人员丁盖（Ding Gai，音译）先生在酒店大堂与我们告别。

“See you soon（不久再见）！”丁先生说。

他和蒂姆都知道，在北京用不着那么多客套。蒂姆提着自己的行李包，比来的时候当然要多了一些，这是逛北京小商品市场的收获。

在小巴士车的反光镜中，建筑形式单调的酒店楼房正积木般地渐渐隐入一排排高楼大厦之中。

“昨晚，我在网上又购买了一台平板电脑。”此时的蒂姆又回到了日常生活之中。

“其实，网上购物很简单。”蒂姆兴奋地说。

作为比赛期间的一项休闲内容，蒂姆喜欢针对不同的技术领域在酒店房间里上网冲浪。他乐于且善于对各种数据指标以及价格进行比较，就像有些人喜欢看电影一样。比如，他在为杜塞尔多夫训练中心健身馆添置新器材的时候，就很好地考虑和比较了最具性价比的购买价格。

“如果要选择一位经纪人，我就会聘用蒂姆。”约尔格·罗斯科普夫先生曾经这样说过，“他总是能谈成一纸最合适的合同。”

涉及合同，蒂姆显然能够相当固执地坚持自己的底线，他十分清楚自身的价位。关于谈判技巧，蒂姆只说了一句：“直到现在，我对所有的谈判结果都感到满意。”

前往北京首都国际机场，我们的车又行驶在有四条行车道的北京环线上，挤在清晨川流不息的车流中了。在公路边的公园里，我们看见了一群年纪稍大的男女市民正在气定神闲地打着太极拳，他们完全不理会公路上交通的喧闹和汽车排出的大量尾气，好像是在一座安静的绿岛上运动。

当巴士车再一次经过现在已成为北京最时髦的观光景点——北京奥运村和奥运会场馆时，我们又一次想起了体育运动的另外一面，即与比赛、成绩联系在一起的一面，想起了孔令辉介绍的一个奥运会成功秘诀，即专注于目标，并针对目标严格地权衡孰重孰轻。

教练约尔格·罗斯科普夫和海姆特·哈姆培尔也希望蒂姆·波尔能一切服从奥运会的需要。哈姆培尔教练甚至希望蒂姆能将整个一年的时间都贡献出来，专心地准备奥运会，毕竟技术上的开发与发展是需要时间来做保证的。为了与中国运动员持续抗衡而不至于被淘汰掉。蒂姆不仅要尝试和训练新的球拍、新的谋略和招数，还得开发出新的发球和接发球技术。

“蒂姆，说说看，你能想象吗？孔令辉为了奥运会比赛，放弃了之前所有的个人和团体比赛，如果权衡所有，你觉得这样做对你提高奥运会成绩会有所帮助吗？”我问蒂姆。

“如若是在中国，我备战奥运会也一定会是另外一个样子。”蒂姆开始发表自己对这一问题的见解。

在中国，我专注于奥运会要简单多了，因为没有德甲联赛后的季后赛，也没有欧洲冠军赛。中国的赛季有时候是在世乒赛之后才开始的，有时候甚至会放弃赛季。尽管在波鲁西亚杜塞尔多夫俱乐部，我不是必须参加所有的比赛，但我不能说，在整个赛季中，一场甲级联赛和冠军赛都不打，这毕竟是我的职业，是我工资收入的很大一部分。从另一个角度讲，即便我一场球都不打，只专注于奥运会，也不能保证水平就一定会得到提高。我的比赛不能太少，因为比赛能使我保持良好的竞技状态和战术意识。为了胜利，我的头脑必须保持绝对的活跃。在这点上我不能接受孔令辉提出的方案，因为乒乓球运动太依赖一些小的方面了。我只需要一个简单的假设，如果在奥运会四分之一决赛的前一个晚上没有睡好觉，我的球就有可能打不好，就有可能导致前功尽弃。

2012 年奥林匹克运动会的奖牌机会在英国伦敦期待着蒂姆，不过在这之前还要打世界乒乓球团体锦标赛。这届比赛可不一般，因为赛场再次设在德国多特蒙德市的威斯特法伦体育馆，这个体育馆对中国和德国的乒乓球运动员来说，可称之为一个神话般的圣地。

1959 年，容国团在这里为中国夺得了第一个乒乓球世界冠军。1989 年，中国乒乓球队在这里，在连续赢得四届世界团体冠军后输给了瑞典队。而同样是 1989 年，约尔格·罗斯科普夫和施特芬·费兹纳尔两员大将在这里为德国捧回了第二次世界大战后的第一枚双打金牌。

赢得历史性的胜利，难道还有比这里更好的地方吗？

世界杯团体决赛由德国队对阵中国队。中国男队主教练刘国梁也用一句话放大了德国队取胜的希望，他说：“这是乒乓球历史上最强的一支德国队。”

因为，德国队除了蒂姆，还有迪米特里·奥恰洛夫，他也有能力战胜最好的中国运动员。

决赛前，蒂姆对获胜机会的估计是：“一半对一半，不过，比赛还要看进行。”感觉似乎不同于平常。

“我们求胜心切，”蒂姆说，“我已经如此多地在决赛场上对阵中国运动员，我已经不满足于仅仅是站在决赛场上了。”

决赛那天我提前来到了赛场，以便适应场内气氛，避免之后受场上气氛影响而失去自控能力。场上的气氛简直太震撼了——一万一千名观众！我们队在半决赛上击败了日本队，应该说，我的临战状态确实不错。

第一场比赛似乎是2011年单打世界杯半决赛的翻版，由蒂姆对阵张继科。蒂姆希望从2011年的比赛失败中得到战胜对手的诀窍，而最重要的一个诀窍是：多打风险球。要在球还没有真正跳起来的时候就早早地将球打过去，给张继科以尽可能多的压力以及尽可能短的反应时间。这一打法在一定程度上获得了成功，对手张继科看上去犯了好几个简单的错误，但蒂姆的错误率也高过了平常的水准。蒂姆以十分接近的比分输掉了第一局，10 ∶ 12。使中国人一上场就不知所措的原定计划暂时落空了。接下来，蒂姆也没有太大起色，又以6 ∶ 11输掉了第二局，几乎没有迹象表明蒂姆还会翻盘。但就在关键的第三局，蒂姆调整了战术，在球路上将求稳和求险结合起来，导致对手张继科频频失误，以11 ∶ 5扳回一局，比赛得以继续进行。张继科一时显得一筹莫展。

“我也再一次把观众的情绪带动起来了！”蒂姆说。

在小白球的来回飞动中，蒂姆不断得分，利用他绝妙的弧圈球技术，以12 ∶ 10的比分将比赛带进了决胜局。可惜决胜局开局不利，蒂姆0 ∶ 6落后，终于回天无力，遗憾地以5 ∶ 11输掉了。

几乎在每一场比赛中人们都会有这种感觉，我总是需要有那么一点点时间来适应中国对手的技术水平，适应他的发球、他的胶皮以及他攻球的强度。尽管我已经知道，对付他要采取什么战术策略，但一切都还要依赖极端的、精细的运动技能，需要身心，即眼睛—手—大脑的高度协调。往往是，当我的身心达到这个水平的时候，比赛基本上就已经接近尾声了。所以说，成功对阵中国运动员的关键是要掌握好开局，也因此，我要更加频繁地与他们交手。

换句话说，一旦蒂姆有机会在一开始就与中国运动员一轮一轮地打下去，如在世界杯赛上，随着身心水平的一步步提升，他就有可能赢得最终的胜利。

可惜，这一届多特蒙德世界团体锦标赛决赛日上，他的队友也不在状态，无法迅速达到与中国运动员抗衡的水平。迪米特里·奥恰洛夫在第一局输给马龙后，第二局曾一度 9 ∶ 4 领先，但最后还是被马龙赶超，第三局丢掉局点分导致最终失利。尽管帕特里克·鲍姆在与王皓的比赛中赢得了第一局，但整场比赛结果还是剃了德国队一个光头，德国队 0，中国队 3。

“在几乎全场德国观众如此巨大的背景之下，在这个具有历史意义的、真正的乒乓球竞技场上，德国队主场竟以 0 ∶ 3 败北，当然是十分令人沮丧和痛苦的。”蒂姆不无遗憾地说道。

但还有一个安慰，因为用不了多久，另一个巅峰对决就又在等待着他们——伦敦奥运会。英国，不仅仅是一个发明了许多体育运动项目的国家，而且是一个对体育运动充满了激情的国家。

在备战奥运会的训练中，我表现得很好，即便在伦敦奥运会赛场上，我也在战胜一个个对手。但之后，我还是犯了一个大错：由于对球拍不太满意，在比赛期间更换了胶水。我想进行额外的尝试，结果是，球拍在比赛中显得稍许过软。赛前训练时还觉得球拍不错，弹射效果颇佳，但与罗马尼亚选手艾德里安·克里桑一交上手，就感觉球拍不对劲了，有些许的不稳定、不可靠。人怎么会这么愚蠢，在如此重要的赛事中干这等傻事，完全不符合我的特点。这等傻事也得到了惩罚，赛场上，我第一次陷入危机，完全没有了自信。当然，我又很快将胶水换了回来。可是在后来的团体比赛中，与瑞典运动员约尔根·佩尔森交手时我又输了。佩尔森当时已经是一位四十二岁的老将了，这次失败之于我算得上是一个不大不小的讽刺。

今天，蒂姆还在如此自我嘲讽地谈那场令人惊讶的、与罗马尼亚运动员艾德里安·克里桑对阵遭到淘汰的八分之一决赛。在此之前，他被视为奥运会奖牌的有力竞争者。因为，凭借有利的抽签结果，他要在半决赛时才会遭遇强劲的对手——中国的王皓。

“这场比赛是你职业生涯中最痛苦的失败吗？”我想听听蒂姆自己的想法。

“但我还是觉得，2004年输给瓦尔德内尔的那场比赛使我更感痛苦。”看来，现在的蒂姆有了更多的经验，处理这种令人极度沮丧的失败结果显得老练沉稳多了。

比赛期间转移注意力的消遣散心在这届奥运会上起到了作用。很幸运，夫人德莉陪我去了伦敦，我的父亲也在。我还与美国得克萨斯州达拉斯职业篮球队达拉斯独行侠的球队教练里克·卡莱尔（Rick Carlisle）先生一道出去吃晚饭，能放心地离开奥运村，出去见识与比赛无关的其他事物。消遣散心真的很重要，否则我会累垮的。奥运会期间，我没有把自己关在房间里，我到赛场观看比赛，为迪玛加油。有里有外的，有张有弛的，结合得极好，能放松地、静心地继续思考乒乓球。在后来的团体四分之一决赛中，我战胜奥地利选手维尔纳·施拉格的那场比赛就打得相当好，因为我的手感又回来了，又知道上在哪里，下在哪里了。

尽管奥运会单打的失败不可能忘记，但还是要将它先放到一边，团体比赛的进程对德国队而言也特别具有轰动意义。这一次在半决赛时乒坛霸主就遇到挑战者了，中国对阵德国。赛场上又会发生什么呢？在德国多特蒙德世乒赛上0 ： 3的失败结局已经显示了两队的高度差异，而蒂姆本人在伦敦奥运会单打上的表现也在令人猜疑，他是不是连与欧洲选手较量都有些力不从心了。

> 对德国来说，迪米特里·奥恰洛夫是大功臣，他在伦敦奥运会上引起轰动地获得了男单铜牌，这是继约尔格·罗斯科普夫在亚特兰大奥运会上获得男单第三名后，德国乒乓球运动员在奥运会上获得的第二块铜牌。

团体半决赛上，蒂姆再一次对阵张继科，而几天前，套着“战无不胜”光环的张继科刚刚获得了奥运会男单冠军。

同样，在与张继科的比赛中蒂姆输掉了第一局。但接下来呢？接下来的比赛却是，蒂姆以难以置信的主动性和专注性连下三城赢得了比赛。坐在护栏后的座位上，他开心地笑着对迪米特里·奥恰洛夫说：“为什么不能总是这样呢？”

在这一刻，人们能从蒂姆的脸上读到，一个运动员赢得胜利后重新获得的自我，特别是自己内心的宁静。

在迪米特里·奥恰洛夫比赛对阵马龙以1 ： 3输掉第二盘后，双方的大比分是1 ： 1。在接下来与巴斯蒂安·史蒂格（Bastian Steger）[1]配对输掉的双打中，蒂姆的得分不多，与接下来史蒂格在单打比赛中一样。不过，这个1 ： 3的半决赛结局对德国男团而言并非一记悲情的耳光，倒像一个温柔的推手。

1 巴斯蒂安·史蒂格，德国乒乓球选手，与蒂姆·波尔同一时期出道，在2012伦敦及2016里约奥运会的男团赛事中两度夺得铜牌，同时也夺得过世界乒乓球锦标赛男团亚军，欧洲乒乓球锦标赛男团冠军及男单季军。

我很开心，终于找回了自己，能百分之百地投入与张继科较量了。我认为，这一胜利充分证明了一点，我的准备工作不是错误的。对我而言，十分典型的是，需要在赛场上打上一阵才能找到自己的节奏。例如目前，我就处在这样一个阶段，在这个阶段里，我能百分之百地知道球台上的形势变化，对每一个球都基本上能做到有所预判。这种体验在夏季奥运会上我从来都没有过，奥运会上也没有什么是理所当然的。我总是先得打上一阵才会打出感觉。我甚至都想建议，把夏季奥运会移到秋季举行，或者干脆将单打比赛与团体比赛调换一下顺序。

事实上，蒂姆在奥运会上也是有上乘表现的，试看，本届奥运会的最后一场团体比赛。德国队要在伦敦获得一枚团体奖牌，需要一个竞技状态最佳的蒂姆。

在团体铜牌争夺的所谓小决赛上，德国队的对手是所谓的小中国队，即中国香港队。开局不错，蒂姆与迪米特里·奥恰洛夫都分别战胜了对手，但接下来的双打，奥恰洛夫与巴斯蒂安·史蒂格组合输掉了比赛，场上大比分为 2 ：1。尽管德国队还领先，但仍感局势紧张，蒂姆现在的使命是要使德国队摆脱这一紧张困境。一个似曾相识的局面在 2008 年的北京奥运会上也出现过，蒂姆当时为德国队获得团体奖牌戏剧性地战胜了日本对手岸川圣也。

这一次他的对手是江天一[1]。谈到江天一，蒂姆称他享有乒坛“最佳发球手”的美誉。对蒂姆而言，战胜江天一应该说不是很容易。

“能赢得江天一的发球从而得分就如同网球场上的‘破发球局’，是有一定难度的。”蒂姆说。

1 江天一，山东鲁能队前主力队员。2002 年获斯洛文尼亚国际青少年乒乓球比赛青年组男单冠军和男团冠军。2004 年与张继科搭档获得亚洲少年乒乓球锦标赛男双冠军和男团冠军，后代表中国香港队出战国际比赛。2012 年 4 月，首次跻身世界前二十。

在2：1局分领先的情况下，第四局蒂姆3：8落后，看来比赛将带进决定胜负，也令人心惊肉跳的第五局。此时，坐在球场挡板后面的教练约尔格·罗斯科普夫甚至提出一个不是办法的办法，他说：

"我很迷信，我要求坐在身边长凳上的迪米特里赶快坐到别的地方去，反正他不能坐在我这里。"当然，胜利不能靠迷信，还得仰仗蒂姆在场上展现出的强大精神力量。

当然，胜利主要还得仰仗蒂姆在场上展现出的强大精神力量。

赛场上的蒂姆此时也在心中叮嘱自己："从现在开始，我再也不会给你一分了。"

蒂姆一分一分地追，直到10：8比分领先。第一个赛点球虽没有奏效，但赢得了关键的第二个赛点球。

"我紧张得都不敢直视赛场。"赛后教练罗斯科普夫说，他只是用耳朵听到了胜利的消息。

罗斯科普夫教练听到胜利的消息后，第一个跳过围栏与队员们抱成一团，狂热的四人在场上围成了一个运动整体：爬上去，相互之间紧紧抱住，一个人体木马旋转起来了。三个运动员与一个教练员手臂搭着手臂，头顶着头，人体木马越转越快……而赢得的奥运会铜牌则是这个幸福快乐的感情游乐场的入场券。

"一位伟大的运动员！"现为体育官员的原国家队教练迪尔克·史梅尔芬尼格先生高度评价了蒂姆在场上的表现。

蒂姆自己在伦敦时这样说："这一场比赛可能就是我的最大成就——在个人单打赛场成绩如此低落之后的第一天、第二天走出了低谷，登上了高峰。"

最后，奥恰洛夫将他高高举起，高高在上的蒂姆高兴地俯视群雄。

清晨的北京在我们身边移动，我又想起了孔令辉给蒂姆的建议，想更多地与蒂姆谈谈乒乓球。

“我虽然不是那种将乒乓球运动大大哲学化的人，”蒂姆承认，“但比起以前，我现在也爱表达了。这不是骄傲自大、狂妄自负，而是我有了一种感觉，已经知道乒乓球是怎么一回事了。很可能，我参加的俱乐部比赛和国际大赛比任何一个中国球员都要多。但尽管如此，我过得仍然是与他们完全不同的另外一种生活。”

“此话怎讲？”我问道。

“马琳有一次就告诉我，他从来就没有休过两整天或者三整天以上的假期。在中国国家队里，所有的时间都在计划当中，几乎包括每一天。除了乒乓球，其他的他们就没什么了。不像我有这么多的爱好，能研究新技术或者去打高尔夫球。比起我们，他们非常极端地在为体育、为乒乓球运动活着。”

我问蒂姆：“在欧洲，很多都是用兴趣因素来衡量的，或者如我们所说的人生乐趣。蒂姆，根据你的体验，中国国家队的队员们是不是也会有那么一次计划外的、充满乐趣的生活经历呢？”

“例如晚上，在一起开心玩乐的时候，他们就会尽情地享受，我就亲身经历过这么一次。”蒂姆回答。

有一次，我随中国国家乒乓球队在外地参加一个慈善活动。

活动宴会上吃传统的亚洲火锅，当看到桌上放着的一瓶瓶啤酒，我就知道，接下来会发生什么了。首先是运动员之间互相碰杯，然后是运动员表达谢意，向他们各自的教练员敬酒碰杯。手中的酒一般都是一饮而尽，不少人显然已经过量，萎靡地将头靠在桌子上睡觉。但尽管如此，这家餐厅还不是最后一站。吃完饭后，所有的人又一起去卡拉 OK 歌厅唱歌。我还能记住，我当时唱的是《多么美好的世界》（*What A Wonderful World*）这首歌。人人都唱，一首接着一首。

第二天一早，令我几乎不能相信的是，大家还都能训练。而且，我还得与队友中很可能是最为强悍的运动员王励勤对练，因为强悍，他的球才打得既快又稳。那一次，真可以说是我一生中最困难的一次训练，我必须咬紧牙关，因为我根本就打不起精神来。而王励勤却是一副无所谓的样子，简直令人难以置信。我选择最简单的训练内容，而王励勤却在一遍一遍地训练他的正手步法。那劲头，好像头一天晚上什么事都没有发生似的。

难道蒂姆以前没有说过，他不太喜欢参加这种欢庆活动吗？看来，又是中国使他展示出了兴趣的另外一面。

我们的车经过了一个公交车站，很多人正在那里候车，人数之多，在我看来，三辆大公交车都不一定能载得下这批候车的乘客。北京市有常住人口两千两百万，整个国家的人口是十四亿。这令人难以想象的天文数字在乒乓球运动上也能感觉出来。试想，该有多少中国球员有能力打进德国乒乓球锦标赛的决赛？百十来人？在中国本土，又该有多少乒乓球运动员呢？

国际乒乓球联合会原副主席、中国体育官员杨树安[1]先生曾经说，中国热爱乒乓球运动的人有五千万之众，他们在公园里、公司里、俱乐部里以及在对公众开放的体育馆里打球。正因为有这么多人打球，很多打法被称为“中国式打法”也就没有什么奇怪的了，例如：乒乓球爱好者们围绕在球台旁，一个跟着一个地排着长队，等待自己上场的机会，被打下后再到另外一头站队等待，如此循环往返。

蒂姆甚至成功地参加了一次创下世界纪录的排队循环打乒乓球活动。那是2010年在上海世界博览会德国杜塞尔多夫馆，一百名中国少年与蒂姆共同围绕在球台旁。蒂姆发球，一百名小选手依次接球，一百个球竟完全没有失误地全

1 杨树安，中国奥委会副主席、北京冬奥组委副主席，长期在体育部门工作。北京2008年奥运会组织委员会副主席，2008年11月任国家体育总局副局长、党组成员。2009年当选国际乒联执行副主席。2014年12月任国家体育总局党组副书记、副局长。

部打过了球网。

蒂姆会是什么感觉呢？他要为乒乓球运动付出这么多，每战胜了一个中国选手后就又知道，这个国家马上会有一位新的顶尖选手冒出来？与许增才在一起，蒂姆长大成人。与马琳交手，他赢得了第一场对阵中国运动员比赛的胜利。他以前的对手刘国梁、孔令辉早就坐在了教练席上，蒂姆也早就开始与许昕、张继科、马龙以及他们之后的新生代球员樊振东[1]交上手了。事实是，当蒂姆正

世界纪录：2010 年上海世博会上，蒂姆与一百名中国儿童完成了一项打乒乓球的接力赛游戏，也因此成为此项活动的世界纪录保持者。图为德国杜塞尔多夫市市长迪尔克·埃尔贝斯（Dirk Elbers）先生展示证书

1 樊振东，中国乒乓球运动员，2012 年获得乒乓球世青赛男单、混双、男团冠军，2013 年 9 月获第十二届全运会男团、男双冠军以及男单亚军，同年 11 月获波兰公开赛男单冠军（历史上公开赛最年轻冠军）。2014 年获得第二届夏季青年奥林匹克运动会乒乓球男单冠军。2016 年获个人生涯首个世界三大赛单打冠军，2019 年获国际乒联巡回赛总决赛男单冠军，2020 年获男子乒乓球世界杯三连冠，2021 年获东京奥运会男单亚军、男团冠军，同年 11 月首夺世乒赛男单冠军，12 月获世界杯男单冠军。长期位居男单世界排名第一。

好适应了一种打法和一个对手时，马上就会有另外一种打法和下一个对手出现。

“是的，如果我二十年前就有现在这样的技术水平，我也会在世界乒坛居统治地位。”蒂姆这样假想，但听上去完全没有不满和心灰意冷的情绪，因为，他接着又说道：“这也是很特别的，能与世界乒坛的强权势力长期抗争。作为为数不多的能与他们抗衡的选手，我也从中学到了该怎样去从容地对待失败。”

确实，幸运和倒霉同时伴随着蒂姆。他的乒乓球生涯正处在中国乒乓球最鼎盛的时期，强手林立，他又怎么可能获得比现在更多的冠军头衔呢？也正因为如此，他在世界乒坛扮演的是一个极为特殊的角色——长期挑战者。

约尔格·罗斯科普夫说过，在他那个时期，十五位欧洲球员会携手团结，向中国队发起冲击，欧洲人不仅不惧怕，而且还在互相启发，交流怎样才能战胜中国人的经验。但这个时期已经不复存在了，交流还是有的，但能与中国运动员真正抗衡的欧洲选手，在获得良好成绩的频率上已经是支离破碎了。

但谁又能知道，要是没有中国对手，蒂姆能成为现在这样一位强大的运动员吗？中国人培养了他，激励了他，也折磨了他。中国人甚至已经在亲心，蒂姆的乒坛生涯会继续发展下去，他们得做好应对准备。

当我与蒂姆谈到这一点时，他说：“毫无疑问，通过与中国队员们切磋交流，我自己也变得更加强大了，不然的话，我很可能就达不到世界排名第一这个目标。没有与中国球员经常的较量，不管在什么时候，由于赢球太多，就会感到满足，甚至厌烦。但只要有中国对手存在，我就总会产生这样的想法：还有更好的运动员，因此，你还得在乒坛继续抗争。”

蒂姆与中国人的差距可以用一条曲线表现出来。有时候与他们靠得很近，他的成绩曲线与他们的相交重合，然后又渐渐远离，那是因为在此期间碰到了一些小问题或者他的身体不允许他进行大强度的训练及频繁的比赛。曲线的伸展与蒂姆在世界排名表上的排名状况平行。最接近中国人的先是2002年和2003年，他第一次站在了世界排名第一的位置。2004年，蒂姆的排名短暂地跌落到前十名之外，在两个月的时间里甚至排在了第十一位。不过，他又努力赶了上去，在2005年和2006年的一段时间里，主要借助于世界杯赛上取得的辉煌胜利，又攀升到了世界排名第二的位置。2008年北京奥运会之前，他因伤病休养又导致落后，其标志是世界排名回落到了第七。不过，时间持续得并不长，他又向前超出，一个是他在2009年卡塔尔公开赛上的上乘表现，以4∶3战胜了马琳。一年之后，在团体世乒赛上，他同样在比赛中达到了最高水平，决赛中，在0∶2先失两局的情况下逆转，反败为胜，战胜了当时世界排名第一的马龙。2010年，他又成为世界上最优秀的两名运动员之一。2011年初，又攀上顶峰排名第一。

2011年的夏季，刘国梁在谈到蒂姆时就说道："只要他还在赛场上，我就睡不好觉。"

蒂姆还从未离开过赛场，尽管后来有过那么一次可能，他都几乎要与专业乒乓球运动告别了：

2015年，就在自我感觉状态非常好的当口，却得到了一个令我深感失望的病理诊断：我的膝盖上有一个滑膜皱襞在持续地摩擦并开始损坏软骨。当时只有两种可供我选择的可能性：其一，继续坚持到里约奥运会，冒着病情继续恶化的风险。其二，马上动手术，这样，我的运动生涯就还有希望继续下去。这真是一个非常困难的选择，正好又是在我的身体、竞技状态处于极佳状态的时候。

这也是我第一次动手术，关系到的还是一个中央关节，我对此完全没有概念，也无法估计手术结果。我还能清楚地记得，手术前的最后一次德甲乒乓球比赛是对阵格伦曹（Grenzau）队，在更衣室里与年轻队员们坐在一起聊天时我就说道：让我再享受一次比赛吧，没准儿这就是我的最后一次大赛了。

当手术后醒来时，我首先感觉到的是震惊，在接下来的几个月里，这一感觉都没有减弱，即认识到了身体的重要性，人生该有多少事得依赖身体的健康。基本上经历了整整一年的休养，我的两条腿才又和以前一样健壮有力了。

在蒂姆事业停滞的这一段时间里，中国运动员却在飞速进步，取得了令人难以企及的成就。而在蒂姆努力进行恢复锻炼，试图将自己的身体素质恢复到手术前的水平时，中国运动员为了能更好地主宰比赛，又开发出新的技战术了。

乒乓球的飞行速度总是变得越来越快，但最快的还是握球拍的中国人，使对手总觉得反应的时间不够。乒乓球的加速看来是不可能抑制的。将小球变大以及禁止使用新的胶水对它的这一发展趋势几乎没有什么影响。乒乓球运动应该进行怎样的改革，才能更好地使观众的眼睛追随球的飞行轨迹？这一讨论一直在乒坛无休止地进行着，现在已经开始围绕要提高球网的高度、继续加大球的直径问题在讨论了。

国际乒乓球联合会原主席阿达姆·沙拉拉（Adham Sharara）[1]先生认为，要让观众们至少能够看清球在球台上运行的速度和旋转的方向。他建议，速度和旋转要在自己的记分牌上显示出来，让观众能够惊讶两次：第一次是针对球的相持过程，第二次是针对数据。此外，还要大胆尝试使用各种颜色的彩色球。

蒂姆也对彩色球抱有期望，他说："彩色球能使人更容易地识别球的旋转，即使是一个门外汉，通过彩色球也可能得知，为什么一个运动员会将一个看起来如此简单的球打下网。通过慢镜头，人们就可以分辨出来。"

今后，用照相机取斜角拍摄乒乓球的运动过程，应该能够更好地介绍比赛

1 阿达姆·沙拉拉，加拿大人，生于埃及开罗，第六任国际乒联主席。十岁开始打球，十六岁进入国家队，二十五岁任加拿大队教练。沙拉拉于 1999 年当选国际乒联主席，2014 年 4 月底，沙拉拉宣布提前卸任国际乒联主席一职。

中的动力学特征。人们现在也已经在尝试提高球网的高度，以便使比赛的节奏放慢，相持球的时间更长。但只要这种尝试还没有成为规则，比赛就还陶醉在白球的飞行速度之中，蒂姆就还得在他的比赛中针对速度以及越来越短的飞行时间做出自己的反应。

蒂姆说："我已经开始进行针对性的训练了，做到尽可能早地接触球，突破习惯思维，敢于打风险球。"

此外，蒂姆还在尝试改善手腕控制球的能力，即在最后瞬间决定球打出的方向，这样，对手就很难对球的落点提前做出判断。而且还要杜绝这样的现象，即在中国运动员毫不留情地将球打在球台角上时，自己才反应过来。

同样，在我们的这次北京之行中，蒂姆再一次认识到，他还要在哪些方面努力，才能继续战胜中国人。北京之行对蒂姆来说，总有那么点学习研究的意味。即使他没有赢，也会从中学到一些东西，作为一份"家庭作业"，他得回德国完成，以便为下一次的对抗作好准备。

在相持球中，在蒂姆更多地还在运用旋转和落点的时候，中国人总是能抢占先机打出最后一击，经常直接得分。因此，教练海姆特·哈姆培尔为蒂姆制订了一个新的训练计划，他要求蒂姆："在打法上必须要有更多的变化。中国人对付蒂姆，并不仅仅因为他们能拉出强劲的弧圈球，更多的是他们已经熟悉了蒂姆的球路，对蒂姆的来球有了准备。因此，必须建立新的球路之间的联系，并体现在从发球一直到接下来的整个相持过程中。2001 年，蒂姆有令人陌生的、独到的发球和接发球技术，现在，他必须再次拥有能使中国人目瞪口呆的新打法，才有可能再次掌握比赛的主动权。"

中国人不熟悉的技术会使他们不知所措，就像一道外语考试题。乒乓球的发球就隐藏着神奇的欺骗技巧，如果运动员能熟练掌握的话。例如，蒂姆的手腕做出一个发下旋球的样子，但实际上发的是一个上旋球或者是一个不旋转的空球。

但蒂姆是否能够成功呢？是否能再一次有自己独创的、在比赛中有完全出人意料的变化呢？能否开发出一个新的发球技术或者一个新的接发球技术呢？难道就不能像捷克运动员科贝尔[1]那样，用反手拧出一个“香蕉球”吗？

新技术的发明不是那么容易的，不是乒乓球在头脑里转转悠悠，就能独创出一种新的打法的。发明一个新的“蒂姆·波尔式”打法，我认为是不太可能的。当然，我会努力在所有方面优化自己，会对每一个具体方面。

我曾经大量地练习过发球，但得到的结果却是，我竟连一个有质量的发球都不会了。

中国人现在过网的球往往特别低和特别短，如果我不能把球分毫不差地、精准地接过去，他们很快就会强势地将球打过来，我就很难摆脱接下来的恶性循环。我离球台越远，球就越难打，就越难做出正确的反应。因此，我会试图在接发球时就尽可能地去打风险球，当然接发球的失误率相应也会增多。但如果接发球处理得当，我就会力争得分，但更多的也是利用球的落点，而不是力量。

可以理解的是，蒂姆战胜中国对手，也不仅仅是在为他自己，也是在为中国的乒乓球运动。中国人喜欢他，更需要他，中国人需要一个能与之较量的对手。如果世界乒坛只有中国一家高高在上，也未免太过寂寞了。因此，中国人也产生了这样的想法：干脆把蒂姆请到他们队伍里来。

在2013年巴黎举行的第五十二届世界乒乓球锦标赛单项赛上，刘国梁来到蒂姆身边，提出了一个特别建议：

---

1 科贝尔，捷克乒乓球运动员，曾与中国国手陈志斌、马文革同在德国俱乐部效力。科贝尔反手台内拧挑出的“香蕉球”有独到之处，对亚洲选手有很强的杀伤力。

刘国梁问我，是否愿意在几个公开赛上与一位中国运动员配双打出场，并问我愿意与谁搭档。我马上想到了马龙，因为他的球路与左手握拍的我比较匹配，况且，他的球强势，正手相当厉害。刘国梁对我说：很好！他也觉得马龙是我的最佳搭档。

以前长时间逗留中国期间，我就经常与中国运动员一起训练，现在能与马龙这样的运动员配对，确实很有意思。马龙的球技简直令人不可思议，多么困难的球他都能够救起来。在与他配对打相持球时我经常会这样想：这个球肯定丢了，但马龙总会令人出其不意地又救起来，即便我们已经处于万劫不复的危机处境，他都还是能将对方的球狠狠地再打回去。练球时我曾试用过马龙的球拍，感觉完全不同，不仅速度快，还能产生超出一般的强烈旋转。与我的球拍相比，球接触他的球拍会跳得更高。在打快攻球、打给对方施加压力的球时，球拍的帮助是很大的。

要成为一个强大的双打搭档，比赛中的技战术并不是唯一的指标。

“我们的性格特点也十分类似。”马龙是这样说的。

两个人都十分安静，两人都不会在场上得意忘形。

“马龙很诚实正直，他能付出一切。”蒂姆确信这一点。

在 2013 年的中国公开赛上，两位运动员首次搭档亮相，就赢得了该项赛事双打比赛的冠军。

“不少观众在赛场上喊叫我的名字，”蒂姆说，“赛场下发生的逸事也不少。在酒店，不少球迷也在等我，一个年龄二十岁左右的女孩甚至将一本珍贵的集邮册赠送给了我。”

中外运动员配对双打是中国乒乓球发展宏伟计划中的一个部分，兼顾自己的利益，在乒乓球运动中分出一些实力。从蒂姆的角度出发，它提供了一个与中国人搭档战胜中国人的机会。与马龙携手赢得的成功，也是蒂姆乒乓球生涯中一个完美的象征，即德国与中国也能携手合作、相辅相成。

世乒赛上，蒂姆与马龙双打搭档的首次亮相是 2015 年在中国华东地区的苏州，可是抽签结果对他们却十分不利。缺乏合作机会的他们本需要相对轻松地打上几轮比赛才能经磨合进入状态，可在比赛的第二轮，把握还不大的这对异国双打组合就遇到了该届赛事最终夺冠的张继科 / 许昕组合而遭到淘汰。

这届世锦赛上，蒂姆在单打和双打比赛中都没有获得大的成功，却给他留下了别样记忆。

我知道，很多中国观众都希望我能赢，在比赛大厅我又听到了他们的鼓励声。有的时候，球迷会走过来对我说，他们希望我获胜，就连我与中国选手打比赛时，他们有时候也这样想。我经常会听到这样的话：

“I hope you will win！”（我希望你赢得胜利！）

给我留下深刻印象的是 2015 年苏州世乒赛上我与樊振东的那场四分之一决赛，现场有百分之八十五的观众在为我鼓掌加油，简直不可想象。樊振东是中国最年轻的运动员，按理说，人们应该支持他才是。当然，设身处地地想，如果在 2000 年不莱梅欧洲冠军赛的现场，德国观众不是在为我喝彩，而是在给瓦尔德内尔鼓掌，我也会感到十分滑稽。这种现象确实十分特别，也十分令人感动。我感受到了中国观众最大的尊重，即便我最终以 2 ： 4 输掉了这场比赛。如果乒乓球没有强大的中国对手又会怎样呢？

如果乒乓球没有强大的中国对手又会怎样呢？

在 2005 年上海世乒赛上，眼见世界其他地区与中国的差距越来越大，当时的国际乒联主席沙拉拉先生就要求乒坛人士：“我们必须做到，将中国乒乓球运动员作为个人来对待、接受，在这里，获胜的不是一个国家，而是一个优秀的运动员。”

是的，应该看作是骁勇好斗的张继科与和善友好的马龙在比赛，与时不时会给人以梦幻般感觉的许昕在较量。

当然，也要允许一个乒坛官员不能实现的良好愿望存在。沙拉拉先生在许多大型赛事上见到了这些中国运动员，熟知他们每个人的成长历程。

当中国乒协的领导郑重宣布要求他们最好的运动员努力学习英语时，国际乒联在欢呼声中发布报告呼应说：乒乓球的形象将会发生改变，因为中国人要亲近媒体了。

“乒乓外交”出现在中国对外开放的开始，这一点人们不会很快忘记。但是现在，乒乓球运动却要在中国捍卫它的地位和作用了，甚至可能要重新定位。今日之中国，乒乓球还是一项老一代人热衷的体育运动，与其说是一项国民体育，还不如说是一项国家体育，辉煌的过去产生的影响有时候可能还是一种包袱。

中国新的社会阶层、有钱有势的人，能够通过体育途径安排孩子的前程。如果选择体育项目，他们有时会与传统的中国运动项目划清界限，让他们的孩子去打网球或者是高尔夫球，或者是西方有钱人爱玩的其他体育项目。中国拥有在国际上比乒乓球运动员更加知名的体育人士，他们在西方人擅长的体育运动项目上获得了成功，如跨栏运动员刘翔、网球运动员李娜以及篮球运动员姚明。

通过乒乓球运动或者说通过体育运动来得到国际社会的认可，对中国来说，实际上已经不必要了。因为体育运动能够做到的，中国已经在 2008 年奥运会上以金牌总数第一的成绩向全世界展示了。如果说，中国还有什么能让世人感到意外的话，那就只有中国足球获得世界冠军了。

中国人早就清楚，他们的优势已经呈现出了具有威胁性的规模。在 2009 年

一个超越了体育的体育团队：理查德·普劳泽作为德国教练指导了蒂姆多年，双方也建立了深厚的友谊

的世乒赛上，当中国队包揽所有的冠军和单打金牌后，中国乒乓球界一位最具权威的人士就说了：“我们曾经说过，要在世界范围内提高乒乓球运动的水平，但我们又一次食言了。如果国际大赛上所有重要的冠军都被中国队拿了，对这项运动整体水平的提高肯定是不利的。”

他还提出，要向国外多输送一些国家级教练，要邀请更多的国外运动员来中国打球。作为乒乓球“圣杯”的保护者，中国人自己也明白，他们守护着一个宝贝，他们要判断并确定，向谁，以多大的规模来分配这个宝贝。他说，这是他们的责任和义务，即把他们成功的秘密向世人公开。

成功的秘密——中国的优势真的有什么原因吗？秘密是自夸的还是所谓的？对这一说法，现任德国乒乓球联合会体育总监里夏德·普劳泽先生就一分

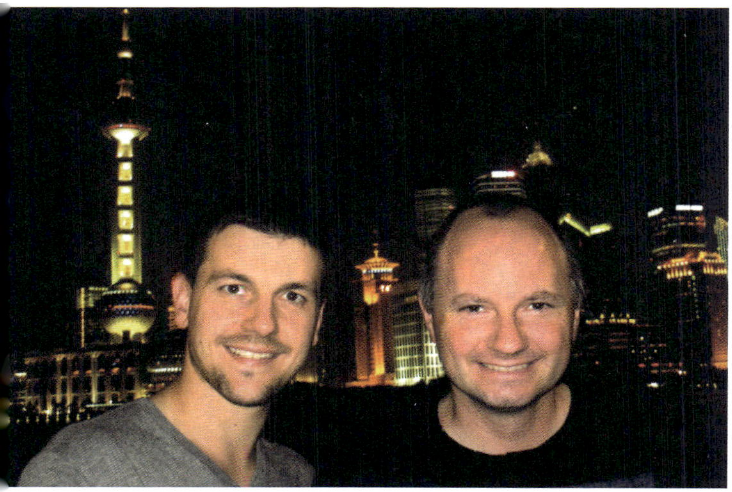

中国旅行者：教练理查德·普劳泽和蒂姆 2011 年夏天在上海，背景是上海著名的标志性建筑——东方明珠塔

反感，他说："中国乒乓球根本就不存在什么秘密！"

在谈到这一点的时候，他更多的是在呼吁："这是欧洲人自己制造的中国秘密。如果说真有什么秘密的话，那就是尽早的、有高竞争意识的、高强度的训练。"

他接着又说："中国人似乎希望，他们的一切，后面都隐藏着一个不可捉摸的巨大计划，自己给自己笼罩上了毋庸置疑的神秘气息。"

难道中国人的内心深处，还真的是在"希望总赢"和"不允许总赢"之间举棋不定吗?

"我们必须停止这种'文物保护式'的想法。"普劳泽先生提出要求。

在去机场的路上，我向蒂姆讲述了里夏德·普劳泽先生说的话，并询问蒂姆的看法。

我了解中国人的打法，我也在尝试，将他们的打法部分地为我所用。以前我总是想：中国人跑得太远了，我根本就不可能赶上他们。即便我战胜了他们几次，也还是感觉自己渺小。但随着时间的推移，我也渐渐觉得中国乒乓球不再是神话了。大家都是有手有脚的人，中国乒乓球也不是变戏法，不是他们在后台挖空心思构想出来的魔术花招。

中国乒乓球是一个系统，一个这样运作的系统。早期发现有天赋的苗子，再精心分类，然后在各个不同的阶段进行筛选，将精选出来的最好队员再集中起来，由相当有经验的教练指导，用一种既定的技术要求，进行重点的、艰苦的培养。这一系统的优势是很现实的，选出来的苗子均能在相当高的水平上一起训练。而这种系统的、高水平的训练，我们德国就没有。

“这么说，没有秘密。”我问。

“当然没有。”蒂姆回答得很干脆。

我又提出一些疑问：“那又怎么看那些传言呢？例如，比赛过程中的现场分析指导。难道不是有一些中国的教练员坐在看台上，对所有比赛过程进行分析，然后让比赛现场的指导教练在赛间休息时将分析结果告知场上的运动员吗？难道不是有所谓的赛前约定吗？即教练员们事先在一起秘密讨论，为确保中国人最终获胜，安排某些队员内部输球，以便下一轮让更有把握的队友去战胜那些非中国人的对手。反正，我就听说过这个传言，在2004年奥运会的半决赛中，王励勤就必须先有意输给王皓，因为王皓对付韩国运动员柳承敏更有把握。当然，这些仅仅是传言，因为最终还是柳承敏夺得了奥运会冠军。”

蒂姆坚持自己的想法：“这确实都只是一些推测，所谓比赛中的现场分析指导，我还没有听说过。我相信，彼此间的商议肯定有，但不会再有什么约定。新加坡女队也获得过世界冠军，她们也都是中国人。按理说，人们有理由期待，她们会以输球的方式来报答中国，因为她们都是中国培养出来的运动员。而中国又允许她们为另外一个国家效力。另外，我也充分相信，中国人是守规矩的、正直纯洁的，他们不会使用兴奋剂，对这一点，我深信不疑。”

“是什么使你会如此肯定呢？”我问道。

蒂姆回答：“感觉如此。中国运动员的水平并不是高不可攀的，可以这样说，如果我有一个强壮的身体，放在中国的乒乓球训练系统中一定会出现在走得更远。”

“一个美妙的联想游戏。蒂姆，你有天赋，头脑也清楚，你又是怎么将这么多艰苦的训练与你爱好的生活中的舒适相互协调起来的呢？”我想知道。

蒂姆回答：“我当然不好预言，我如果真的生活在中国会怎么样。但我相信，一个人的适应能力是很强的。自从过了十岁生日以后，除了乒乓球，我也没有干过其他什么事。我总是与水平高于我的人在一起训练，不然的话，我的水平也不可能像现在这样好。原本，人们也尝试要为我建立起一个小小的中国训练系统，但这个系统中无论如何缺乏最后一个关键环节，即每天的训练都能保证在一个绝对的世界顶级水平上。”

为了尽可能缩小与中国运动员的差距，欧洲运动员现在也越来越多地聚集在一起，如在杜塞尔多夫德国乒乓球训练中心，共同备战国际赛事。

但可以想象的是，乒乓球运动这种你强我弱的状况还会持续相当长一段时间，也确实没有任何一个其他的体育运动项目，让一个国家具有如此强大的优势，如乒乓球运动在中国那样。

“难道中国雄霸世界乒坛的状况不会在什么时候发生逆转吗？”我问蒂姆。

这时，公路前方开始显示前往机场的指示牌。

蒂姆回答说：

那就必须建立类似中国那样的系统，但在我们这个社会是不可能的。我们的运动员要尽早在技术上加强训练，因此，在青少年这个阶段，就需要有好的教练员。遗憾的是，我们在这方面的人才相当缺乏。如何去超越呢？在中国，一个八岁的小孩，一天要训练两到三次，到十五六岁就已经成熟了，而这个时候，我们的年轻队员还在天天解决基本技术上的难点。

我不想脱离所处的环境，幸运的是，我的一切都还算顺利。我拥有最好的先决条件，这在德国也是完全可以提供的。我也不想过分地去期望、去要求他人，一定要在一个乒乓球寄宿学校训练，在这点上，不要去强迫任何人。但填补这个漏洞，可能也十分必要。不管怎样我有这种担心，中国这种一家独大的绝对优势，对乒乓球运动的未来发展是不利的。

就在蒂姆能用自己的胜利在一定程度上对中国这种优势进行挑战的时候，另一位黑森人也同样认为乒乓球运动一家独大的趋势是危险的。2024 年，担任国际乒乓球联合会主席的托马斯·维克特（Thomas Weikert）[1]先生试图推出一个纲领性的计划。他说：

“中国运动员雄霸乒坛经久不衰的强势地位一直是我深感忧虑的问题。当中国运动员不再那么强势的时候，这一忧虑会有所缓解，但现在这一忧虑又恢复到了以前的水平。我们提出高水平计划，真正的目标是，使中国运动员的优势在某一个时候能受到威胁。但现实来看，一开始还只能是对亚洲和欧洲以外的乒乓球运动员提供有针对性的支持。通过提供奖金，运动员们获得提高的可能性，从而逐步扩大他们跻身世界前列的机会。”

如果中国运动员与国外运动员之间扣人心弦的比赛越来越少，如果只有中国一枝独秀，中国在乒乓球运动上还能提供些什么呢？

应该说，作为一项最富魅力的、活跃的、多样化、多层次的体育运动，乒乓球即便变化得再快再多，其运动的本质特征还是不应该发生改变的。作为一项能更多地诠释人机智敏感的体育活动，乒乓球运动的本质应该一直这样保持下去。为了更好地提高，打乒乓球的人不仅要在打球的技术层面上努力，还要在人格品性上下功夫，只有能克服自身毛病的人，才可能在乒乓球事业上真正得到提高。

[1] 托马斯·维克特是一名德国体育人物，生于黑森州哈达马尔。2014 年国际乒联主席阿达姆·沙拉拉辞职后，维克特成为国际乒联代主席。2017 年 5 月 31 日正式当选国际乒联主席。

实至名归，当之无愧：德国总统霍斯特·克勒（Horst Köhler）先生授予蒂姆·波尔德国体育最高级别奖项"银月桂叶奖"

连蒂姆这样一位性格内向、作风规矩的运动员都能够成为世界排名第一的运动员，难道不正是对乒乓球运动具有品格优越性的一种最好说明吗？

蒂姆的人格魅力已经获得了社会上广泛的认可，如德国体育记者圈的一致认可。一般人们认为，报纸、杂志和电视节目更多地会关注那些爱大肆张扬的，爱咋咋呼呼、喋喋不休的运动员。每年，德国体育记者们都要评选出德国年度体育人物，蒂姆已经连续五次位居年度体育人物榜的前三名：2005 年和 2011 年是第三名，2007 年、2008 年以及 2010 年均为第二名。他之所以能受到如此广泛的尊重，是因为他在一项竞技体育运动中，展示出了世界一流的运动水平，而这项在世界范围内开展的，特别是在亚洲得到了国家大力支持的体育运动，在德国却是一项没有国家资助并提供运动设备的运动，从某种意义上讲，是一项单枪匹马、完全要靠个人本领征服世界上其他选手的运动。

2010 年，在德国巴登巴登（Badenbaden）疗养大楼年度体育人物评选揭晓庆祝大会上，当蒂姆被电视节目主持人鲁迪·策尔勒（Rudi Cerne）请上颁奖台时，他谦虚地只是笑着说了一句："没有什么比这更美好的了，得到了第二名，而且是在这里。"

这次登台之后，德国体育官员迪尔克·史梅尔芬尼格先生又一次赞扬道："蒂姆的存在是乒乓球运动一个大大的幸运。蒂姆是一个聪明、正派、高雅的人，他不仅有才智，幽默风趣，而且还富有魅力。一般来说，一个人取得了成功，往往会因此而改变自己，但蒂姆却一直保持着自己坦率真诚的本色。他总是真诚地对待周围的人，我不知道，你们是否能找到一个感觉自己曾受到过蒂姆不良对待的人，根本就找不到。”

他接着又说：“围绕着蒂姆的总是他的家乡霍赫斯特！”

是的，蒂姆的气质沉静、平和，心态就像他的家乡奥登瓦尔德宁静安详的田园风光。

蒂姆·波尔有多受欢迎，在2016年里约热内卢奥运会之前也可看出端倪。因为蒂姆荣幸地进入了决定德国奥运会代表团入场式擎旗手的候选人名单。

在体育官员史梅尔芬尼格先生负责德国奥林匹克体育联合会竞技体育后，蒂姆的原教练理查德·普劳泽先生就接替了他在德国乒乓球联合会体育总监的职务。

奥运会之前，普劳泽先生找到蒂姆，但不是因为乒乓球运动事宜，而是肩负一项更高更荣耀的使命。他代表德国奥林匹克体育联合会来征求蒂姆的意见，是否愿意作为里约奥运会开幕式上德国代表团的擎旗手候选人。

奥运会代表团的擎旗手是运动员中一个为数不多的至高荣誉，是对一个运动员备受瞩目的特别褒奖。谁举着旗帜走在前面，谁就不仅是一位运动生涯长、运动成绩显赫的优秀运动员，更说明他是一名值得所有项目运动员效仿的体育楷模。北京奥运会上德国体育代表团的擎旗手是篮球运动员迪尔克·诺维茨基，伦敦奥运会上德国代表团的擎旗手是曲棍球运动员纳塔莎·凯勒（Natascha Keller）女士[1]。凯勒当选旗手不仅因为她是德国一名运动成绩优秀的运动员，还因为她具有谦虚谨慎以及诚实正派的人格魅力。

与普劳泽一道，蒂姆首先翻看了一下自己的时间安排，看是否会与奥运会开幕式有冲突，然后平静地回答道：可以。

他的名字就这样进入了候选人名册。

1 纳塔莎·凯勒，德国女子曲棍球运动员，曾代表德国参加了1996年、2000年、2004年、2008年、2012年夏季奥运会，获得过一枚金牌。

公正：为表彰蒂姆在体育运动中表现出来的宽容和公正，德国国务秘书克里斯托夫·贝格勒（Christoph Bergner）先生向蒂姆颁发2007年度“德国联邦内政部长奖”。获得这项殊荣的还有残奥会金牌获得者艾勒尔·史密特（Rainer Schmidt）先生。蒂姆公平、公正的体育精神也获得了国际乒乓球联合会和德国记者协会颁发的奖项

我当时的内心感觉是，反正也不会被选上，因为擎旗手是大众选举和团队成员表决的共同结果，其他运动员人脉关系广，很多人相互之间都认识。特别当我看到莫里茨·菲尔斯特（Moritz Fürste）[1]的名字也在候选人名单上时，就在想：他一定会被选上的。不仅仅因为他本人获得过两次奥运会冠军，身后还有一个庞大的曲棍球后援队基础。在他们那个冠军俱乐部，奥运会运动员们总是团结在一起。他绝对是一位有希望被选上的典型人物。

在选举结果公布的前一个晚上，迪尔克·史梅尔芬尼格先生和奥运会代表团的领导迈克尔·菲斯佩尔（Michael Vesper）[2]先生把我叫了

1 莫里茨·菲尔斯特，德国男子曲棍球运动员，曾代表德国参加了2008年、2012年、2016年夏季奥运会，获得两枚金牌和一枚铜牌。

2 迈克尔·菲斯佩尔，德国体育界负责人，2006年至2017年担任德国奥林匹克体育联合会的主席。

过去，又问我是否愿意担任擎旗手。事实上在这个时候我已经当选了。

即使是现在谈到这事，我都还会起鸡皮疙瘩。当时我相当激动，这种感觉我必须先把它保存起来。这是一种美好的感觉，但同时也是沉重的感觉，像一杯浓缩咖啡，不像一杯清淡的茶水。直到深夜，两位领导才让我离开。

当然，我马上把这个喜讯告诉了其他几个人，夫人德莉在电话那头竟哭了起来。第二天，我又遇到了很多人，走到哪里，大家都兴奋地这样叫我："哈罗，擎旗手！"这么多人为我感到高兴，感觉真是美好。

人们可以称蒂姆是一位体现了奥林匹克精神的人物，因为他以自己的观念和行为为奥林匹克运动做出了贡献，保持了崇高的奥林匹克精神，包括他的团队意识，公平竞赛的品德，以及对竞争对手、球场观众、大小事件的尊重。

作为一个崇高的象征，蒂姆庄重地接过了德国奥林匹克运动会代表团交给他的旗帜。

在世界体育运动的各项活动中，还没有一个像奥运会开幕式那样要做如此多的准备工作，耗费如此多的人力和物力。主办国和奥林匹克运动能够在空前的、无与伦比的表演秀中向国际社会传递它的信息。伦敦奥运会开幕式表演由奥斯卡最佳影片《贫民窟的百万富翁》的导演丹尼·鲍伊（Danny Boyle）先生导演，估计耗资高达3400万欧元。

我们首先与国家的奥运团队一起集中，团队里很多人表现出了无比的兴奋，其一是因为即将开始的开幕式，其次，不少运动员也是第一次参加奥运会。接下来，各国旗手乘坐专属大巴车前往奥运会中心会场，因此，作为擎旗手的我必须短时间内与德国奥运团队分开。到达中心会场后不久开始集合排队，当再次与德国代表团男女运动员会合在一起的时候，我的那份感觉简直棒极了。

走进主会场时我们一起唱歌，也唱德国国歌。篮球运动员迪尔克·诺维茨基之前就对我说过：“进场的整个过程时间虽然不长，但令人难以置信地紧张，好好享受这一时刻吧！”

我也很好地享受了这一超酷时刻，昂首挺胸地走进巨大的主会场，甚至不敢回头看，幸好主会场的后面有一个超大屏幕，使我能够看到此时此刻的情景：我举旗走在前面，整个德国奥林匹克军团跟在我的后面。多么美妙的画面，多么美好的感觉！

然后所有擎旗手又转向，离开各自团队集中在了一起。有些擎旗手认识我，如奥地利女子乒乓球运动员刘佳，她的情绪也是超激动的。西班牙的擎旗手是著名网球运动员拉斐尔·纳达尔（Rafael Nadal），大家都纷纷掏出手机，热切地期望与他合影留念。一般都是我在为其他擎旗手与他合影，我自己并不想惊扰他，可怜的小伙子也渴望享受现场的热烈气氛。

当然，也有希望与我合影的——他就是中国的擎旗手。

蒂姆满足了中国擎旗手与他合影留念的热切愿望，使他在乒坛生涯的这一高光时刻也留下了对中国的特别记忆。顺便介绍一下，这位中国擎旗手名叫雷声，击剑运动员，2012 年伦敦奥运会男子花剑金牌得主。

接下来进行的体育竞赛，实际上还是蒂姆与奥林匹克运动会之间艰难曲折关系的历史延续。

他的第一场单打比赛就很折磨人，4 ∶ 3 险胜俄罗斯运动员亚历山大·希巴耶夫（Alexander Shibaev）。在接下来的八分之一决赛上却止步于单打进程，以 2 ∶ 4 负于当时世界排名第四十位的尼日利亚运动员夸德里·阿鲁纳（Quadri

Aruna）[1]。

与阿鲁纳的那场球，在输掉了三局之后，我才明白，这场球到底该怎样打，完全没有发挥我的长处，技战术如此糟糕。不过，这次被淘汰远远比不上四年前伦敦奥运会上被淘汰带给我的打击。自从2015年做了膝盖手术，我就认为自己不会是这届奥运会的奖牌候选人了。我没有想那么远，更没有想到要去迎战中国运动员。即使我赢了阿鲁纳，四分之一决赛对阵马龙，还是会被淘汰的。

不过，典型的场面还是再一次出现在了起决定性作用的团体比赛中。

半决赛上，德国队输给了日本队，蒂姆也无法阻止这一败局，他输给了水谷隼。接下来是德国队与韩国队争夺铜牌。

与韩国队的铜牌之战，在1：1大比分战平之后，蒂姆必须与巴斯蒂安·史蒂格在双打中拿下一分使比赛转向有利于德国队的决胜局。正要再打第一局时，他的颈部竟剧烈疼痛起来——之后经诊断证明，疼痛因腰椎间盘突出引起。

“第一次出现了肌肉封闭的症状。”蒂姆叙述道。

打第四局时，他还因疼痛叫停了比赛。

“直到那个时候，这场球都是巴斯蒂安带着我打。”

打针起到了作用，蒂姆的颈部肌肉松弛下来，蒂姆重新回到了赛场。双打的胜利，给了蒂姆莫大的信心。现在，只要他拿下单打就能锁定球队的胜利。

北京奥运会和伦敦奥运会争夺团体奖牌的熟悉场面还会重现吗？幸运的是，他的对手是防守型队员朱世赫，而对付防守型队员，蒂姆几乎总能找到对方的漏洞。这一次也一样，比赛中，蒂姆占尽主动，韩国对手频频失误，最终以3：0赢得了比赛的胜利，也赢得了队友们的最大尊重。蒂姆再一次带着闪

1 夸德里·阿鲁纳，2016年里约奥运会男子单打八强运动员。2022年，阿鲁纳在国际乒联公布的新规则下世界排名第十，一举成为非洲历史上第一位排名前十的运动员。

亮的团体奖牌，带着与中国特别相遇的美好记忆结束了巴西里约奥运会的比赛。

“在里约奥运会上，中国钢琴家郎朗为了与我见面特地来到了德国代表团驻地。”这位钢琴家在2008年北京奥运会开幕式表演上也是一位主角。

蒂姆说：“郎朗在德国代表团驻地等了我很久，特别希望能与我交手打几个球。郎朗的乒乓球打得相当好，完全超出了一般业余爱好者的水平。”

在奥林匹克运动会上，蒂姆还可能获得更多的成功，但是，要想在里约奥运会上获得更多的荣誉已经不太可能了。在中国运动员水平远远超出一般的前提下，身在里约奥运会上的蒂姆也必须多次回答一个问题，即他的第五次奥林匹克运动会是否就是他的最后一次。回答应该是：否！

东京奥运会应该是他的又一个美好目标，他也要为这个目标做出自己最大的努力。应该说，比他在巴西里约奥运会上的回答更具有说服力的是他三个季度之后在世锦赛赛场上的表现。

2017年单打世锦赛在德国的杜塞尔多夫市举行。杜塞尔多夫是蒂姆长期效力的乒乓球俱乐部所在城市，也是德国国家队乒乓球训练中心所在地。蒂姆参加了该赛事上的两项比赛，单打不用说，还有双打，双打搭档可是大名鼎鼎的中国运动员马龙，他要携手马龙在世锦赛上发起第二次冲锋。双打世界冠军是他乒坛生涯中一顶漂亮的冠冕，更别说比赛是在蒂姆的第二体育故乡。可谓天时地利人和，环境条件比第一次好多了，也没有两人首次合作时的紧张情绪。

蒂姆说：“我十分高兴地期待着与马龙在世锦赛上的第二次双打比赛。首先，我理解马龙，也包括在场外；其次，直到现在，我与马龙的双打合作都很愉快。”

作为奥运会男子单打金牌得主，马龙没有什么可以失去的，蒂姆则可以赢得很多。但他们这一对和谐搭档又能否成为这次比赛的赢家呢？

遗憾的是，抽签的结果又使本届世锦赛上两对最好的双打选手提前在八分之一决赛中不幸相遇了，蒂姆与马龙对阵樊振东与许昕。这一不利局面的再次形成，也是因为马龙与蒂姆这对跨国双打组合之前没有参加过几次比赛，必要的积分不多所致。

> 一方面，对中国人而言，与外国选手配对双打是一种公关手段；另一方面，其初衷也是为了帮助欧洲选手提高，但对我而言则不一定。与我搭档比赛，马龙也很有兴致，相互之间也十分尊重。在本届世锦赛之前，中国人也清楚地表明，他们只有一个与外国选手合作的双打搭档，就是我与马龙。我把这个合作视为一种荣誉。
>
> 应该说，我们奉献了一场相当精彩的比赛，堪比决赛。如果它确实是最终决赛的话，谁胜谁负，还真难说。也就是说，如果我与马龙能够先打上几轮，多磨合磨合，再与樊振东、许昕组合相遇的话，鹿死谁手还真要另当别论了。
>
> 最终，我们的双打十分遗憾地失败了，就差那么一点点。真不应该。只能说我们运气不佳，抽了个下下签。两次与马龙联手的双打比赛都是如此，真令人难以置信。

这是一场高水平的双打比赛，尽管蒂姆与马龙最终以1：4败北。事实上，这场八分之一决赛的胜者最终也是这届世锦赛的冠军获得者，几无悬念。

蒂姆与马龙的关系没有因为双打输球而受到影响，相反还进一步加深了。

“马龙甚至给我来过一封信。”蒂姆高兴地告诉我。

“是吗？都写了些什么？”我自然好奇。

“对我表示钦佩之类的话语，赞扬我能如此长时间地保持高水平的竞技状态，还褒奖我是他的榜样。”

刚刚还在合作双打，接下来就分开互为对手。在这一届杜塞尔多夫世锦赛的单打比赛中，蒂姆争夺奖牌竟遭遇最强对手——马龙。

遭遇战一打响，一如大家所预料的，蒂姆很快以5：11输掉了第一局，没有大的得分机会，马龙的反手球不仅角度刁钻而且速度极快。但第二局，蒂姆慢慢进入状态，注意力得以高度集中，以 8 ： 6 领先，之后一个接球下网，一个球不幸地打在了球拍边缘，8 ： 8，被马龙追平。不过，代替抱怨的是，蒂姆以连赢三分作为回答，扳回一局打成平局。第三局的回合与第一局十分类似。但第四局蒂姆再次找回自己，势不可挡地以 11 ： 5 又扳回一局。一般来说，观众们习惯了欧洲人输给中国人的比赛结果，从经验出发，有时候就只能听天由命。但突然间，似乎又有了机会，看到了一线希望的曙光。尽管蒂姆输掉了第五局，但第六局竟一度以 8 ： 4 领先，只要再拿下三分，比赛就会进入决定最后胜负的第七局。试想，一旦进入决胜局，难道马龙就不会一筹莫展吗？难道天时地利人和的主场环境就不会助力家乡选手在决胜局赢得成功吗？

一个球、两个球，蒂姆的球落点欠佳输掉了，另一个球又十分被动，马龙回了一个强劲的弧圈球。比分来到 9 ： 9 平，接下来蒂姆一个发球过长，充满希望的闪亮瞬间又暗淡下来了。

“不仅难过，更令人灰心丧气！”这是当时蒂姆脱口而出的自发反应，“我很想再打第七局，我相信，只要进入了决胜局，所有的一切又都会重新来过，球场上的气氛又会再次沸腾起来。”

当然，蒂姆也完全可以谦虚地说，就在几个月前，他还觉得自己不能参加这一赛事呢。

“我又回来了。”蒂姆自豪地说。

为了战胜尖子中的尖子选手马龙，蒂姆已经使出了浑身解数。

“过个两年，我还是能跟上去的。”蒂姆的话现在听起来又像是一个美丽的承诺。

与马龙的这场比赛，我确实感到十分意外和惊喜，在精神层面上对我的鼓舞很大。在此之前我还在想：一般水平的运动员我还可以对付，但与中国运动员交手？肯定没戏！

> 这场比赛，我的战术运用得当，接发球打得不错，也一直在试图能有更多的反手突破。这场比赛给我整个一生都带来了不少启发，它使我认识到，我的比赛要怎样组织，哪些发球对我有利，如何接发球，如何处理落点……悟出了不少道理。我确实有这种感觉，与马龙的较量是在同一个水平上。
>
> 通过这场比赛，我的脑袋开窍了，之后也一直保持着清醒的认识。要知道，在此之前的三个季度里，我只进行了五个正常的单元训练，其训练成果可想而知。

训练成果可想而知——蒂姆为自己打了一个漂亮的折扣。

让我们再来看看 2017 年 10 月在比利时列日举行的世界杯赛上蒂姆的上乘表现吧。

“比利时的列日市始终是我乒坛生涯高峰时刻的见证地，那里的观众特别推崇我。”蒂姆记忆犹新。

2005 年，蒂姆曾在这里连续击败过三位中国名将。不过，谁又知道，当时的观众是不是今天也坐在看台上呢。

2017 年的比利时列日世界杯，蒂姆在四分之一决赛上就已经表现得相当出色了。在与二十二岁的中国小将林高远[1]决定胜负的第七局比赛中，他曾以 4 ：10 落后，可就在败局似乎已定的时候，蒂姆连续防住了两个赛点球，比分进入 6 ：10 以后，林高远的教练刘国正叫了暂停。

刘国正，蒂姆的老相识，在值得纪念的 2005 年上海世界乒乓球锦标赛八分

1 林高远，中国国家队乒乓球运动员。2010 年 12 月，获得国际乒联职业巡回赛总决赛 U21 组男单冠军。2011 获得亚洲青少年乒乓球锦标赛青年组男双冠军。2012 年获得世界青少年乒乓球锦标赛男团冠军、男双冠军。2017 年获得亚洲乒乓球锦标赛男双冠军、第三十届乒乓球亚洲杯决赛男单冠军。2018 年获得第五十四届世乒赛男团冠军、雅加达亚运会乒乓球男团冠军。2019 年获得葡萄牙公开赛混双冠军。

之一决赛上，在赛点球时，蒂姆的诚实与公正协助刘国正赢得了胜利。不过现在，林高远还握有四个赛点球，刘国正很可能在暂停时间里给出起决定作用的建议。

如果能够对林高远的肢体语言进行翻译的话，你可能听到的是：

“我还能怎么办？”或者“我想，我是赢不了了。”

而蒂姆的肢体语言则相反，笔直地、近乎崇高地站在那里，他的形体是成熟坚定的。接下来，蒂姆的表现令看上去变得拘谨和紧张的年轻中国小将深感惊讶：接发球时，蒂姆连续两次挑打对方反手大角得分，接着又是一个大角弧圈球得分和一个落到球台中部的发球得分，将比分一气追到 10 ： 10。林高远竭尽全力再次赢下了第七个赛点球，但在下一个赛点球上，蒂姆又在反手对决中拔得头筹，11 ： 11。蒂姆毕竟是蒂姆，又拿下一个赛点球 12 ： 11，继续利用赛点球，蒂姆用一记高质量的大力弧圈球扣杀赢得了这场比赛。

接下来是半决赛，等待他的又是乒坛大咖马龙。

“与马龙的这场比赛我又是先输，也是挡住了一个赛点球后取得了最终胜利，比赛特别富有戏剧性。赛场上，我一点儿也不紧张，特别放松。这也是我特别畅快的一天。”蒂姆说道。

当比赛转入终点直道的第七局，蒂姆握有两个赛点球，最终在第三个赛点球战胜了马龙。

“心情特别舒畅。”蒂姆说。

看他那欢呼的姿势：长长地伸展着双臂，面向周围看台转动着身体，湿润的目光饱含快乐，伴随着给人以震撼感的、拉长音调的胜利呼喊，充分展示出了这一成功所蕴含的意义——看看吧，我还能打！我还能打！这是他，一位乒坛老将，向外展示出的最大自信，矜持的性格此时让位于豪放的情绪。

在先后战胜林高远、马龙两场比赛中，蒂姆在体力上、精神上都付出了很多，以至于决赛对阵迪米特里·奥恰洛夫时已无法再赢得胜利了。

“对阵马琳我必须再给一把力。”这个要求未免也太高了。不过，蒂姆实现的已经足够使他在几个月后的2018年3月又迈出令人意想不到的一大步：回到了世界排名第一的位置。

怎么会呢？

当然会！因为世界排名表有了新的排名系统，它给予一年中打得多的和胜得多的运动员以回报，也使人能更快地忘记过去的成绩。

如果按老的世界排名系统，马龙拥有的优势是巨大的，也就是说，他两年之内不打比赛，我才有可能在排名上超过他。而新的排名系统只是根据运动员一年内的积分成绩排序。实际上，我是反对这个排名系统的。但当我又位居世界排名第一，才感觉到它也不是一个完全不合理的系统。在世界杯赛上，我最终战胜了感觉实力上仍居排名第一的马龙。当然，我个人是无力影响排名系统设置的。

我很高兴，这是一个美丽的故事，无论如何，我都是最慢的一个世界排名第一。

这个玩笑蒂姆不是不可以开，事实上，乒乓球世界排名表上毕竟还没有人在年龄上超过了蒂姆。瓦尔德内尔当初是三十一岁。三十七岁还能位居排名榜榜首，这到底说明了什么？他代表了蒂姆吗？这有利于还是不利于乒乓球运动的发展？或者说，它根本就只是一个简单的世界排名模式？

兼而有之吧，在某些地方甚至表现得意义重大。一方面，作为乒乓球运动项目统治者的中国人正好在这个时候有不少内部事务要处理，更换教练员、平息内部争执，再加上国际乒联将世界排名表的积分分配稍许改了改。但所有这些似乎又都无法完全解释，蒂姆为什么会再次位居榜首。

如果身体的灵活性、再生能力在减退，那么乒乓球比赛中就要更多地依赖运动员的判断力来予以平衡，要以迄今为止积累的比赛经验来预判球的落点以及球的这种或那种旋转。在这一点上，也需要运动员比赛中的智慧以及良好的洞察力和理解力，也就是人们说的比赛中球员的“阅读艺术”。

“蒂姆对比赛的理解是十分深刻的，”约尔格·罗斯科普夫说，他的这一想法听起来也很简单，“在发球和接发球技术上，蒂姆在比赛中的分析更是细致入微的，他的后来者都忽略了这些。”

即便最优秀的中国运动员在发球与接发球技术上也并不是那么强势。罗斯科普夫还补充说道：“尽管蒂姆不具备中国运动员拥有的力量。”

但如果在球的相持过程中少数几个事先考虑好的回合已经过去，大力扣杀仰仗的是什么呢？

蒂姆是一位智慧的球路预言家。

同样，蒂姆的其他天赋也再一次助他登顶，比如他性情的调整。他总是能在情绪的紧张与放松之间找到平衡。

“他不会疯狂，即便比赛进展得很不顺利，而其他人往往会在这个时候显得手足无措。”同样是在四十一岁时结束运动员生涯的罗斯科普夫如是说。他与蒂姆一道见证了这个特别时刻：“两个星期没有练球，但他仍然能把比赛打得精彩绝伦。”

迪米特里·奥恰洛夫就与蒂姆不同，他说：“迪米特里在如此长时间的休息之后，比赛日之前至少要完整地练上十二个小时才行。”

协调训练、比赛和休息的艺术，波尔先生掌握得十分完美。

“这个本领可不是学得来的。”罗斯科普夫先生十分佩服。

当然，这也就没有什么可奇怪的了，当世界乒联主席托玛斯·维克特先生希望蒂姆能继续站在乒乓球赛场上时这样称赞道：“蒂姆将会是历史上一名乒坛传奇人物，他的技战术不能在他的身上终止，人们也渴望在球场上能经常见到他。最近就有这么一个相持球，蒂姆将球拍从他擅长的左手交换到了右手，接着用不擅长的右手反手拉起了一个奇特的弧圈球，最后又用不擅长的右手正手将球像车窗上的雨刷一样打了过去。如此三个特别的球路出现在一个相持球的过程中，谁又能够做到呢？”

世界乒联的工作小组最近就一项发球新规则征求蒂姆的意见，维克特先生也希望蒂姆能成为运动员委员会成员，他认为：“蒂姆留在上层机构能够有助于继续推动德国乒乓球运动的发展。”

北京首都国际机场换票处对待我们的态度又像刚来北京时那样冷淡了。这里是北京，但已经不再是中国，而是世界的一个部分。出关不再那么人性化，蒂姆也像其他旅客一样，在换票窗口和护照检查处办完了所有手续。

离飞机起飞还有大约两个小时的时间，我和蒂姆慢慢向登机口走去。途中，蒂姆从裤兜里拿出了几张人民币对我说：“走，一起去喝杯咖啡吧，我来支付一张人民币。”

窗外，飞机起降跑道显得十分宽阔，蒂姆找了一个最惬意的位置坐下。身后是机场内的繁忙和来往的乘客，眼前则是一幅宽阔的全景画面。取咖啡的时候，我特意回头瞥了他一眼：他目光看着远方，一副沉思模样。这是蒂姆的休息放松程序——在世界各地的“来”与“往”之间，在一场接着一场的“乒”与“乓”之间，在悠闲平静的德国家乡与使他激动兴奋的第二故乡中国之间。

乒乓球运动是更好地认识中国的一个途径，如果有那位欧洲人对中国还不完全理解，蒂姆至少在这方面能够帮助他们。当我将冒着热气的咖啡杯递到他手上的时候，我们身后的一位中国人正对着手机旁若无人地大声叫唤。蒂姆看着我悻悻地笑了笑。

在这里，你能遇到很多滑稽的人。我们总觉得，中国人很安静、保守，但我却见到过许多热闹的、开放的另类中国人。一经接触，他们就会很快掏出自己的心里话，甚至会询问你很多个人私事。他们有相互之间的了解深感兴趣，这种直率的待人接物方式一开始使我感到惊讶，现在却觉得十分轻松愉快。可能吧，有时候我会像一位在国外生活的中国人，安静且平和。我相信，我具有能使他人平静下来的性格。

这大概也是蒂姆在中国深受大众喜爱的一个原因。他的生活遵循着一定的价值，而这个价值正是自孔夫子以来中国人极为推崇的生活中的最高价值：谦虚简朴、礼貌客气、友好善良。蒂姆乒乓球生涯的起步之路是如此非中国式、如此个性化、如此受到照顾和呵护，不必硬性地从属于什么。但现在，随着时间的推移，他的路却越来越向中国人靠近，越来越融入其中了。

从哲学的角度观察，蒂姆的道路也挺符合中国道家原则：水是柔弱的，但持之以恒，则水滴石穿。

“大家常这样说，你能控制自己的情绪，具有不爱张扬的性格和气质。”我求证似的对蒂姆说道，并不无好奇地期待着他的反应。

“难道人们还真能说出我的性格和气质吗？”他也有些好奇地以问代答，并极其认真专注地盯着我。这种认真专注的眼光直到现在的这次旅行我都不陌生，不仅不分散，而且相当坚定、强烈，还带着探寻求索的意味。

可他刚刚提出来的问题，我又该怎么回答呢？

“你很少激动、冲动，更不易动怒，总是那么不引人注目地悄悄处理自己的事。我都觉得惊叹，你做得那么好，总能不受外界干扰地保持着宁静。”我说出了我的看法。

“有什么事又值得我失态呢？我的一切都很好。”

蒂姆的回答，表现出了他内在的一个能不被任何事物所动摇的基本生活态度，而一位体育领先者的特别经历又在这个基础上为他的这种生活带来了额外的幸福感。

就在我们即将登机的时候，蒂姆又抓紧时间给妻子德莉打了一个电话，此时已经是德国时间的凌晨四点了。提着手提行李，我们站进了准备登机的乘客队伍中。

蒂姆的一部分仍然留在中国，原则上讲他一直都在中国。因为在中国，他早就有了中文网站。即便是人回到了德国，但还是会遇到“德国的中国”，因为中国乒乓球在欧洲人多势众。蒂姆与他以前在德国国家队的“多球”训练教练朱小勇相处得很好，他们经常在一起谈论中国。很多在世界各地打球的中国运动员也都加入了所在国的国籍，从1998年到2018年的欧洲乒乓球锦标赛女子冠军中，就有八名是在中国长大的运动员，欧洲女子排名的前十名中，往往有六个是祖籍中国的“欧洲人”。

登机时，蒂姆又告诉了我一个发生在中国国内航班上的小故事：他左脚还没有踏入机舱，就听到第一排座位上的乘客在低声叫唤他的名字：“是波尔吗？”

“接下来，一路走向位于最后一排的座位时，‘波尔’的呼唤声竟特别为我拓开了一条过道，面对着我的是一阵阵热浪般起伏的呼唤声——波尔！波尔！波尔！”

我们又要暂时分开几个小时，蒂姆在公务舱，他已经从夹克衫口袋中取出了电子书，并说道：“我总是将它带在身边。”

电子书能使蒂姆将他的两项爱好都联系起来：阅读和了解新技术。读一读，再睡一睡，飞机上的几个小时很快就过去了。

没过多久，蒂姆又站到了我的面前，也没有空着手，拿着挑选出来的饼干和巧克力条，坐在了与我相对的紧急出口处的座位上。这应该是空姐在飞机起飞和降落时坐的位置。

“这次旅行你又有什么收获吗？”我想从蒂姆的口中知道。

“嗯！对我的训练又是一次新的推动和刺激。当然，还留下了令人嘴馋的北京烤鸭记忆。我觉得这样的旅行相当轻松，不用争分夺秒，有时间干点儿其他的事。但要是真正去中国参加锦标赛，日程安排上就会与这不同。

“你在这次旅行中又有什么收获呢？”蒂姆反问我。

我回答道：“我又学习到了一些关于乒乓球运动的知识。例如，比赛中很重要的一点是，要设身处地地去考虑对手，要事先估计到对手的反应和可能使用的打法。同时，我还认识到，作为一名乒乓球世界顶尖运动员会越来越难，因为，中国人能够很好地将他们的下一步打法隐蔽起来。我现在也在想，你在平衡紧张和放松这方面的天赋至少也与你在球技方面的天赋一样具有很高的价值。也可以这样理解，之所以你有如此上乘的表现，是因为乒乓球运动本身需要你具有的这种平衡天赋。”

蒂姆点点头，就像我这个学生在课堂上听懂了他这位老师讲的课一样。

“更主要的是，我对你有了更多的了解，知道中国影响了你，改变了你，还会再继续影响你，改变你。”我又说。

“确切地说。”蒂姆又好奇地问道。

“中国使你的另外一面表现出来了，与在德国相比，你能力发挥得更加趋近于你的极限了。比如说，你更爱猎奇了，你不仅能尝试着吃鸡爪，还能与人在卡拉 OK 歌厅里一直玩到第二天黎明，就像那些喜欢城市生活的人一样。”

听我说这些，蒂姆调皮地蹙起了左眉。

“如果你不打乒乓球了，又会怎样呢？如果你的生活中没有了乒乓球，你会有缺失什么的感觉吗？”我随机展开了另外一个话题。

“我现在还无法回答你的这个问题，但对这个问题深感好奇。一方面我很期待乒乓球生涯结束之后的生活时光，特别是在身心紧张疲劳、乒乓球运动负担很重的阶段，这种期待会表现得更加强烈。但另一方面，每次度假放松以后，我又十分兴奋地盼望着赶快去打乒乓球。不仅仅是盼望比赛，也盼望训练，总之，盼望打球。我自己也会感到好奇，我这种对乒乓球的兴趣和对比赛的渴望，是不是在乒乓球生涯结束后还会出现。”

在一次采访活动中，当记者更多地要求蒂姆证实，如果他在比赛中不断输给德国运动员，会不会考虑结束他的乒乓球生涯这个问题时——输球毕竟关乎他的尊严。蒂姆只是反问了一句：“为什么？”

看起来，对乒乓球的热爱赛过了对自我的怜惜。

蒂姆是如此热爱比赛，即便身体因伤病难以承受，他都没有屈服，没有轻言放弃，一如既往毫不动摇地继续着训练和比赛。在职业生涯的后期，他仍取得了令人印象深刻的骄人战绩。2018 年和 2020 年，他分别赢得欧锦赛上的第七个和第八个单打冠军头衔。2021 年在美国休斯敦，他斩获了自己的第二枚世锦赛奖牌——单打铜牌，而关键的比赛轮次还是在他腹部肌腱拉伤的情况下打完的。正是由于蒂姆的坚持不懈，以至于后期的成功还为他赢得了一项特别的世界纪录：在休斯敦，他以四十岁零二百六十四天的年龄成为历史上最年长的世锦赛单打奖牌得主，而此前这一纪录已经保持了九十二年之久。

即便是在世界体育运动最高的舞台上，蒂姆也取得了成功。在 2021 年举办的东京奥运会上，蒂姆助德国队再次夺得团体银牌，一如十三年前在北京、在奥运会历史上乒乓球团体比赛的首秀上。东京奥运会是蒂姆参加的第六届奥运会，但还不是他的最后一届。

在职业生涯的最后阶段，蒂姆也有了一些生活方式上的改变，例如，部分地改变了交通出行方式。在德国境内甚至在欧洲境内，他现在经常开着自己的大房车前往比赛地点。

他十分惬意地说：

“我的房车直接就停在比赛大厅旁，房车俨然是我的第二个家。开房车出行有一种令人难以置信的乐趣，不受束缚，尽可以自由地安排一天的时间。这种酷炫的生活方式我以前没有尝试过，真没想到，房车会使我如此着迷。”

即便有了开房车的乐趣，他也没有放弃探讨其他生活方式的热情，如煮咖啡。“在法兰克福，我参加过一次咖啡师培训。平时，我也一直在观察和学习他人煮咖啡的方式，亚洲一定也有很多咖啡专家。我是一个咖啡迷，我煮咖啡的方法有点儿类似亚洲的茶道，但味道绝对一流。我喝咖啡并不多，一天就两杯，但咖啡的味道必须是完美的。”

在这里，蒂姆在乒乓球运动上或者在技术设备上深入钻研细节、精益求精的态度又表现出来了。

“我是一位天生的完美主义者！”蒂姆如此调侃自己。

蒂姆生活的路在继续，但现在是更多地在自己车轮滚动的房车中。

“如果我的房车停在球馆前，就经常会有球员走进房车与我聊天。人与人之间如此相遇，确实十分美妙。”

蒂姆乒乓球的路也在继续，新的目标便是他要参加的第三十三届巴黎奥运会。巴黎，也是他三十年前第一次参加欧洲青少年乒乓球锦标赛的地方。其实，他的处境并不乐观，参加 2024 年巴黎奥运会的目标似乎实现不了，不仅很多选手在排名上超过了他，他的身体好像也不愿意承受这一重大赛事了。然而，2024 年年初，蒂姆又闪亮登场了，在多哈 WTT（世界乒乓球职业大联盟，或世界乒联 World Table Tennis 的简称，由 ITTF 国际乒乓球联合会于 2019 年 8 月创立，是 ITTF 的商业和赛事公司）常规挑战赛上他一举赢得男单冠军，世界排名在长时间因伤休息掉落至第一百八十三位后又迅速飙升到了第四十五位。值得提及的是，他的半决赛对手是中国台湾二十二岁的优秀选手林昀儒，决赛对手是日本二十岁的优秀选手张本智和，而蒂姆的年龄四十二岁，正好是这两位年轻选手年龄加起来之和。

这次复出，使蒂姆表现出来的令人难以置信的丰富经验和在蒂姆身上“一切皆有可能”的认知彻底折服了德国乒乓球男队主教练约尔克·罗斯科普夫先生，他不无艰难地作出决定：提名蒂姆·波尔参加巴黎奥运会，而不是发挥稳定、世界排名在蒂姆之上的选手帕特里克·弗朗西斯卡。

蒂姆迎来了他乒坛生涯的最后一次奥运会，这一次可是真正的最后一次了。对一位职业运动员来说，没有比参加奥运会更令人自豪也更加伟大的事了。奥运会之前，蒂姆宣布，他的国际乒乓球职业生涯将在巴黎奥运会后结束。不过仍计划继续为波鲁西亚杜塞尔多夫俱乐部在德甲联赛赛场上征战一年。

巴黎奥运会蒂姆决定性的对决发生在四分之一决赛上，德国队对阵瑞典队。双方教练席上分别坐着约尔格·罗斯科普夫和约尔根·佩尔森两位教练，两位也都是上世纪八十年代世界乒坛叱咤风云的人物。瑞典队在经历多年比赛成绩低谷之后，终于迎来了新一代球员带来的辉煌时期。同样，瑞典乒坛的新生代与现年四十三岁的蒂姆在巴黎奥运会上乒乓球团体四分之一决赛上的遭遇，也成就了蒂姆·波尔乒乓球国际职业生涯的最后一战。

蒂姆是在德国队 0 ： 2 落后的情况下上场的，他必须拿下这一分，德国队才有可能保留希望，才有机会去争取一枚奖牌。遗憾的是，他最终以局分 1 ： 3（7 ： 11、9 ： 11、11 ： 7、8 ： 11）输给了安东·卡尔伯格（Anton Källberg），德国队止步四分之一决赛。

当蒂姆作为国家队队员在国际赛场上打的最后一球，一个正手那匿球旁着出台的那一刻，寂静一下子笼罩了整个球馆，时钟仿佛在那一刻停止了……待寂静的那一刻过去，迎来的是整个体育馆的沸腾，来自世界各地的球迷站了起来，他们中有来自瑞典的国王伉俪，有蒂姆的朋友迪尔克·诺维茨基先生……当然还有世界上此刻坐在屏幕前观看比赛的无数乒乓球爱好者。蒂姆拉出的最后一个弧圈球宣告了一位伟大球员国际乒乓球职业生涯的结束。这里，结束的不是一位多年来囊括了各类比赛奖牌的知名奖牌收藏家，不是一位长期主宰着乒乓球运动水平的统治者，关系的也不是一个纪录、一个比分和一个头衔。此时此刻，去计较多获或少得一块奥运会奖牌已经没有什么意义了。全场观众起立欢呼，伴随着热烈的掌声齐声呼喊着蒂姆的名字，那是因为，一位深受大家爱戴的、品德高尚、公平正直的运动员正在告别国际赛场。

这一刻，蒂姆夺眶而出的热泪也清楚地表达出，对他来说，这一切意味着什么——他的队友、他的运动、他拥有的对这项运动的激情。这也是他乒坛生涯极具象征意义的一个时刻：每一次比赛结束后，无论胜负，他都会面对对手送上尊重的目光。

这正是蒂姆·波尔乒坛生涯中留下的精神遗产，那些面对对手咆哮、爆粗口，甚至将犯规视为高超技艺的球员，未必能取得成功，而蒂姆向我们展示的是：一个脚踏实地、正派公平的人也能成为世界体坛第一人。

观众的齐声高呼使我的情绪彻底崩溃了。当然，能从观众那里得到这种反馈，是十分美好的。一开始我的脑子竟是一片空白，不知如何是好，这是一个以前没有经历过的全新处境。比赛我们输了，输得心服口服。我尽了全力，留下的只是失望和无助。但从另一个角度看，我也感到高兴，终于结束了，我不用再承受这种压力了。

本来，奥运会上我们对自己抱有很高的期望，这一点，也使我内心一直十分纠结。这次奥运会运动员的入选提名过程很艰难，我也很想在比赛中向队友帕特里克证明自己。但遗憾的是，一切并没有如我们所愿。

我很高兴，朋友迪尔克今天也来到了比赛现场，他见证了我的最后一场国际比赛。当然，这是十分有意义的经历，对他来说也是一个美好的回忆。多年来，迪尔克就一直在劝我：别再继续乒乓球职业生涯了，退下来，我们在一起能做更多的事情！他的建议，我之前是抗拒的，但现在是时候了。

今后，我会有更多的时间与家人和朋友在一起，房车的利用率也会更高。我需要一到两年的时间来放松自己，清空头脑，并尝试一两件新的事物，然后再做出决定：喜欢干什么？未来的方向是什么？哪一个领域需要我？是继续从事乒乓球运动，还是干其他什么工作？我都必须先找出一个答案。

在长期的乒乓球职业生涯中，我从未给自己锁定一个一成不变的未来规划，只能说，我是一名太过专注的运动员。一年愉快的德甲联赛结束以后，我会再看看。

> 我会十分想念团队中并肩比赛的队友。我和迪玛一起在国际赛事上巡回征战了十八年。帕特里克·弗朗西斯卡（Patrick Franziska）在我家地下室训练时才八岁，我们相识已经多少年了。大家在一起像一个小家庭，今天我失去了它，想起来，多多少少都有些伤感。

“我曾经在文章中读到过，你不太愿意成为一名乒乓球教练，你现在还是这样想的吗？”

“噢——呼！”蒂姆吹了一口气说道：

“我以前是这样说的，但又总觉得是一件令人感到遗憾的事，如果我的乒乓球经验不能继续传下去的话。我相信，在乒乓球运动绝对尖端的领域，我的一些认知还是有价值的，而这些认知也是其他人根本就体会不到的。直到现在，认知的很大一部分我自己都已经保留下来了。

“是什么呢？”

“例如，比赛中的预见性，又如，在球的相持过程中应该怎样去设想、规划，怎样将对手一并考虑进去。我注意到，我对比赛中如何赢球有一种比较尖端的鉴别力。同样，我在观察他人比赛时，也能够感觉到：这个或者那个球打错了，是因为他的站位不对或者诸如此类。不过，我现在对谈讲的这些内容，以前都很少提及。”

此时，空姐端着满满的一托盘饮料走了过来，我们一人取了一杯果汁。

“你对自己很有耐心，这是我的印象。你觉得，对待他人，你也同样具有这种耐心吗？”我问蒂姆。

“我自己都很好奇，为什么在观看他人比赛时，我的精神负担会比我自己上场打球还重。因此，我也很好奇，如果我是一个教练又会怎样。”

“对此，你有一个基本估计吗？”

“如果我也像其他人那样情绪容易冲动，我的心理负担就太重了。其他人可能需要这种紧张带来的冲动，而我不一定需要。”

（上）乒乓球板是餐前冷盘：在中国，就连吃饭时也有不少索要签名的球迷。（下）蒂姆打开了走进中国的大门

“如果没有情绪上的这种冲动，教练员工作对你又会产生什么样的诱惑呢？”我插了一句。

“我觉得，我更感兴趣的是，走进训练馆，对我中意的运动员支上几招，然后，我会让他一个人继续训练，两个星期以后再来看看他是如何消化的。我不知道，我是否真有耐心每天陪着他训练。我现在还有另外一个项目正在进行中。”

“什么项目？”我问。

“‘蒂姆·波尔网上教练’，一个在线辅导网站。我很好奇，这个项目今后是否会起作用。能在网上在线指导，我就用不着天天去球馆了。我对此感兴趣还因为，它与网络技术有关。”

“在韩国公开赛上，你作为运动员在比赛中最终赢得了冠军，但在比赛期间你也曾作为教练员为队友指导，这看上去完全不是你的习惯所为。”

“你这样认为？”

“是的，你已经是非官方的教练员培训委员会成员之一了。”

“是的。”蒂姆连连点头，那样子，就像又一次坐在了谈判桌旁，在商讨一个决定。蒂姆接着说：“当理查德·普劳泽离开教练员工作岗位后，我与迪尔克·史梅尔芬尼格先生还碰过头，讨论过教练员的后继人选。讨论出来的最佳方案是，由约尔格·罗斯科普夫接替教练工作。罗斯科普夫接手这一工作，对我们运动员来说相当重要。”

蒂姆也不仅是如此深地沉浸在乒乓球运动中，没有蒂姆的乒乓球运动令人难以想象。

“一旦不打乒乓球了，中国在你的生活中又会占据一个什么样的位置呢？”我问蒂姆。

蒂姆回答：“对此，我有很好的未来设想，我觉得，我以后的工作应该是与中国密切联系在一起的。现在，已经有许多中国企业在德国开办了分公司，我可以做这些公司的中介人物。我既可以为在德国的中国公司工作，也可以为在中国的德国公司工作。”

“作为一名公司代表的蒂姆·波尔又会干些什么呢？”我又问。

蒂姆又回答说：“例如，我曾经是德国杜塞尔多夫机场的广告宣传大使，我参与了中国国际航空公司开通新航线‘北京—杜塞尔多夫航线’的宣传活动。我也曾随同德国北莱茵威斯特法伦州政府代表团前往上海参加2010年世博会。不仅如此，我还为德国企业菲斯曼公司（Viessmann）做了四年在中国的品牌形象大使，前不久，又随贺利氏光伏集团（Heraeus）前往上海展会宣传该集团的光伏发电设备。自2013年以来，我也一直是机器人制造商库卡（Kuka）集团公司的品牌形象大使，现在这家公司已被中国收购。我还为这家公司拍摄了一个很棒的我与机器人打乒乓球的广告片。仅仅为库卡集团，一年之内我就曾去过两次中国。这些活动都使我获得了很多快乐。”

奥运会冠军喜获赠书：刘国梁（左）和马琳高兴地得到德语版的图书

“蒂姆，你能告诉我，若拿中国与德国对比，在商业活动方面有什么区别吗？如果遇到了一位想在经贸领域与中国打交道的德国人，根据你的经验，这个人要注意些什么呢？”

蒂姆说：“在中国做生意，你首先要与生意伙伴建立起强烈的互信关系。中国人必须信赖你，要使中国人有这种感觉，即与你做生意不会上当受骗。因为，中国人总存有一种唯恐被人欺骗和利用的担心。”

“你能说说这种担心是怎么产生的吗？”我又问。

“中国人自己就有许多不好的经验。中国不比德国，什么方面都可以依法办事，有规章制度可循，任何一个商业上的违约行为都可以马上起诉。在中国，法律、规章在一定程度上被人与人之间的信赖关系替代了。我会建议那些想在中国经商的人，首先要通过值得信任的印象赢得中国人的好感，有时候还得与自己的商业伙伴一起喝上一杯。在中国，从事商贸就像交朋友。我们德国人一般会与商贸伙伴保持一定的距离，但中国人不会。中国是一个真诚热心的民族，他们十分好客，从内心里欢迎客人。在中国人面前，我们不应该太过冷淡，也要带去相应的热情。”

当然，蒂姆不是一位在球台旁冷若冰霜的胜利者，他在用他的方式打乒乓球，也在用他的方式向在中国经商的人士提出建议和忠告。试想，一位在商业上巧取豪夺的人，会在乒乓球比赛中将自己赛点球得的分再交还给对手吗？

还有一点可以帮助蒂姆的是：在亚洲，他长时间地保持住了自己良好的声誉。

奥地利运动员维尔纳·施拉格就曾说过：“一夜成名，永远成名，对一个运动员来说简直是太美妙了！”

“你还有什么希望吗？”我又问蒂姆。

“我还想学习，想学会做北京烤鸭。”语气如此坚定，就像在说一个一定要达到的体育运动目标。

“你自己烘烤过蛋糕吗？”

“没有，但尽管如此，我要是一个蛋糕师的话，也一定不会输给任何人。”蒂姆边说边笑。

接下来，我们谈起了过去几年对蒂姆生活产生影响的一件事：2015年，他的女儿佐伊（Zoey）出生了。

“蒂姆，女儿的出生又是怎么改变你的生活的？”我又问道。

生活变得更加紧张，内容更加丰富了。如果我现在在家，我就希望能好好待在家里。我愿意放弃其他爱好，如打高尔夫球，安心地享受居家时光。但我的女儿却十分乐意与我们一起外出旅游。我们带她去亚洲玩了几个星期，每三四天换一个地方，一切顺利，玩得也十分开心。

我现在还不能说，抚养孩子和从事竞技体育都是艰巨的任务和使命，由于我长期在外，我的妻子为照顾孩子付出了很多。我经常要离开家飞往外地，也是令人感到痛苦的。我经常是人在途中，特别是2017年，外出多过往年。有时候中途不能回家，由德莉直接带女儿来到机场，将旅行包交给我，我就又直接飞走了。幸运的是，现在旅行途中与家人的联系十分方便，还可以直接视频通话。

今年，我有机会第一次整个夏季都待在家里。真是一种少有的、完全新鲜的生活感受。多年来，第一次不去中国打中超比赛或者不去参加奥林匹克运动会。我现在就开始期待明年，希望能有更多的时间留在家里。

我认为这样也很美好，如果我的女儿佐伊能对我的乒乓球运动生涯有所了解的话。

“赢了？”有时候她会在电话里这样问我。

如果我输了，她又会说：

“不要紧！”一听到这话，我的情绪很快就转移了。

她今后是否从事体育运动或从事何种体育运动，我无法预期，但无论如何不会强迫她。我的父母亲对我就没有这样做，我的确很珍惜这点。女儿应该走自己的路。我在家建了一个小型网球场，很有兴趣与女儿一起打打网球。可现在，她喜欢的是跳舞。

机舱内屏幕上的小飞机标识显示出，离我们中途转机的荷兰阿姆斯特丹机场越来越近了。飞机在下降，耳膜的压力也越来越大，云层下是一望无际的草地，屏幕上开始显示中转信息。在阿姆斯特丹我俩将分手，蒂姆转机前往法兰克福，我转机去柏林。飞机开始降落，蒂姆将座位让给了空姐，在我的身边坐了下来。

还没有走下离开中国时乘坐的飞机，蒂姆就已经知道下一次中国旅行的具体时间了，中国已经成了他生命的旅程，还在不断地延续着。

“我在中国还度了一次假，在海南岛玩了九天。”当我们拿着手提行李离开飞机时，蒂姆这样说道。

沿着指示牌的方向，我们通过护照检查口前往转机的登机口。

“人们一般会认为，你如此经常地往返中国，应该不太愿意再在中国旅行度假了。你怎么还会想到去中国度假呢？”我问。

“我很喜欢这个国家，一直设想着要有那么一次与乒乓球没有任何关系的中国旅行经历。在中国，我有一种探险、发现的乐趣。第一次去中国之前，我还在想：世界各地应该都大同小异。到了中国才知道，完全是另外一个天地，如此不同的文化、如此不同的行为举止，确实令人感到惊讶。”

“就因为惊讶，你才会计划与德莉一道去中国度假，是吗？”

“我很急切也很好奇，在度假中我会有什么感觉。长期以来，我的中国之行都是与工作联系在一起的。不过，我是一个善于转换角色的人，我与德莉在中国过得很开心。我们直接得到了李宁先生提供的一栋位于海边的房子。李宁是奥运会体操冠军，也是同名体育运动用品公司的创始人。我人在海南，虽然有那么点儿‘隐居’的意思，但还是被很多人认出来了。‘隐姓埋名’在中国是假，即便是在一个偏远的角落也很难。两天后，我又遭遇到了台风袭击。”

在中国能使他放松，对蒂姆来说，也只能是一个美好的恭维。

“你的女儿喜欢中国吗？”

“当然喜欢，对她来说，中国永远是天堂。她很喜欢吃中国菜，中国给她提供了如此多好玩的地方，餐馆和酒店里大多有儿童游乐角。对孩子而言，中国真的很棒。”

“你还会向她介绍什么呢？你这么了解中国。”

“我从来就没有什么忌妒心，除了以前羡慕过身边的同学。学校放暑假时，很多同学都能早早地出去度假旅行，而我只是待在霍赫斯特，在露天游泳池里度过，后来就只是在某一个乒乓球训练营里度过了。相比之下，女儿佳伊现在见到的就太多太多了。除了值得参观的景点之外，我还要向她介绍中国人的现实生活。我可以带她去拜访许增才，带她去见识中国的一些贫困地区。我自己在那些地方就留下了深刻印象。了解中国可以使人脚踏实地，回到现实中来。”

我们已经走到了蒂姆转机的登机口，他的航班比我的要早，第一个乘客已经检票，被连接飞机的“象鼻子”通道“吞”了进去。在检票口，我们又站了一会儿，直到检票员将登机牌输进检票机。

“很愉快！”蒂姆说着与我握手告别。

“我也一样！”我回答。

两只手在中间相握。

“我期待着能很快在杜塞尔多夫、霍赫斯特或者柏林与你见面。”他高兴地说道。

再一次互祝旅途愉快。蒂姆背上双肩背包，拉上了他的行李箱。

我短暂地目送着他，目送着身穿那件时髦雅致、刚在北京买的灰色夹克衫的蒂姆·波尔。

在北京、在中国，人们只要听到他来了的消息就会惊奇地发问："是波尔吗？"

附录一

蒂姆·波尔成绩一览

（统计截至 2023 年）

奥林匹克运动会

团体第二名

2008 年中国北京

团体第三名

2012 年英国伦敦

团体第三名

2016 年巴西里约热内卢

团体第二名

2021 年日本东京

世界乒乓球锦标赛

单打第三名

2011 年荷兰鹿特丹

2021 年美国休斯顿

双打第二名

2005 年中国上海（与克里斯蒂安·许斯）

团体第二名

2004 年卡塔尔多哈

2010 年俄罗斯莫斯科

2012 年德国多特蒙德

2014 年日本东京

2018 年瑞典哈尔姆斯塔德

团体第三名

2006 年德国不来梅

世界杯赛

单打第一名

2002 年中国济南

2005 年比利时列日

单打第二名

2008 年比利时列日

2012 年英国利物浦

2017 年比利时列日

2018 年法国巴黎

单打第三名

2010 年德国马格德堡

2014 年德国杜塞尔多夫

单打第四名

2007 年西班牙巴塞罗那

欧洲乒乓球锦标赛

单打第一名

2002 年克罗地亚萨格勒布

2007 年塞尔维亚贝尔格莱德

2008 年俄罗斯圣彼得堡

2010 年捷克俄斯特拉发

2011 年波兰但泽

2012 年丹麦海宁

2018 年西班牙阿利坎特

2020 年波兰华沙

双打第一名

2002 年克罗地亚萨格勒布（与佐尔坦·菲耶尔－孔内特）

2007 年塞尔维亚贝尔格莱德（与佐尔坦·菲耶尔－孔内特）

2008 年俄罗斯圣彼得堡（与佐尔坦·菲耶尔－孔内特）

2009 年德国斯图加特（与克里斯蒂安·许斯）

2010 年捷克俄斯特拉发（与克里斯蒂安·许斯）

团体第一名

2007 年塞尔维亚贝尔格莱德

2008 年俄罗斯圣彼得堡

2009 年德国斯图加特

2010 年捷克俄斯特拉发

2011 年波兰但泽

2017 年卢森堡

2019 年法国南特

团体第二名

2000 年德国不莱梅

2002 年克罗地亚萨格勒布

2003 年意大利库马约尔

2014 年葡萄牙里斯本

2023 年瑞典马尔默

单打第三名

2003 年意大利库马约尔

2009 年德国斯图加特

2016 年匈牙利布达佩斯

双打第三名

2005 年丹麦奥胡斯（与克里斯蒂安·许斯）

欧洲个人十二强 / 十六强赛

第一名

2002 年荷兰鹿特丹

2003 年德国萨布吕肯

2006 年丹麦哥本哈根

2009 年德国杜塞尔多夫

2010 年德国杜塞尔多夫

2018 年瑞士蒙特勒

2020 年瑞士蒙特勒

第三名

2005 年法国雷恩

世界排名榜

作为第一个德国人位居世界排名第一

2003 年 1 月—5 月

2003 年 8 月—9 月

2011 年 1 月—3 月

2018 年 3 月—4 月

（到目前为止，蒂姆·波尔是世界排名榜位居榜首年龄最大的运动员）

公开赛、总决赛

单打第一名

2005 年中国福州

双打第一名

2005 年中国福州（与克里斯蒂安·许斯）

2009 年中国澳门（与克里斯蒂安·许斯）

单打第三名

2002 年瑞典斯德哥尔摩

2004 年中国北京

2017 年哈萨克斯坦阿斯坦纳

2019 年中国郑州

双打第三名

2001 年中国海南（与佐尔坦·菲耶尔 – 孔内特）

附录二

相关阅读书目

关于乒乓球

《爱上乒乓球运动的一百一十一个理由：世界上最出色的体育运动》

扬·吕克（Jan Lüke）著

德国 Schwarzkopf & Schwarzkopf 出版社，2016 年，柏林

《一千个疯狂的乒乓球：真相》

贝仁德·伊姆格隆德（Bernd Imgrund）著

德国 Werkstatt 出版社，2017 年，哥廷根

《罗西·约尔格·罗斯科普夫传记》

乌尔夫·克莱梅尔（Ulf Krämer）著

德国 Werkstatt 出版社，2012 年，哥廷根

《赛点球：梦想与激情》

维尔纳·施拉格著，与马丁·许罗斯（Martin Sörös）

奥地利 Ueberreuter 出版社，2005 年，维也纳

《激情削球与魔幻旋转：乒乓球，延年益寿的艺术》
杰罗姆·卡尔因（Jerome Charyn）著
美国 Four Walls Eight Windows 出版社，2001 年，纽约

《万事皆乒乓：强大的乒乓球是怎样决定我们这个世界的》
罗格·贝讷特（Roger Bennett）、艾利·霍洛维茨（Eli Horowitz）著
美国 It Books 出版社，2001 年，纽约

《美国乒乓球的历史：1971—1972 卷》
梯姆·波甘（Tim Boggan）著
美国 Merrick 自我出版社，2005 年，纽约
网页：www.timboggantabletennis.com

关于中国

《中国手册：中国应用指南》
关愚谦、海佩春（Petra Häring-Kuan）著
德国 S.Fischer 出版社，2006 年，法兰克福

《山的颜色：中国的童年》
陈达著
德国 Knaur 出版社，2006 年，慕尼黑

《另一个中国：相遇在觉醒年代》
安德烈亚斯·罗伦茨（Andreas Lorenz）、尤塔·莉琪（Jutta Lietsch）著
德国 WJS 出版社，2007 年，柏林

附录三

致　谢

作者感谢所有为这本书的出版做出贡献的人。

首先要感谢的当然是蒂姆·波尔先生本人以及德国Schwarzkopf & Schwarzkopf出版社，特别是杰妮菲·赫尔特（Jennifer Hirte）女士、纳丁·兰德克（Nadine Landeck）女士、奥利弗·施瓦茨科普夫（Oliver Schwarzkopf）先生。

另外，我还要感谢为我介绍了蒂姆·波尔生活历程、介绍了乒乓球运动、介绍了中国的人，他们是：蒂姆·波尔先生的父母亲古德龙·波尔女士和沃尔夫冈·波尔先生，蒂姆·波尔的妻子罗德莉娅·波尔女士以及克里斯蒂安·马里格先生、海姆特·哈姆培尔先生、伊斯特凡·柯尔帕先生、理查德·普劳泽先生、迪尔克·史梅尔芬尼格先生、约尔格·罗斯科普夫先生、汉斯·威廉·格博先生、迪米特里·奥恰洛夫先生、伯恩哈德·史密腾贝舍先生。还有刘燕彬先生、阿哈迈德·拉蒂夫先生、许增才先生、朱小勇先生、科尼·菲威莉兰女士、安德烈亚斯·埃特格斯博士先生、孔令辉先生、何潇先生、维尔纳·施拉格先生、彼得·萨尔茨先生、拉斯·希尔合先生、格罗特·杰德鲁西博士先生、米夏埃尔·茨威帕先生、拉胡尔·讷尔森（Rahul Nelson）先生、周到女士、楚原鹏（Chu Yuanpeng，音译）先生、杨斌（Yang Bin，音译）先生、乐玉（Yu Le，音译）女士、王东（Dong Wang，音译）先生和菲利普·行（Philipp Fan）先生等。

我要特别感谢德国乒乓球协会新闻发言人茜蒙·欣茨女士，她总是能及时可靠地向我提供我需要的有关比赛结果、姓名、数据和其他关于乒乓球的相关资料。

此外，我还要感谢国际乒乓球联合会主席托马斯·维克特先生和让·杰克斯·胡贝曼（Jean-Jacques Hubermann）先生。感谢德国乒乓球联合会的马丁·奥茨曼（Martin Oetzmann）先生、曼弗雷德·席林格斯（Manfred Schillings）先生和赖讷·柯奴舍尔（Rainer Kruschel）先生。感谢国际乒乓球联合会博物馆的楚克·霍伊（Chuck Hoey）先生、亚洲乒乓球联合会的丁盖（Ding Gai）先生、美国乒乓球联合会的米歇尔·卡法劳尔（Michael Gavanaugh）先生、梯姆·波甘（Tim Boggan）先生和拉里·霍德格斯（Larry Hodges）先生。我还要感谢德国黑森州乒乓球联合会的诺贝特·弗洛登贝尔格（Norbert Freudenberger）先生、德国 TTV 哥讷尔体育俱乐部的米夏埃尔·米勒（Michael Müller）先生。感谢日本蝴蝶乒乓球用品公司的 Hidezuki Kamizuru 先生、感谢杜塞尔多夫市的米夏埃尔·夫里西（Michael Frisch）先生。

此外，我要感谢为我提供照片的史蒂方·罗舍尔（Stephan Roscher）博士、对本书进行了认真校对的安德里亚斯·外贝尔（Andreas Weibel）先生，以及为北京之行提供赞助的欧洲乒乓球协会体育负责人罗曼·普雷泽先生。

我要感谢洛伦茨·玛洛尔特（Lorenz Maroldt）先生、史蒂方–安德里亚斯·卡斯多尔夫（Stephan-Andreas Casdorff）先生、罗贝特·伊德（Norbert Ide）先生、马库斯·黑瑟尔曼（Markus Hesselmann）先生、斯文·戈尔德曼（Sven Goldmann）先生、贝讷迪克特·弗格特（Benedikt Voigt）先生以及《每日镜报》编辑部。

特别感谢约尔格·培特阿西（Jörg Petrasch）先生对本书提出了很有价值的建议以及关于乒乓球运动的很多激动人心的交谈。

最后，我要衷心地感谢西格丽德（Sigrid Näbig）女士和乌尔里希·讷彼格（Ulrich Näbig）先生。

衷心感谢伊梅尔拉（Irmela Teuffel）女士以及格哈德·托伊菲尔（Gerhard Teuffel）先生。

衷心地感谢我的夫人桑德拉·托伊菲尔（Sandra Teuffel）女士。

图书在版编目（CIP）数据

乒坛传奇波尔：我的中国缘 /（德）弗里德哈德·托伊菲尔（Friedhard Teuffel）著；王迎宪译. 北京：世界图书出版有限公司北京分公司, 2025. 6.

ISBN 978-7-5232-2069-6

Ⅰ. K835.165.47

中国国家版本馆CIP数据核字第2025ND7211号

书　　名	乒坛传奇波尔：我的中国缘 PINGTAN CHUANQI BO'ER
著　　者	[德] 弗里德哈德·托伊菲尔（Friedhard Teuffel）
译　　者	王迎宪
策划编辑	胡　健
责任编辑	张绪瑞
装帧设计	王梦珂
出版发行	世界图书出版有限公司北京分公司
地　　址	北京市东城区朝内大街137号
邮　　编	100010
电　　话	010-64038355（发行）　64033507（总编室）
网　　址	http://www.wpcbj.com.cn
邮　　箱	wpcbjst@vip.163.com
销　　售	新华书店
印　　刷	中煤（北京）印务有限公司
开　　本	787mm × 1092mm　1/16
印　　张	22.25
字　　数	320千字
版　　次	2025年6月第1版
印　　次	2025年6月第1次印刷
版权登记	01-2024-3214
国际书号	ISBN 978-7-5232-2069-6
定　　价	98.00元